Rolf Cantzen

# Weniger Staat – mehr Gesellschaft

Freiheit – Ökologie – Anarchismus

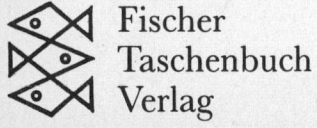

Fischer
Taschenbuch
Verlag

fischer alternativ
Programmschwerpunkt: perspektiven
Eine Reihe des Fischer Taschenbuch Verlags
Herausgegeben von Rudolf Brun

Originalausgabe
Veröffentlicht im Fischer Taschenbuch Verlag GmbH
Frankfurt am Main, Oktober 1987
Umschlagentwurf: Peter Hajnoczky, Zürich
© Fischer Taschenbuch Verlag GmbH, Frankfurt am Main 1987
Satz: Fotosatz Otto Gutfreund, Darmstadt
Druck und Bindung: Clausen & Bosse, Leck
Printed in Germany
ISBN-3-596-24175-8

# Inhalt

»Dann ist er zu Haus geblieben
und hat dort ein Buch geschrieben:
nämlich wie man revoluzzt
und dabei doch Lampen putzt.«

*Erich Mühsam*

# Vorwort

Einem graubärtigen Anarchisten, der seit der Studentenrevolte in Wort und Tat immer sehr deutlich seine revolutionäre Überzeugung vertreten hatte, erzählte ich von meinem Vorhaben, ein Buch über eine Neuaneignung anarchistischer Theorien zu schreiben. Als ich darauf hinwies, daß ich neben anderen anarchistischen Dogmen vor allem die revolutionäre Perspektive einer Zerschlagung des Staatsapparates für unrealistisch und zudem für nicht erstrebenswert halte, forderte er mich sehr aufgeregt dazu auf, ich solle im Vorwort des Buches deutlich machen, daß ich kein Anarchist sei. Dem komme ich hier gerne nach: Dieses Buch bestätigt, wie ich hoffe, ebensowenig das Selbstverständnis traditioneller Anarchisten wie die gängigen Vorurteile über Anarchismus.

Eine kritische Neuaneignung anarchistischer Theorien scheint mir heute, in Zeiten mit unübersehbaren autoritären Tendenzen von großer Bedeutung. Denn der Anarchismus kann wie wohl kaum eine andere politische Theorie mit seiner entschiedenen Herrschaftskritik, mit seinen Gesellschaftsentwürfen und mit seinen auch ökologisch relevanten Denkansätzen eine wichtige kritische Funktion wahrnehmen. Anarchisten erkannten die Gefahr einer Bürokratisierung und Verstaatlichung der Gesellschaft, wandten sich gegen uniforme, zentralistische und unflexible Ordnungsstrukturen und plädierten für eine dezentrale, vielfältige und selbstverwaltete Gesellschaft. Ihr Ideal einer herrschaftsfreien Gesellschaft ließ sie ein Fortschrittsprojekt ablehnen, in dem bei unkontrollierter Entwicklung der Produktivkräfte die Chancen einer politisch-sozialen Emanzipation der Individuen ebenso auf der Strecke bleiben wie die Erhaltung und sinnvolle Gestaltung der natürlichen Umwelt.

Ich meine also, daß gerade weil anarchistische Theorien diesen Entwicklungen entgegenstehen, ein Anarchismusverständnis korrigiert werden muß, in dem der Anarchismus als eine Art Linksradikalismus verstanden wird oder auf eine Theorie der Gewalt und revolutionären Zerschlagung des Staates reduziert wird. Auf solche und ähnliche Positionen verkürzen nicht nur die bürgerlichen sowie die rechts- und linksautoritären Gegner oder Anarchisten den Anarchismus, sondern häufig auch Anarchisten selbst.

So bleiben in der Anarchismusrezeption meistens die oft sehr differenzierten theoretischen Voraussetzungen der anarchistischen Staats-

und Herrschaftskritik unbeachtet, vor allem die konstruktiven Aspekte, die konkreten Utopien und Gesellschaftsentwürfe. Weitgehend vernachlässigt wurden auch die in anarchistischen Schriften zu findenden Ansätze, wie auch ohne vorherigen revolutionären »Totalumsturz« die bestehende Gesellschaft in eine herrschaftsfreie (oder -arme) zu transformieren ist bzw. wie die angestrebte »soziale Revolution« sukzessive zu vollziehen ist. Es lassen sich also – auch gegen die Intentionen ihrer Urheber – aus anarchistischen Theorien mehrdimensionale und nichtfrontale Veränderungsstrategien entwickeln.

Zwei zentrale Anliegen verfolgt dieses Buch:
1. Eine Rehabilitierung anarchistischer Theorien und Ideen durch eine kritische Neuaneignung von »konstruktiven« Elementen als Ergänzung der negativ-kritischen, auf die sich die Anarchismusrezeption bisher konzentrierte.
2. Eine Skizzierung von »libertären Perspektiven« entlang des Postulats »Weniger Staat – mehr Gesellschaft«.

Den Ausdruck »libertär« wende ich auf die angedeuteten Perspektiven an, um mich von »anarchistisch« im Sinne des zuvor kritisierten reduzierten Verständnisses von Anarchismus abzugrenzen und gleichzeitig darauf hinzuweisen, daß der Bezug auf anarchistische Theorien erhalten bleibt.

Der begrenzte Raum zwang mich dazu, die darstellenden Teile sehr knapp zu halten und vielschichtige Probleme auf Grundfragen und zentrale Begriffe zu konzentrieren. Einige anarchistische Theoretiker und Strömungen im sehr heterogenen Spektrum des Anarchismus mußten ausgeklammert werden. Mit dem vorliegenden Buch erhebe ich also keinesfalls den Anspruch, eine vollständige Darstellung anarchistischer Theorien zu geben; ebensowenig glaube ich mit den skizzierten »libertären Perspektiven« erschöpfend darüber Auskunft zu geben, wie eine sinnvolle Neuaneignung auszusehen hat. Vielmehr ist mir daran gelegen, mit einer Revision, d. h. mit einer »prüfenden Wiederdurchsicht«, auf verschüttete anarchistische Theorien und Möglichkeiten ihrer Anwendung aufmerksam zu machen.

Zu danken habe ich Fritz Vilmar, der mich (was bei Professoren außerordentlich selten ist), während meines Studiums mit kritischer Unterstützung in dem begleitete, was mich interessierte, und dessen Konzepte zur radikalen Demokratisierung aller gesellschaftlichen Teilbereiche mir auch für das folgende sehr hilfreich waren (obwohl ich »Demokratie« nicht als Ideal, sondern als »beste aller schlechten *Staats*-formen« verstehe). Danken möchte ich Annegret Stopczyk für zahlreiche Diskussionen und so manche inhaltliche Anregung. Bedanken möchte ich mich aber vor allem bei Michael Weidinger für oft mühevolles »Gegenlesen«, für kritische Anmerkungen und Diskussionen zu großen Teilen des Manuskripts.

Berlin, Januar 1987

# I Einleitung

Kaum jemand zweifelt daran: Ohne den Staat gäbe es Chaos und Anarchie. Die Menschen würden sich gegenseitig umbringen, unterdrücken,
ausbeuten und versklaven – jedenfalls solange sich die Menschen nicht
grundlegend änderten.

*Die Menschen bleiben so, wie sie sind,* scheinen die Befürworter der westlichen Demokratien zu meinen. Jedenfalls halten sie einen Staat für notwendig, damit er die Menschen voreinander schützt und ihnen ein men-
schenwürdiges Leben ermöglicht. Der Staat wird zur Voraussetzung
von Ordnung, Sicherheit und Freiheit erklärt. Seine Existenz wird als
selbstverständlich anerkannt und bedarf keiner weiteren Rechtfertigung. Offen bleibt nur die Frage, wieviel Staat notwendig ist.

*Die Menschen sind so gut oder so schlecht wie die Verhältnisse, unter denen sie
leben* – so lautet die Auffassung der Vertreter des Marxismus/Leninis-
mus in den Ostblockstaaten. Mit einer Verbesserung der allgemeinen
Lebensbedingungen würden sich auch die Menschen bessern. Im Kommunismus sei der Prozeß der Vervollkommnung schließlich so weit ge-
diehen, daß sich der Staat erübrige und absterbe. Doch zur Veränderung der unvollkommenen Gegenwart bedürfe es der massiven staatlichen Herrschaft in allen gesellschaftlichen Bereichen. Durch *mehr Staat*
in der sozialistischen Gegenwart könne man in der kommunistischen
Zukunft schließlich ganz auf ihn verzichten.

Anderer Auffassung sind die Anarchisten: *Der Staat, gleichgültig ob der
im »Realsozialismus« oder der in den bürgerlichen Demokratien, hindere in jedem
Falle den Menschen daran, sein Bedürfnis nach individueller Selbstbestimmung im
Rahmen sozialer Kooperation zu realisieren.* Aufgrund anthropologischer
Grundannahmen im Anarchismus ist zu keiner Zeit und durch nichts
die Existenz des Staates zu rechtfertigen. Mit dieser These des dem
Menschen wesensfremden Staates ist den bürgerlich-kapitalistischen
und auch den »realsozialistischen« Staaten die Legitimationsgrundlage
bestritten.

13

»... als Kurmittel... steht ein neuer
Anarchismus auf der Tagesordnung
der Geschichte.«

*Horst von Gizycki*

## 1. Weshalb Neuaneignung anarchistischer Theorien – Ein Vorgriff

Die heute auftauchenden Forderungen nach weniger Staat zielen vor allem darauf ab, daß sich der Staat aus bestimmten Bereichen zurückziehen soll. In der Wirtschaftspolitik ist die Forderung nach einer Reduzierung staatlicher Eingriffe verbunden mit der Vorstellung, daß der Markt und der freie Wettbewerb gestärkt werden müßten. Die Staatskritik scheint sich auch auf seiten der »Linken« nicht lösen zu können von ordo-liberalen Konzeptionen. Auch die Staatskritik im Bereich der Sozialpolitik richtet sich, von wenigen Ausnahmen abgesehen, auf eine Reprivatisierung. Die Perspektive einer Vergesellschaftung scheint auch auf seiten der »Linken« vollständig vergessen, obwohl im Demokratischen Sozialismus mit »Vergesellschaftung« durchaus eine umfassende Demokratisierung und sogar eine partielle Selbstverwaltung gemeint wurde. Doch der traditionelle Etatismus der etablierten »Linken« verhinderte eine basisdemokratische und auf Selbstverwaltung abzielende Vergesellschaftung, errichtete hierarchische Strukturen in ihren Organisationen und hatte eine Politik der Verstaatlichung der Gesellschaft zur Folge.

Für das Projekt einer wirklichen Vergesellschaftung, d. h. für *weniger Staat* und *mehr Gesellschaft*, mangelte es in theoretischer Hinsicht bislang an Folgendem:
– an einer radikalen Staatskritik; d. h. für die etablierte Linke, an einer Infragestellung ihrer eigenen autoritär-etatistischen Tradition;
– an einem Gesellschaftsbegriff, der sich von den ideologischen Verzerrungen liberalistisch-bürgerlicher Theorien löst;
– an der Perspektive einer auf dezentraler Selbstorganisation und auf Selbstverwaltung basierenden kooperativen und sozialen Gesellschaft;
– an einer über eine Staatskritik hinausgehenden radikalen Herrschaftskritik, die neben dem politisch-staatlichen Bereich in gleicher Weise auch den ökonomischen und sozialen Bereich einbezieht.

Was auf der Basis liberalen, konservativen und staatssozialistischen Denkens nicht gelingen kann, nämlich die Forderungen nach *weniger Staat* und *mehr Gesellschaft* in Deckung zu bringen, ermöglicht ein kritischer Rückgriff auf anarchistische Theorien. Unvereinbar mit dem anarchistischen Ideal der Herrschaftsfreiheit wäre etwa eine Beschränkung der Forderung nach *weniger Staat* auf die nach mehr Markt, da mehr Markt die Herrschaft des Staates auf andere Formen der Herrschaftsausübung verlagern kann (etwa auf die für einen freien Unternehmer abhängig Arbeitenden). Ein spezifischer Gesellschaftsbegriff in anarchistischen Theorien und ein daraus folgendes Verständnis von »Vergesellschaftung« legt die Perspektive einer dezentralen, selbstverwaltet-sozialistischen, sozialen und herrschaftsfreien Gesellschaft nahe. »Vergesellschaftung« bezieht sich nicht nur auf einen Bereich der Gesellschaft – etwa den ökonomischen –, sondern auf alle gesellschaftlichen Teilbereiche, also auch auf die Vergesellschaftung des Sozialstaats, des Bildungs- und Erziehungswesens.

In diesem Buch zielt die Darstellung der »anarchistischen Klassiker« vor allem darauf, den Blick auf mögliche »libertäre Perspektiven« zu eröffnen oder vorhandene neuere Gesellschaftsentwürfe und Theorieansätze mit anarchistischen Theorien zu kritisieren, zu pointieren oder mit libertären Perspektiven an ihnen anzuknüpfen. Diese libertären Perspektiven können, so hoffe ich, helfen, das gängige Denken innerhalb der Schemata von links-rechts, progressiv-konservativ ein wenig zu durchbrechen, ohne im schlechten Sinne utopisch zu sein und der schlechten Wirklichkeit ein ehernes Ideal entgegenzusetzen.

Für die Relevanz und Aktualität einer kritischen Wiederaneignung anarchistischer Theorien scheint mir vor allem zu sprechen,

– daß die traditionellen liberalen und staatssozialistischen Erklärungsmodelle gesellschaftlicher Prozesse ebenso an Bedeutung verlieren wie deren gesellschaftliche Zielvorstellungen. Von der Krise der »Linken«, von der Krise des Marxismus und der Krise des Liberalismus wird nicht umsonst gesprochen;

– daß die in allen politischen Lagern erhobene Forderung nach weniger Staat im Rückgriff auf den Anarchismus sinnvoller mit dem Ideal der individuellen Freiheit und Selbstbestimmung zusammenzudenken ist als auf der Basis liberaler, staatssozialistischer und konservativer Politiktheorien;

– daß im Anarchismus nicht *ein* Weg zum Ziel der freien Gesellschaft verabsolutiert wurde und daß Anarchisten nicht nur *eine* gesellschaftliche Organisationsform als die »wahre« anarchistische vertreten. Vielmehr erschien ihnen ein Nebeneinander von verschiedenen herrschaftsfreien Organisationsformen wahrscheinlich. Hierarchisch-zentralistische Gesellschaftsstrukturen wurden abgelehnt und zugunsten von komplementären und vielfältigen Strukturen verworfen.

Dieser »anarchistische Pluralismus« läßt auch im Hinblick auf eine gesellschaftliche Umgestaltung nicht nur den einzelnen große Entfaltungsmöglichkeiten, sondern ermöglicht es ihnen, die verbliebenen Freiräume individuell und flexibel zu nutzen, auf verschiedensten Ebenen an der Basis zu wirken und nichthierarchische Strukturen partiell zu realisieren und auszudehnen. Diese nicht-frontale Strategie scheint mir die in westlichen Industriegesellschaften einzig mögliche;

– daß sich innerhalb der neuen sozialen Bewegungen – bei aller Unkenntnis und Desinformation – der Anarchismus einer zunehmenden Beliebtheit zu erfreuen scheint. Das umkreiste A an den Hauswänden drückt ein solches Interesse aus. Auf die Bezeichnung »libertär«, die auch Anarchisten zur Bezeichnung ihrer Positionen diente, greift auch eine anti-sozialistische und anti-fundamentalistische Strömung innerhalb der Partei der GRÜNEN zurück (ohne sich allerdings auf anarchistische Traditionen und Theorien zu beziehen)[1]. Auch sozialdemokratisch orientierte Ökosozialisten wiesen wiederholt auf die Bedeutung anarchistischer Theorien hin, doch wie bei den »Ökolibertären« ohne genauere Kenntnis anarchistischer Theorien.

> »Man darf das nur nicht so verstehen, daß man die zufällig und autoritär zustande gekommene Übereinstimmung auf der Oberfläche der Mitmenschenherden als Moral aufs Postament setzt.«
>
> *Gustav Landauer*

## 2. Anthropologische Prämissen von Staatsauffassungen

Allzu schematisch bekommt man konkurrierende politische Theorien »in den Griff«, wenn man sie mit unterschiedlichen Menschenbildern erklären will, auf denen sie beruhen. Grob lassen sich auf diese Weise verschiedene Gesellschaftstheorien in drei Gruppen einteilen:
– die mit einem optimistischen Menschenbild (der Mensch ist gut);
– die mit einem pessimistischen Menschenbild (der Mensch ist schlecht);
– die, nach denen der Mensch immer so gut oder so schlecht ist wie seine gesellschaftlich-soziale Umwelt.

Abgesehen davon, daß solche griffigen Einteilungen den Blick auf den theoretischen Kontext und die historischen Entstehungsbedingungen von Gesellschaftstheorien verstellen, wirken sie sich besonders verkürzend aus, wenn die Wahl der Menschenbilder gleichsam zur Einstellungssache erklärt und damit beliebig wird. Wenn hier trotzdem vom »guten« und »schlechten« Menschen die Rede ist, geschieht dies nicht, um sich stillschweigend einer dieser Menschenbilder anzuschließen, sondern in der kritischen Absicht, bestimmte Denkfiguren zu bezeichnen und auf ihre Konsequenzen hin zu befragen.

Folgende Positionen zeichnen sich im Zusammenhang des uns gestellten Problems ab:

– ein »schlechter« Mensch braucht einen »guten« Staat, um in Gesellschaft friedlich miteinander leben zu können
– ein durch seine gesellschaftlich-soziale Umwelt determinierter Mensch wird schließlich zum »guten«, wenn der »gute« Staat unter Mithilfe von Eliten die Gesellschaft für die Bevölkerung entsprechend gestaltet
– ein »guter« Mensch braucht keinen Staat, der ein friedliches und geordnetes Zusammenleben ermöglicht.

Entlang dieses groben Rasters sollen nun – ebenso grob und schematisch – verschiedene Staatsauffassungen auf ihre anthropologischen Prämissen hin befragt und verglichen werden.


a) Die Tradition des Liberalismus

Im Liberalismus bildet der Staat vor allem ein Korrektiv für das ökonomische Gegeneinander der Bürger. Der Staat soll den Individuen garantieren, sich unter möglichst geringen staatlichen Beschränkungen frei entfalten zu können. Der Ort dieser vor allem auf den ökonomischen Bereich bezogenen Entfaltung ist die Gesellschaft, in der die Individuen als Konkurrenten aufeinandertreffen. Die Gesellschaft verstanden Liberale somit vor allem unter dem Aspekt eines konkurrenzhaften Wettbewerbs der Individuen. Der Staat steht der Gesellschaft als ordnende und einende Kraft gegenüber. Im Gegensatz zur Gesellschaft als Ort des Gegeneinanders steht der private Bereich der Gemeinschaft als Ort des Mit- und Füreinanders.

In vielen liberalen Theorieansätzen wurde der Zustand des Gegeneinanders in einer bestimmten historischen Gesellschaftsform zur »natürlichen« Gesellschaft und zum naturgegebenen menschlichen Verhalten verabsolutiert. Schon Hobbes begründete im 17. Jahrhundert die Notwendigkeit des Staates damit, daß »der Mensch des Menschen Wolf« sei und daß aufgrund der egoistischen und unsozialen Naturanlagen des Menschen die Gesellschaft eines mächtigen Kontrolleurs bedürfe. In der verkürzenden Übertragung der Darwin'schen Evolutionstheorie auf den gesellschaftlichen Bereich legitimierte man im 19. Jahrhundert mit der Naturgesetzlichkeit des »Kampfes ums Dasein«, dem alle Lebewesen und somit auch der Mensch unterlägen, das kapitalistische Konkurrenzprinzip und gab das gesellschaftliche Gegeneinander als überzeitlich-menschliche Verhaltenskonstante aus.

Diese Vorstellungen gingen in wirtschaftsliberale Theorien ein und prägten die Auffassungen von der menschlichen Gesellschaft. Die Menschen lebten nur deshalb in Gesellschaft, weil sie als Individuen Mängelwesen seien und alleine nicht überleben könnten. Die Sozialität oder Gesellschaftlichkeit des Menschen resultiert demnach aus der Notwendigkeit, diesen Mangel ausgleichen zu müssen. In der liberalistischen Tradition folgt häufig daraus ein sehr reduziertes Verständnis der menschlichen Sozialität und ebenso der menschlichen Individualität.

Das (hier idealtypisch vereinfachte) liberalistische Gesellschaftsverständnis setzt zweierlei voraus, was ideologieverdächtig ist und deshalb im Folgenden zur Disposition steht:

1. Daß die Menschen sich quasi von Natur aus als Konkurrenten zueinander verhalten und »egoistisch« ausschließlich an ihrem vor allem ökonomischen Vorteil interessiert sind;
2. daß die Gesellschaft daher als ein Ort des Gegeneinanders verstanden wird und daß dieses Gegeneinander den Staat notwendig macht, um es in einem von ihm garantierten Rahmen zu halten und um die Einhaltung gewisser Spielregeln gegebenenfalls mit Hilfe seines Gewaltmonopols durchzusetzen.


## b) Die Tradition des Staatssozialismus

Die Forderung nach *weniger Staat* bringt die Liberalen immer dann in Konflikt mit ihrem Ideal der individuellen Freiheit, wenn sie Freiheit nicht nur als juristisches, politisches oder ökonomisches Problem verstehen, sondern ihr Freiheitsideal an den tatsächlichen Verhältnissen messen, in denen die ökonomische Freiheit einer Minderheit die Unfreiheit der abhängig arbeitenden Mehrheit verursacht. So kann der Zusammenhang von *weniger Staat* und größerer individueller Freiheit nicht als notwendig verstanden werden.

Aus diesem Grunde verdächtigten Sozialisten die Forderung von Liberalen nach *weniger Staat* auch als eine, die von den Besitzenden und deren Interessenvertretern erhoben wird, um möglichst uneingeschränkt von staatlichen Eingriffen über die Arbeitskraft der Menschen verfügen zu können. Sie sind gezwungen, diese »frei« zu verkaufen.

Für die Staatssozialisten, d. h. für die »Realsozialisten« der Ostblockstaaten, für Sozialdemokraten und für andere Sozialisten, die mit Hilfe des Staates den Sozialismus realisieren wollen, sind die Voraussetzungen der individuellen Freiheit die ökonomische Gleichheit bzw. die Reduzierung ökonomisch bedingter Ungleichheiten erst herzustellen – und zwar durch *mehr* Staat. So geht es Staatssozialisten in ihrer Politik vor allem darum, Einfluß auf den Staatsapparat zu gewinnen. Dies soll auf dem Wege einer Erringung von Parlamentsmehrheiten geschehen oder auf dem Wege einer revolutionären Eroberung der Staatsmacht und der Errichtung einer »Diktatur des Proletariats«. Gemeinsam ist diesen Sozialisten ihr Etatismus, also die Überzeugung, Sozialismus werde vor allem durch den (Zentral-)Staat und durch staatliche Maßnahmen hergestellt oder gewährleistet und nicht dezentral und direkt auf dem Wege einer Vergesellschaftung durch die jeweils Betroffenen.

Bezeichnend für diese Staatsfixierung ist es, daß die Staatssozialisten im nachrevolutionären Rußland direkte Betriebsübernahmen durch die Arbeitenden und eine Selbstverwaltung der Betriebe mittels Rätevertretungen unterdrückten und daß in den heutigen Industriegesellschaften die meisten Parteisozialisten Betriebsübernahmen durch die Belegschaft wenig unterstützten oder sogar blockierten. Neben dem Streben nach Machterhalt kennzeichnet den Staatssozialismus die Auffassung, daß sie die jeweils betroffenen Menschen für außerstande halten, eine direkte Vergesellschaftung vorzunehmen. Wenn die Perspektive einer wirklichen Vergesellschaftung schon nicht ganz aufgegeben wurde, so dominiert hier die Auffassung, daß die Bedingungen für Freiheit und Sozialismus zunächst herzustellen seien, d. h. der Mensch muß durch die Umgestaltung der Gesellschaft mit Hilfe der Herrschaft des Staates zum »guten« sozialistischen Menschen erzogen werden.

Nach Meinung nahezu aller Staatssozialisten dürfe sich der Staat nicht auf die Umstrukturierung des ökonomischen Bereichs beschränken, sondern müsse zum Besten der unwissenden und unreifen Massen auf diese auch prägenden Einfluß ausüben etwa durch eine staatliche Bildungs- und Erziehungspolitik. Lassalle, der erste Präsident des 1863 gegründeten »Allgemeinen deutschen Arbeitervereins«, bringt jene »erziehungsdiktatorische« Arroganz, von der sich heute viele Staatssozialisten noch immer nicht verabschiedet haben, sehr pointiert zum Ausdruck. Unter deutlichem Einfluß Hegels feiert Lassalle den Staat geradezu hymnisch als Vollender des Menschengeschlechts:

»Der Staat ist es, welcher die Funktion hat, diese Freiheit, diese Entwicklung des Menschengeschlechts zur Freiheit zu vollbringen... Der Zweck des Staates ist somit der, das menschliche Leben zur positiven Entfaltung und zur fortschreitenden Entwicklung zu bringen, mit anderen Worten, die menschliche Bestimmung, d. h. die Kultur, deren das Menschengeschlecht fähig ist, zum wirklichen Dasein zu gestalten: er ist die Erziehung und Entwicklung des Menschengeschlechts zur Freiheit.« (1973, 43)

Die mit dem Lassalle-Zitat abgeschlossene verkürzt zusammengefaßte Auffassung von Staatssozialisten basiert auf der »heimlichen« anthropologischen Annahme, der Mensch sei ohne herrschaftliche Anleitung und Erziehung außerstande, kooperativ und solidarisch zu leben und zu arbeiten; eine freie Gesellschaft oder Sozialismus bzw. Kommunismus geht somit nicht aus den Individuen und der kollektiven Realisierung ihrer Interessen und Bedürfnisse hervor, sondern wird sukzessive *für* die Betroffenen, auch gegen ihren Willen, vom Staat realisiert. Für Staatssozialisten scheint zu gelten, daß dem »guten« Staat die Aufgabe zukommt, die »schlechten« – noch nicht zu ihrem gesellschaftlichen Bewußtsein gekommen – Menschen auf das Allgemeine zu verpflichten, was der Staat repräsentiert. Aus dieser Basis ist nicht nur die Beschneidung von vermeintlich egoistischen Privatinteressen und von unliebsamen Meinungsäußerungen zu legitimieren, sondern ebenso Zwangspsychatrisierungen und Internierungslager.

c) Die Tradition des Anarchismus

Im sehr heterogenen Spektrum anarchistischer Theorien trifft man auf die Auffassung, daß der Mensch »von Natur aus« solidarisch und kooperativ sei, daß er aber von autoritären, staatlich-strukturierten Gesellschaftsformen daran gehindert werde, sich seiner natürlichen (»guten«) Veranlagung entsprechend zu organisieren. Dieses optimistische Menschenbild, mit dem viele Anarchisten die Staatsablehnung begründeten, soll als Kontrast den anthropologischen Prämissen der Staatsauffassungen im Liberalismus und Staatssozialismus entgegengesetzt werden. Die Anthropologie oder »wissenschaftliche Ethik« des Anarchisten Kropotkin dient in dieser Erörterung als Bezugspunkt.

Kropotkin kritisiert die staatlich-kapitalistische Gesellschaft seiner Zeit und seine Rechtfertigungstheorien. Er weist das (liberale) Verständnis von Gesellschaft als Ort des natürlichen Kampfes »Jeder gegen Jeden« und vom Staat als dessen quasi naturnotwendiges Korrektiv ebenso zurück wie das darin zum Ausdruck kommende Menschenbild. Nach Kropotkin handelt es sich bei diesen Bestimmungen von Mensch und Gesellschaft um unzulässige Verallgemeinerungen eines bestimmten historischen Zustandes. Gegen diese Bestimmung der gesellschaftlichen Beziehungen zwischen Menschen als natürliche Konkurrenz wendet sich Kropotkin aber nicht, indem er – ideologiekritisch – diese Theorien in Reflexion auf seine (sozio-ökonomischen) Entstehungsbedingungen analysiert. Statt dessen akzeptiert er die Evolutionstheorie Darwins als »wissenschaftliche« Grundlage auch der Sozialwissenschaften, versucht bei Tier und Mensch einen Sozialinstinkt – genannt »Gegenseitige Hilfe« – nachzuweisen, um damit das sozialdarwinistische Verständnis des »Kampfes ums Dasein« zu widerlegen.

So bemühte sich Kropotkin um den »wissenschaftlichen« Nachweis, daß die Gegenseitige Hilfe als eine Art Solidaritäts- oder Sozialtrieb sich als wichtige Waffe im »Kampf ums Dasein« im Prozeß der Evolution herausgebildet habe. Gegen Darwins Schlußfolgerungen versucht Kropotkin an Hand zahlreicher Tierbeobachtungen und Verhaltensmuster beim Menschen nachzuweisen:

1. daß der »Kampf ums Dasein« sich vor allem gegen die natürliche Umwelt und andere Arten richtete, zunächst also *nicht* gegen die eigenen Artgenossen;
2. daß dieser Kampf kollektiv geführt wurde und »... in allen Fällen die Geselligkeit der größte Vorteil im Kampf ums Dasein ist.« (1975, 51) Gegenseitige Hilfe ist, so Kropotkin, ein »... Instinkt, der sich langsam bei Tieren und Menschen im Verlauf einer außerordentlich langen Entwicklung ausgebildet hat und der Mensch und Tiere gelehrt hat, welche Stärke sie durch die Betätigung Gegenseitiger Hilfe gewinnen und welche Freuden sie im sozialen Leben finden können.« (1975, VIII)

Kropotkin leugnet nicht den Faktor der individuellen Selbstbehauptung für die Entwicklung der Menschheit (1975, 271); doch die Gegenseitige Hilfe erklärt Kropotkin damit zu einer anthropologischen Verhaltenskonstante und zum dominierenden Gestaltungselement der Entwicklung der menschlichen Gesellschaft. An dieser natürlichen Disposition zur Gegenseitigen Hilfe knüpft Kropotkin mit einer »wissenschaftlichen Ethik« an und scheint bei diesem Vorhaben nicht hinter dem Geschichtsdeterminismus einiger Marxisten und dem Wissenschaftsanspruch der »positiven« Soziologie von Comte zurückstehen zu wollen:

»Und also kann der auf dem Standpunkt der wissenschaftlichen realistischen Ethik beharrende Mensch nicht nur an einen sittlichen Fortschritt glauben, sondern er kann auch diesen Glauben wissenschaftlich begründen, ungeachtet aller ihm verabreichten pessimistischen Lehren; er sieht, daß der Glaube an den Fortschritt... von der wissenschaftlichen Erkenntnis bestätigt wird.« (Kropotkin, 1976, 28)

Wie die Sozialdarwinisten »verlängerte« Kropotkin den naturgeschichtlichen Evolutionsprozeß in die Menschheitsgeschichte, um seine These von der anthropologischen Verhaltenskonstante einer Gegenseitigen Hilfe mit der Tatsache geschichtlicher Veränderung und vor allem mit einer optimistischen Geschichtsauffassung vereinbaren zu können.

Kropotkin betont, daß Gegenseitige Hilfe in der menschlichen Geschichte schon immer als solidarisch-freiheitliche Tendenz des »Gesellschaftlichen« angelegt sei und daß sich diese Tendenz schließlich gegen die egoistisch-herrschaftlich-zentralistische Tendenz des Staates durchsetzen werde. So stehen sich nach Kropotkin letztlich zwei elementar verschiedene Tendenzen in der menschlichen Geschichte einander gegenüber. In der einen werde mit einer föderativen, genossenschaftlichen und auf Gemeinschaftlichkeit basierenden Strukturierung aller Lebensbereiche das Solidaritätsprinzip der Gegenseitigen Hilfe realisiert, während die Gegenströmung gekennzeichnet sei durch Zentralismus, Ausbeutung und Herrschaft:

»Durch die gesamte Geschichte unserer Kultur ziehen sich zwei Traditionen, zwei entgegengesetzte Strömungen; die römische Tradition und die volkstümliche, die kaiserliche Tradition und die eidgenössische, die autoritäre Tradition und die freiheitliche. (...) Wir schließen uns jener Strömung an, welche im zwölften Jahrhundert die Menschen antrieb, sich zu organisieren auf der Grundlage der freien Vereinbarung des einzelnen, der freien Föderation der Interessenten.« (Kropotkin, o. J. 44)

In seinem Buch »Gegenseitige Hilfe in der Tier- und Menschenwelt« führt Kropotkin zahlreiche Beispiele an für die »volkstümliche«, »freiheitliche« Strömung, die er in den Gebräuchen und Traditionen der Völker noch ebenso wirksam glaubte wie in kollektiven Selbsthilfemaßnahmen von Bauern und Arbeitern seiner Zeit. Er war fest davon überzeugt, daß sich langfristig die autoritären staatlichen Strukturen nicht gegen den Sozialinstinkt der Gegenseitigen Hilfe behaupten könne:

»Die Entwicklung geht nicht im Sinne der Autorität voran; sie vollzieht sich im Sinne der vollständigen Freiheit der einzelnen Menschen, der Produktions- und Konsumgruppe, der Gemeinde, der Vereinigungen, der freien Föderation.« (1978, 57)

Die in der Geschichte latenten Gemeinschafts- und Föderalisierungstendenzen, die Tendenz zur ökonomisch-technischen Dezentralisierung, der Fortschritt hin zu größerer Freiheit, Solidarität und »Sittlichkeit« – diese nach Angaben Kropotkins empirisch-wissenschaftlich feststellbaren Tendenzen würden schließlich in der Abschaffung des Staates und in einer weltweiten Föderation vernetzter Kommunen münden.

Zu kritisieren ist an Kropotkins Konzeption der Gegenseitigen Hilfe, daß sie ebenso, wie der zu Recht kritisierte Sozialdarwinismus mit dem Anspruch einer Naturwissenschaft auftritt. Gegenseitige Hilfe ist nicht wie eine physikalische Gesetzmäßigkeit beweisbar. Zu vieles am menschlichen Verhalten ist von sozio-historischen Bedingungen abhängig. Zwar stellt auch Kropotkin die Sozialisation und die historischen Bedingungen für bestimmte soziale Verhaltensweisen in Rechnung, reflektiert aber nicht grundsätzlich auf das Verhältnis von natürlicher Anlage und sozialer Umwelt. So trifft das gängige Argument aus der Anthropologiekritik auf die Konzeption der Gegenseitigen Hilfe zu, daß die vermeintlich »wesensmäßigen« Verhaltensstrukturen die unhistorische Verabsolutierung eines bestimmten, sozio-historisch bedingten Verhaltens darstellt. Darüber hinaus erliegt Kropotkin, wie viele seiner marxistischen Gegner auch, dem eschatologischen (endzeitlichen) Glauben, daß die Anarchie mit naturgesetzlicher Notwendigkeit am Ende der Geschichte stünde. Obwohl er selbst Spekulationen über einen zielgerichteten Geschichtsverlauf kritisierte, unterwarf Kropotkin seine sozialgeschichtlichen Untersuchungen diesem »Prinzip Hoffnung«, was jedoch bei anderen Anarchisten auf massive Kritik stieß.

Kropotkin selbst verstand seine Gegenseitige Hilfe als Kritik an Hobbes und den Sozialdarwinisten und damit als Kritik an der Auffassung vom natürlichen Gegeneinander und wandte sich gegen Versuche, das Konkurrenzprinzip und den rücksichtslosen Egoismus zum Prinzip jeglicher menschlichen Gesellschaft zu verabsolutieren. Die Vorstellung einer natürlichen Solidarität richtet sich ferner gegen eine christliche Ethik, in der die »Nächstenliebe« unter dem Vorzeichen des Verzichts gesehen wird, der schließlich im besseren Jenseits honoriert wird.

Die im Rahmen unserer Argumentation vorgenommenen holzschnittartigen Zuweisungen anthropologischer Grundannahmen zur

Tradition des Liberalismus und Staatssozialismus und – in Abgrenzung dazu – zur Tradition des Anarchismus verfolgt (neben einer einleitenden Funktion) vor allem die ideologiekritische Absicht, auf die anthropologischen Prämissen der Legitimationen des Staates und der Staatsablehnung aufmerksam zu machen. Die anthropologischen Grundannahmen Kropotkins und anderer Anarchisten wird also für das Folgende keinesfalls akzeptiert, sondern als Antithese den mehr oder weniger »heimlichen« anthropologischen Vorentscheidungen der staatlichen Gesellschaftstheorien entgegengestellt.

> »Um grundlegenden Mißverständnissen zu entgehen, muß man den Anarchismus als eine in sich sehr differenzierte politische und soziale Protestbewegung mit einem noch heterogeneren ideologischen Spektrum betrachten«
>
> *Karl Stadler*

> »Die vielfältigen Ideen der Anarchisten auf einen Nenner zu bringen, ist so gut wie unmöglich.«
>
> *Daniel Guérin*

### 3. Anarchismus – Versuch einer begrifflichen Eingrenzung

Wer über Anarchismus redet oder schreibt, ist mit einer doppelten Schwierigkeit konfrontiert: Die *erste* resultiert daraus, daß der Anarchismus häufig mit Terrorismus, Gewalt, Chaos und Unordnung gleichgesetzt wird und deshalb keinen guten Ruf genießt. Vorab sei darauf hingewiesen: Auch wenn im Folgenden vor allem der Frage nachgegangen wird, was man heute mit einigen anarchistischen Theorien anfangen kann, scheint mir doch eine Richtigstellung von Vorurteilen oder Gerüchten notwendig, da sie einer Wiederaneignung im Weg stehen. Solche Richtigstellungen beinhalten auch eine kritische Verteidigung von anarchistischen Positionen gegenüber pauschalen und unfundierten Verurteilungen, die auch in sehr vielen wissenschaftlichen Schriften zu finden sind, vor allem aber in politischen Auseinandersetzungen mit dem Anarchismus dominieren. Bei den notwendigen Einschränkungen und Korrekturen der Anarchismuskritik, zumal wenn sie engagiert vorgetragen werden, setzt man sich der Vermutung aus, man identifiziere sich mit ihm, und läuft damit Gefahr, sich die weit verbreiteten Vorurteile aufzuladen. Auch dies kann die kritische Aneignung anarchistischer Theorien belasten.

Die *zweite Schwierigkeit*, den Begriff von Anarchismus zu bestimmen, ergibt sich daraus, daß er keine einheitliche und geschlossene Theorie darstellt – einige Politikwissenschaftler sprechen dem Anarchismus sogar jegliche theoretische Bedeutung ab. (Lösche, 1974, 57) So ist es nicht sinnvoll, mit Hilfe einer Definition vorab zu klären, was der Anarchismus »eigentlich« sei. Denn mit diesem »-ismus« werden die verschiedensten politischen und sozialen Ideen versehen, auch wissenschaftstheoretische und erkenntnistheoretische Positionen sowie die von Künstlern und Literaten.

Auf eine »griffige« Definition werde ich aus diesen Gründen verzichten; eine Definition wäre entweder unscharf oder inhaltsleer oder könnte der Vielfalt und Heterogenität des anarchistischen Denkens nicht gerecht werden. Aus diesem Grunde scheint es am sinnvollsten, ohne eindeutig definitorische Fixierungen, die Untersuchung auf die Theorieansätze derjenigen zu beziehen, die sich selbst als Anarchisten bezeichnen oder die von Anarchisten, von Wissenschaftlern oder Publizisten dem Anarchismus zugeordnet werden.

Um nun dem Leser auch ohne definitorische Vorklärungen einen Eindruck davon zu vermitteln, was Anarchismus bedeuten kann, sind im folgenden einige Begriffserklärungen und einige Bestimmungsversuche zusammengestellt, die die verschiedenen Wertungen, Schwerpunkte und Sichtweisen illustrieren sollten.


a) Anarchie – die unangemessene Freiheit

Die Übersetzung des altgriechischen Wortes »anarchia« lautet »Herrenlosigkeit, Mangel an Oberbefehl, kein Führer, Zügellosigkeit, gesetzloser Zustand«. In dieser Übersetzung spiegelt sich die negative Wertung wider: Die Führer- und Herrenlosigkeit wird als Mangelzustand gedacht.

Aristoteles verwendet den Begriff »Anarchie« in der Bedeutung von »Zustand der Sklaven ohne Herrn« als Entartung der Demokratie[4]. Auch in der (Staats-)Verfassungslehre behält »Anarchie« als eine der Despotie entgegengesetzte Entartung negative Bedeutung[5]. In der Theologie des Mittelalters kennzeichnet »Anarchie« hingegen das Höchste und Freieste, was der Mensch sich vorstellen kann; der Zustand, in dem sich Gott befindet, der keiner Gewalt unterworfen ist. In diesem Sinne nimmt auch Kant den Begriff zur Bezeichnung einer Verfassungsform auf, die den unvollkommenen Menschen nicht angemessen ist: Anarchie sei »Gesetz und Freiheit, ohne Gewalt«. (1980, 686)

Mit der Historisierung der Staats- und Gesellschaftsformen also der Vorstellung, daß sich im Laufe der Geschichte Staats- und Gesellschaftsformen auseinander entwickeln, erhält »Anarchie« in der politischen Philosophie auch eine positive Bedeutung: Er bezeichnet einen vorstaatlichen Zustand sowie eine nachstaatliche Gesellschaft, die als Vollendung der Demokratie aus dieser hervorgeht. (Görres, in: Ludz 1972, 68) Später, bei Marx, soll aus dem Sozialismus die staats- und herrschaftslose kommunistische Epoche erwachsen.

Im Sprachgebrauch dominiert bis heute ein negatives Verständnis; »Anarchie« ist als Synonym für Chaos, Unordnung und Willkür gebräuchlich (z. B.: »anarchistische Gewalttäter«, »Anarchie der Warenproduktion«). Der Anarchismus wurde im frühen 19. Jahrhundert zum Kampfbegriff zur Diffamierung des politischen Gegners.

Doch auch im historisierenden Denken des 19. Jahrhunderts wird, wie etwa bei Hegel mit »Anarchie« abwertend auf den Zustand eines Reiches hingewiesen, in dem die Verhältnisse derart bestimmt sind, »... daß das Interesse der Teile für sich, gegen das Interesse des Ganzen zu handeln oder das zu unterlassen, was dessen Interesse erfordert... verwahrt und gesichert ist.« (1976, 518) Hegel kritisiert »die politische Selbständigkeit der Teile« gegenüber dem Ganzen und verwirft damit ein zentrales Organisationsprinzip des Anarchismus, nämlich den Föderalismus.

b) Anarchismus – ein Liberalismus, »der über den Strang
   gehauen hat«

Der Anarchismus wurde als Liberalismus, »der über den Strang gehauen hat«, bezeichnet (Niekisch, zitiert nach Weseloh, 1968, 7). Wenn nicht auf den Anarchismus insgesamt, so trifft diese Charakterisierung auf die Staatskritiker Godwin (1756–1836) und Thoreau (1817–1862) zu, die, ohne ihre politischen Ideen und Ziele mit dem Begriff »Anarchie« in Verbindung zu bringen, sich den »klassischen« anarchistischen Auffassungen näherten. Ausgangspunkt ist das in der politischen Theorie der Neuzeit häufig bemühte Erklärungsmodell der Vertragstheorie. In ihr werden die Konstitutionsbedingungen des Staates in vertraglichen Vereinbarungen zwischen einzelnen Menschen gesehen. Da in diesem Erklärungsmodell angenommen wird, daß der Staat aus den

Verträgen zwischen Individuen hervorgehe, die stillschweigend immer wieder erneuert werden, wird daraus gefolgert, daß der Staat den Willen des Volkes vertritt und damit legitimiert ist. Auf der Basis einer solchen Rechtfertigung kann der Staat innerhalb eines bestimmten Rahmens Gehorsam von seinen Bürgern verlangen. Der Staat ist damit nicht mehr als gottgewollt oder aus dem Wesen des Menschen notwendig folgend gedacht, sondern als »Menschenwerk«, zum Nutzen des Menschen.

Der entscheidende Schritt weiter zur Infragestellung des Staates vollzieht sich, wenn – in Analogie zu Geschäftsverträgen – dem Individuum das Recht zuerkannt wird, die Verträge zur Staatsbildung zu kündigen und sich das Recht vorbehält, den Anordnungen des Staates jeweils zuzustimmen oder diese abzulehnen. Da die Regierung dieses Recht dem einzelnen Bürger nicht zuspricht und ihn gegebenenfalls gewaltsam zur Befolgung seiner Anordnungen zwingt, hält Thoreau Staat und Regierung für ungerecht:

»Die rechtmäßige Regierungsgewalt... ist immer unvollständig: um nämlich unbedingt gerecht zu sein, muß sie die Vollmacht und Zustimmung der Regierten haben. Sie kann kein umfassendes Recht über mich und mein Eigentum haben, sondern nur soweit, wie ich zustimme. (...) Nie wird es einen wirklich freien und aufgeklärten Staat geben, solange sich der Staat nicht bequemt, das Individuum als größere und unabhängige Macht anzuerkennen...« (Thoreau 1973, 34)

Thoreau radikalisiert die vertragstheoretische Begründung des Staates. Seine Weigerung, Steuern zu zahlen und Wehrdienst zu leisten, erklärt er damit, daß er der Vereinigung »Staat« nicht beigetreten sei, daß er keinen Vertrag mit ihm und anderen Menschen geschlossen habe, der ihn verpflichte. So erklärte Thoreau öffentlich: »Hiermit gebe ich, Henry Thoreau, bekannt, daß ich nicht als Mitglied irgendeiner Vereinigung angesehen werden will, in die ich nicht eingetreten bin.« (a.a.O., 23) Da die staatlichen Institutionen diese Erklärung nicht akzeptierten, mußte Thoreau wegen Steuerverweigerung ins Gefängnis. Jemandem, der mit ähnlicher Begründung heute versuchen würde, seine Steuern nicht zu zahlen oder seiner Wehrpflicht nicht zu genügen, würde es ähnlich gehen. Damals wie heute besteht eine »Zwangsmitgliedschaft«.

## c) Das Anarchismusverständnis von Anarchisten

Der erste, der seine politischen Vorstellungen mit dem Begriff »Anarchie« bezeichnete, war Proudhon (1804–1865). Proudhon versuchte, das negative Vorurteil von »Anarchie« zu durchbrechen. Er setzte mit seiner Kritik jedoch nicht, wie Godwin oder Thoreau, an einer Radikalisierung der Vertragstheorie an, sondern am Zentralismus und an den vielfältigen Einmischungen des Staates in die Lebenswelt der Bürger. »Anarchie« hält Proudhon durchaus mit »Regierung« und »Staat« vereinbar, sofern es sich um einen – um es mit heutigen Begriffen zu sagen – dezentralisierten und vollständig demokratisierten Staat handelt, der von seinen Bürgern jederzeit vollständig zu kontrollieren ist:

»Anarchie ist... eine Regierungsform oder Verfassung, in welcher das öffentliche und private Gewissen... allein zur Erhaltung der Ordnung und Sicherstellung aller Freiheiten genügt, in welcher also das Autoritätsprinzip, die polizeilichen Einrichtungen, die Steuern usw. auf das einfachste beschränkt sind, in welcher... die Zentralisation – durch föderative Einrichtungen und kommunale Gebäude ersetzt – verschwinden.« (Proudhon, zitiert nach Souchy in Borries u. a. 1970, 11 f.)

Nach der Auffassung Proudhons ist »Anarchie« nicht nur negativ als staatsloser Zustand zu bestimmen, sondern weist konstruktive Momente auf: Die Zentralisation soll durch kommunale und dezentrale Organisationsformen und durch einen Föderalismus ersetzt werden; die zur Sicherstellung der individuellen Freiheit und gesellschaftlichen Ordnung notwendigen Einrichtungen sollen auf das notwendigste beschränkt werden.

Der deutsche Anarchist und Sozialist Gustav Landauer (1870–1919) stellt eine Verbindung von Anarchismus und Sozialismus her und versucht die Mißverständnisse um den Begriff »Anarchismus« dadurch zu umgehen, daß er Anarchie, Sozialismus und »Gesellschaft« in eins setzt:

»Anarchie ist nur ein anderer, in seiner Negativität weniger guter Name für Sozialismus. Wahrer Sozialismus ist der Gegensatz zu Staat und kapitalistischer Wirtschaft. Sozialismus kann nur erwachsen aus dem Geiste der Freiheit und der freiwilligen Einigung, kann nur entstehen in den Individuen und ihren Gemeinden.« (1977, 114)

Mit diesem Anarchismusverständnis wendet sich Landauer ebenso entschieden gegen den Kapitalismus wie gegen den Staatssozialismus marxistischer und nicht-marxistischer Prägung. Das ausschließliche Kriterium für Anarchie (= Sozialismus/Gesellschaft) ist nach Landauer die Art und Weise, wie sich die Menschen konkret zueinander verhalten, ob ihr Verhalten in ökonomischen und politisch-gesellschaftsorientierten Belangen auf Herrschaft und Ausbeutung beruht oder auf Kooperation und freier Vereinbarung.

Kooperation sowie freiwillige Verbindung (Assoziation) und Trennung (Sezession) sind auch die zentralen Organisationsprinzipien einer anarchistischen Gesellschaft, wie sie sich Kropotkin vorstellt. Anders als Landauer, der eher den Aspekt der Verbindung und Dauer betont, legt Kropotkin besonderen Wert auf die Feststellung, daß eine anarchistische Gesellschaft vielfältig, flexibel und in steter Veränderung begriffen sein wird: Eine freie Gesellschaft sei nicht erreichbar »... durch Erreichung einer Einheitsform, sondern durch den Ruf an alle Menschen, an der freien Entfaltung, der freien Initiative, der freien Betätigung und der freien Verbindung mitzuwirken.

Sie sucht die vollständige Entwicklung der Individualität, verbunden mit der Entwicklung der unter allen Gesichtspunkten freiwilligen Verbindung für alle möglichen Stufen, für alle denkbaren Ziele: eine stets wandelbare Verbindung, die in sich selbst die Grundlagen für ihre Dauer trägt und die Formen annimmt, die in jedem Augenblick am besten den mannigfachen Bestrebungen aller entsprechen.« (1983, 66)

In der Formulierung seines Verständnisses von Anarchismus weist Reclus (1830–1905) auf die Differenzen zwischen Anarchisten und autoritären Sozialisten hin. Er grenzt sich entschieden vom Staatssozialismus ab, sowie von der Auffassung, Sozialismus sei nach der Eroberung der Staatsgewalt zu dekretieren. Eine solche Strategie führe nur dazu, ein neues staatliches Herrschaftssystem zu etablieren. Die Pervertierung der russischen Revolution zur, wie viele Anarchisten meinen, konterrevolutionären staatlichen Diktatur gab dieser Befürchtung von Reclus recht. Er plädiert für den Verzicht auf Machtergreifung, wendet sich gegen »Zwangssozialismus« und spricht sich damit für die absolute Freiwilligkeit und unumschränkte individuelle Selbstbestimmung für die einzelnen aus. Seine Charakterisierung von »Anarchismus« beginnt mit dem Zitat:

»Der Mensch, der im Wagen fährt, wird niemals der Freund dessen sein, der zu Fuß geht. Deshalb haben die Anarchisten in dieser Hinsicht die entschiedensten Prinzipien: Ihrer Meinung nach kann die Eroberung der Macht nur dazu dienen, deren Existenz und damit die Existenz der Knechtschaft zu verlängern. Daher hat es auch seinen guten Grund, daß der Name ›Anarchismus‹ nur eine negative Bedeutung hat, derjenige bleibt, mit dem wir allgemein bezeichnet werden. Man könnte uns als ›Libertäre‹ bezeichnen, wie sich ja einige von uns freiwillig nennen, ... aber diese Benennungen unterscheiden uns nicht deutlich genug von den anderen Sozialisten. Es ist der Kampf gegen alle obrigkeitliche Gewalt, der uns wesentlich unterscheidet; jede Individualität erscheint uns als der Mittelpunkt des Weltalls, und jede hat die gleichen Rechte auf ihre ungestörte Entfaltung, ohne das Dazwischentreten einer Macht, die sie leitet, schulmeistert oder bestraft.« (Reclus, 1972, 250)

Zweifellos trifft die Feststellung von Reclus zu, daß der Anarchismus seinem Wortsinn nach »nur negative Bedeutung« hat und in seinen Vorstellungen am einfachsten dadurch zu charakterisieren ist, was er *nicht* will. In den negativen Zielsetzungen besteht zwischen den verschiedenen Strömungen im Anarchismus auch große Übereinstimmung:
– Beseitigung aller Formen von Herrschaft, vor allem der staatlichen,
– Beseitigung ökonomischer Ausbeutung.

Einig sind sich die Vertreter der verschiedenen Strömungen auch hinsichtlich folgender Prinzipien oder »Grundwerte«:
– individuelle Selbstbestimmung und Selbstentfaltung, soweit damit nicht die Selbstbestimmung und Selbstentfaltung anderer Menschen beeinträchtigt wird;
– eine dezentrale »politische« Organisation der Gesellschaft »von unten nach oben« (in diesem Sinne: Dezentralisierung)
– ökonomische Selbstverwaltung und Selbstbestimmung.

Nur wenige Anarchisten verzichten darauf, diese sehr allgemeinen Grundsätze zu konkretisieren, und nur sehr wenige beschränkten sich in ihrer politischen Tätigkeit und in ihren theoretischen Arbeiten auf das Negative, auf die Destruktion der staatlichen Gesellschaft und auf bloße Kritik, sondern machten teilweise konkrete Vorschläge, wie ihrer Meinung nach eine herrschaftsfreie Gesellschaft organisiert sein könne und auf welchem Wege sie zu realisieren sei. In diesen konkreteren Vorstellungen aber unterschieden sich die Organisationsvorschläge der Anarchisten und der verschiedenen anarchistischen Strömungen teilweise erheblich voneinander. Das liegt nicht zuletzt an den unterschiedlichen zeitlichen und gesellschaftlich-ökonomischen Hintergründen:

Proudhon war Franzose, wirkte im zweiten Drittel des 19. Jahrhunderts und bezog sich in seinen Vorschlägen auf vorindustrielle Handwerksbetriebe und auf die Landwirtschaft. Bakunin war gebürtiger Russe, starb 1876 und orientierte sich an den Zuständen nach der industriellen Revolution. So entwarf er Konzepte zur Organisation einer hocharbeitsteiligen und weltweit organisierten Industriegemeinschaft. Kropotkin, ebenfalls Russe, der aber in England und Frankreich im

Exil lebte und schließlich 1921 im nachrevolutionären Rußland starb, beurteilt den Industrialismus eher skeptisch und versucht ihn mit der genossenschaftlich-landwirtschaftlichen Tradition des Ostens in seinem Konzept zu vereinigen.

Landauer, ermordet 1919 nach der Niederschlagung der Münchener Räterepublik, lehnte den kapitalistischen Warentausch, Großindustrien und die den Arbeitsprozeß zerstückelnde Arbeitsteilung noch entschiedener ab als Kropotkin, da mit diesen vermeintlichen ökonomischen Fortschritten eine soziale Verelendung einhergehe. Die »gewachsenen« dörflichen Lebenszusammenhänge würden zerstört und die Menschen entwurzelt, wenn sie in den Städten »zentralisiert« würden; sie würden atomisiert und stünden um so wehrloser den staatlich-kapitalistischem System gegenüber. Landauer plädierte für eine Erneuerung, die an noch vorhandene Gebräuche und ländliche Institutionen anknüpft, um eine dezentral strukturierte und föderalistische Gesellschaftsordnung mit möglichst autarken Basisgemeinden entstehen zu lassen.

### d) Anarchismus – kein »-ismus«

Trotz unterschiedlicher Schwerpunkte im Anarchismusverständnis der zuvor zitierten Anarchisten – und das zeichnet den Anarchismus von anderen »Ismen« aus (besser: sollte ihn auszeichnen) – schließen sich diese verschiedenen Strömungen nicht wechselseitig aus. Im Gegenteil: Die voneinander abweichenden Gesellschaftsalternativen oder Perspektiven werden lediglich als *Vorschlag* verstanden, als *eine* Möglichkeit neben anderen, wie eine anarchistische Gesellschaft aussehen könnte. Anarchisten wollen eine unbeschränkt »offene« Gesellschaft, Freiraum für verschiedene Lebensformen. Herrschaftslosigkeit bedeutet, daß keine Gesellschaftsform zwangsweise durchgesetzt werden darf, auch keine anarchistische. Anarchie ist demnach als ein Gesellschaftszustand zu verstehen, in dem eine Vielfalt von Lebensweisen, unterschiedlichen Produktions- und (herrschaftsfreien) Eigentumsformen nebeneinander Platz haben, koexistieren und kooperieren können.

Die angestrebte Vielfalt der Lebens-, Arbeits- und ausbeutungsfreien Eigentumsformen unterscheidet auch das anarchistische Ideal einer staatenlosen Gesellschaft von der marxistisch-kommunistischen Idee des Zustandes nach dem Absterben des Staates. Der Anarchist Souchy faßt diesen gravierenden Unterschied am Beispiel der angestrebten Wirtschaftsordnung wie folgt zusammen:

»Marxismus und Anarchismus gehen nicht nur bei der Wahl ihrer Strategie und Kampfmittel getrennte Wege, sie unterscheiden sich auch erheblich in ihren Fernzielen. Der Marxismus etabliert, wenn er zur Macht kommt, eine monoforme, formal geschlossene Wirtschaftsordnung, während für den Anarchismus die Tendenz zur Verwirklichung von immer mehr Freiheit und rascherem Fortschritt der Kardinalpunkt ist. Nach anarchistischer Auffassung sind multiforme Wirtschaftsgemeinden die Voraussetzung für gesellschaftliche und individuelle Freiheit.« (1980, 111)

Nicht alle Anarchisten entsprechen in ihren Theorien und in ihren Stellungnahmen zu ihren »Genossen« der Idee eines »anarchistischen Pluralismus« und postulieren wie Souchy eine multiforme Gesellschaft. Viele Anarchisten sind bis heute auf die theoretische Ausgrenzung anderer mißliebiger anarchistischer Auffassungen bedacht. So wenden sich kommunistische, häufig an der Marxschen Kapitalismuskritik orientierte Anarchisten gegen die »individualistisch-liberalistischen« Anarchisten. Diese wiederum beanspruchen für sich den allein konsequenten, den »wahren« Anarchismus und lehnen alles andere als »Ideologie« ab.

Wie steht es nun um die Beantwortung der Frage »Was heißt Anarchismus«? Ich denke, sie ist dahingehend geklärt, daß zwar einige allgemeinere Prinzipien und Kritiken durchgängig vorhanden sind, daß aber diese Gemeinsamkeiten zu wenig von dem zum Ausdruck bringen, was anarchistische Theorien von anderen auszeichnet (und was sie für die Gegenwart interessant machen könnte). Über diese prinzipiellen Übereinstimmungen hinaus bestehen höchst unterschiedliche Auffassungen darüber, wie die »Anarchie« zu realisieren sei und vor allem, wie sie im einzelnen aussehen solle. In Anbetracht dieser Heterogenität im Anarchismus hinsichtlich konkreter Konzepte ist also eher von »Anarchis*men*« zu sprechen, als von einem Anarchis*mus*.

## e) Libertäre und Anarchisten

Was heißt »libertär«? Dieses Wort ist noch weniger eindeutig zu bestimmen als der Begriff Anarchismus. »Ökolibertär« nennen sich etwa einige Parteimitglieder der GRÜNEN, um sich mit dieser Bezeichnung von den Sozialisten abzugrenzen, um gleichzeitig aber auch nicht Gefahr zu laufen, als »Liberale« im traditionellen Sinne mißverstanden zu werden[4]. Häufig meint »libertär« aber auch nur »anti-autoritär« und steht für die Einstellung, in besonderem Maße die individuelle Freiheit des

Menschen berücksichtigen zu wollen. Auch Anarchisten nannten sich »Libertäre«, um Mißverständnissen auszuweichen, die mit der Bezeichnung »anarchistisch« verbunden sind. Damit wäre »libertär« dann nichts anderes als ein Synonym für »anarchistisch«[5].

Folgendes Verständnis der Bezeichnung »libertär« scheint mir das am häufigsten gebräuchliche. Der Ausdruck »libertär« wird benutzt, »... *um auf die Übernahme anarchistischer Ideen in einem bestimmten Bereich hinzuweisen, ohne die Anerkennung des Anarchismus als Ganzes. U.* (Walter 1978, 36) In diesem Sinne verstehe auch ich die später aufgezeigten Perspektiven als »libertäre«. Zunächst bleibt aber noch zu klären, weshalb der Anarchismus zu einer verschütteten Tradition wurde.

*Anmerkungen*

1 Zur Kritik der Gründungserklärung der »Ökolibertären«, insbesondere zur mißverständlichen Inanspruchnahme des Ausdrucks »libertär« siehe Cantzen (1984*c*).

2 Bei solchen notwendig undifferenzierten Aussagen zum Liberalismus soll die Tatsache nicht unterschlagen werden, daß einige Strömungen des Anarchismus einer kritischen Auseinandersetzung mit dem Liberalismus entstammen. Auch soll hier das Verdienst des politischen Liberalismus und solcher Autoren wie John Stewart Mill hier keinesfalls bestritten werden.

3 In diesen pauschalisierenden Aussagen bleibt die Nähe des Anarchismus zu den Vorstellungen mancher Vertreter des Demokratischen Sozialismus außer acht.

4 Im klassischen Griechenland bedeutete »Demokratie« Herrschaft des freien *Mannes* über die Masse der Unfreien. Mit diesem Begriff werden – in Ost und West – auch heute noch tatsächliche Herrschaftsverhältnisse verschleiert. Als politisches *Ideal* scheint mir »Selbstbestimmung« geeigneter und weniger leicht zu mißbrauchen.

5 Begriffsgeschichtliche Darlegungen findet man am vollständigsten bei Ludz (1972); aus anarchistischer Sicht und mit weiterführenden Interpretationen bei Landauer (1978); in Zusammenhang mit der Diffamierung als Terrorismus und der anarchistischen Idee der Gewaltlosigkeit bei Dericum (1980).

»Jede sozialwissenschaftliche Analyse des
Anarchismus handelt daher – bewußt oder unbe-
wußt – sowohl von ihrem Untersuchungs-
gegenstand wie vom Vorurteil, vom Gerücht über
den Anarchismus.«

*Peter Lösche*

# II  Anarchismus – eine verschüttete Tradition und deren Wiederaneignung

Ein Grund, weshalb anarchistische Gesellschaftstheorien weitgehend
unbeachtet blieben, liegt zweifellos in der häufigen Identifizierung von
Anarchie mit Terror, Gewalt und Chaos. So dürfen denn auch, wenn in
diesem Kapitel nach den Ursachen gefragt werden soll, die den Anarchismus zu einer verschütteten Tradition werden ließen, einige Bemerkungen zum Terrorismus-Vorurteil nicht fehlen.

Ein anderer Grund für die unzureichende Auseinandersetzung mit
anarchistischen Theorien besteht darin, daß der Anarchismus als Strömung innerhalb der Arbeiterbewegung von den letztlich erfolgreicheren marxistisch und/oder staatssozialistisch orientierten Gewerkschaften und Parteien verdrängt wurde.[1]

Ein dritter Grund für die unzureichende Auseinandersetzung mit
dem Anarchismus liegt in dem quer durch alle politische Lager erhobenen Einwand, der Anarchismus sei theoretisch uninteressant, weil utopisch, unwissenschaftlich und unsystematisch. Zudem sei er veraltet,
weil er rückwärtsgewandt sei und sich an längst überlebten vorindustriellen Gesellschaftsformen orientiere. Den »Fortschrittlichen« erschien der Anarchismus aus diesem Grund bisher sehr oft als »rück-
schrittlich«. Gerade dieser Einwand spricht heute entschieden für eine
Rehabilitierung und Wiederaneignung des Anarchismus. Die heute oft
geäußerte Kritik am traditionellen Fortschrittsbegriff könnte es veran-
lassen, die Vorbehalte gegenüber einem gesellschaftstheoretischen
Denken zu überprüfen, das auf der Basis dieses Fortschrittsbegriffs als
unzeitgemäß ignoriert oder bekämpft wurde.

> »Der Widerspruch im Anarchismus besteht
> darin, daß er seine gesellschaftlichen und
> wirtschaftlichen Vorstellungen an vor- und
> frühindustriellen Formen orientiert, jedoch sein
> Protest gerade mit fortschreitender
> Industrialisierung, Verstädterung und
> Zentralisation der Verwaltung relevant wird.«
>
> *Kurt L. Shell*

## 1. Die lädierte Fortschrittsgewißheit und der (un-)zeitgemäße Anarchismus

Was spricht für eine Wiederaneignung des Anarchismus? – Ich denke,
es ist das, was am Anarchismus bisher als unzeitgemäß verpönt wurde.
Mit anderen Worten: Gerade die Tatsache, daß man den Anarchismus
lange Zeit für unzeitgemäß hielt, spricht heute für seine Wiederaneignung, denn *heute ist das ehemals Unzeitgemäße zum Zeitgemäßen geworden.*

Damit schließt sich die Frage an: Was macht den Anarchismus heute
interessanter als in den Zeiten vorher? Oder: Was hat sich verändert,
daß ein vormals unzeitgemäßes Denken heute zeitgemäß ist? – Ich denke, verändert hat sich, daß heute die »Glaubensgewißheiten« in Zweifel
gezogen werden, auf denen die gesellschaftstheoretischen Erklärungsmodelle, die Zukunftsperspektiven und nicht zuletzt auch die Politik
des 19. und 20. Jahrhunderts gründeten.

*Das vormals Zeitgemäße wird unzeitgemäß:* In der ökonomischen, gesellschaftlich-sozialen und vor allem der ökologischen Krise der letzten
Jahre erwiesen sich die traditionellen Erklärungsmodelle und Lösungs-
strategien als unzureichend. Sehr viele Zukunftserwartungen sind nicht
länger zu halten. Der gemeinsame Glauben von Konservativen, Liberalen und Staatssozialisten an die Errungenschaften des Fortschritts in
Industrie und Technik ist erschüttert. Der wirtschaftliche Fortschritt
zerstört die natürlichen Lebensgrundlagen; der technische Fortschritt
macht die Menschen zu Anhängseln an Maschinen; der industrielle
Fortschritt steht einer demokratischen Kontrolle des Industriesystems
entgegen. Der Glaube an die Effizienz zentralistischer und hierarchi-
scher Organisationsformen erweist sich als trügerisch; sie stellen sich oft
als »kontraproduktiv« heraus, Kosten und Leistung stehen in keinem
akzeptablen Verhältnis zueinander; die Zerstörung sozialer Strukturen
und Traditionen ist die Folge, ebenso Verstädterung, Vermassung und
Vereinzelung der Menschen. Der Glaube an die Richtigkeit der bisher
vorherrschenden Denksysteme ist erschüttert; die Zweckrationalität

einer bloß instrumentellen Vernunft richtet sich auf die Unterwerfung der Welt unter Begriffs- und Theoriesysteme und verselbständigt sich gegenüber menschlichen Zielsetzungen; die Folgen sind ökonomisch reduzierte Geschichtsauffassungen, die Mißachtung von Mensch und Natur und das (theoretische und praktische) Bestreben, Disparates in die gewünschte Ordnung zu zwingen oder aber zu verurteilen und zu diskriminieren.

*Das vormals Unzeitgemäße wird zeitgemäß:* Anarchisten wandten sich gegen einen wirtschaftlichen Fortschritt, der die Menschen von ihrer natürlichen Umwelt entfremdet; sie wandten sich gegen einen technischen Fortschritt, der den Menschen keine befriedigende Arbeit erlaubt; sie wandten sich gegen einen industriellen Fortschritt, der es verhindert, daß die Menschen ihre Produktivkräfte sinnvoll kontrollieren und die gesellschaftliche Produktion selbst verwalten. Anarchisten wandten sich gegen eine zentralistische und vereinheitlichende Ordnung, die den Menschen eine bestimmte Lebensweise aufnötigt, sie vereinzelt und damit psychisches und soziales Elend produziert. Anarchisten wandten sich gegen dogmatische Denksysteme, die mit dem Anspruch auftraten, Geschichtsentwicklungen »wissenschaftlich« prognostizieren zu können und die die Vermessenheit besitzen, den einzig wahren Weg zur freien Gesellschaft zu gehen und deren angestrebte Gesellschaftsordnung darauf ausgerichtet ist, die Individuen auch gewaltsam zur Integration in das »allgemeine Wohl« zu zwingen.

Diese Einwände gegenüber den vermeintlichen Glaubensgewißheiten und die dahinterstehenden Vorstellungen einer Umstrukturierung der Gesellschaft brachte den Anarchisten den Vorwurf ein, ihre Alternativen und Theorien seien unzeitgemäß und gegen den »Fortschritt« gerichtet. Doch was bis vor kurzem am Anarchismus als unzeitgemäß erschien und mitverursachte, daß er zu einer verschütteten Tradition wurde, macht heute das anarchistische Denken zeitgemäß und einer Wiederaneignung wert. Genau die Argumentationen, die bis vor kurzem herangezogen wurden, um zu beweisen, daß der Anarchismus unzeitgemäß und irrelevant sei, lassen sich heute aufnehmen, um zu zeigen, daß seine Wiederaneignung zeitgemäß und von großer Aktualität ist.

## a) Die hierarchische Ordnung und die (un-)zeitgemäßen anarchistischen Ordnungsvorstellungen

Mahnende Stimmen rufen heute auf zur Umkehr, Einkehr, Neubesinnung und Umorientierung. Viele meinen, wir lebten in einer Zeit der Wende oder sollten es wenigstens. Nichts Geringeres stünde auf dem Spiel als das Überleben der Gattung. Ende oder Wende.

Wege aus der Gefahr (sogar ins Paradies) werden gewiesen in Gestalt diverser überlebensnotwendiger und dennoch lebenswerter Alternativen. Noch sei die Menschheit zu retten. Doch es bedürfe eines Opfers. So meinen viele: das anthropozentrische Weltbild müsse aufgegeben werden, die Vorstellung, daß der Mensch der Mittelpunkt und Maßstab allen Geschehens auf der Welt sei. Eine neue Wende von der Bedeutung der kopernikanischen müsse mit dem »Humanchauvinismus« Schluß machen.[2]

Ich denke, bei aller Aufgeregtheit in der Bewußtseinsindustrie wird heute zu recht darauf hingewiesen, daß es einer Korrektur des menschlichen Selbstverständnisses und einer Überprüfung des anthropozentrischen Weltbildes bedarf, das so folgenschwer unsere abendländische Kultur und Zivilisation prägte. Heute ist die vormals uneingeschränkt wirksame Glaubensgewißheit in Frage zu stellen, wonach der Mensch das Zentrum von Welt und Natur bildet und die Spitze der Schöpfungshierarchie darstellt. Weder der biblische Auftrag »Macht euch die Erde untertan« noch die menschliche Vernunft und Wissenschaft können den Menschen länger glauben machen, er stünde als Herr außerhalb seiner natürlichen Umwelt.

Der Herrschaftsanspruch des Menschen über das Natürliche kommt im abendländischen Denken darin zum Ausdruck, daß in der Natur lediglich ein Potential gesehen wird, dessen man sich beliebig bedienen kann. Diese Auffassung findet sich sehr anschaulich in der Vision einer »Humanisierung der Natur«, wie sie Trotzki (1879–1940) vorstellt: Der »sozialistische Mensch« werde die »gegenwärtige Verteilung von Berg und Tal, von Feldern und Wiesen, Steppen, Wäldern und Meeresküsten« ändern und die Erde nach »den Erfordernissen des gesamten Produktions- und Kunstplanes« umgestalten (1972, 208). Schließlich werde auch der Mensch selbst »zum Objekt kompliziertester Methoden der künstlichen Auslese und des psycho-sozialen Trainings werden« und sich derart »radikal umarbeiten«, bis schließlich auch ein menschliches Durchschnittsexemplar »das Niveau eines Aristoteles, Goethe oder Marx« erreicht. (1972, 213)

Aus diesen Träumen Trotzkis spricht die ungebrochene Hoffnung auf einen geradezu unbegrenzten Fortschritt und verbindet sich mit einer Herrschermentalität, mit der die natürliche Umwelt und auch die Menschen selbst auf eine bloße Ressource reduziert werden, auf die die (staatlichen) Kräfte des Fortschritts zurückgreifen können. In Trotzkis Zukunftsversion gewährleistet der Gesamtplan, daß alles machbar ist – durch Eugenetik und Psychotraining selbst der vollkommene Mensch. Wie auch in den klassischen Staatsutopien ist Trotzkis Utopie Ausdruck eines zutiefst herrschaftlichen und hierarchischen Denkens; die Ordnung des »gesamten Produktionsplanes« zielt auf Ein- und Unterordnung (des Materials) in ein Gesamtkonzept.

Was bei Trotzki noch Zukunftsträumereien waren, wird heute in den Industriegesellschaften Wirklichkeit. Eine »Betrachtungsweise« und Mentalität, vor allem aber politische und ökonomische Organisationsstrukturen haben sich durchgesetzt, die nach dem Prinzip ausgerichtet sind: Machbarkeit durch Unterordnung der zum Material reduzierten Umwelt und Menschen unter ein herrschaftliches Ordnungssystem.

Die modernen Industriegesellschaften in Ost und West sind geprägt von Zentralisierung, Hierarchisierung und Vereinheitlichung. Von ländlichen Flurbereinigungen bis zu den Kahlschlagsanierungen in den Großstädten und der Errichtung von Trabantenstädten, von der Zusammenlegung zuvor lokaler dörflicher Verwaltungseinheiten bis zur Integrationspolitik der Europäischen Gemeinschaft, von Großkrankenhäusern bis zur staatlichen Subventionierung von Großtechnologien, von der Erfassung von »Radikalen« beim Verfassungsschutz bis zum maschinenlesbaren Personalausweis, von landwirtschaftlichen Monokulturen bis zur Großindustrie, von der Bildungspolitik bis zu den Massenmedien – in allen gesellschaftlichen Bereichen wurden dezentrale und vielfältige Organisationsformen zurückgedrängt und Besonderheiten und Extreme nivelliert. Die großartige, glatte, reibungslos kontrollierbare, hygienische Einheitsform soll herrschen.

Doch seit Anfang der siebziger Jahre verstärkt sich neben diesen Tendenzen auch die Kritik an der »Gigantomanie« der Nachkriegszeit, am Wirtschaftswachstum um jeden Preis, an der »Eindimensionalität« des Menschen und an den Zentralisierungstendenzen in Ökonomie und Politik: Das ehemals Fortschrittliche und Zeitgemäße gilt heute nicht mehr unwidersprochen als fortschrittlich und zeitgemäß. Postuliert wird nun die Rückkehr zum menschlichen Maß, eine ökologisch verträgliche Ökonomie, Dezentralisierung, der Erhalt oder die Schaffung kultureller Vielfalt, der Erhalt oder die Schaffung einer intakten natürlichen Umwelt. Diese politischen Forderungen begleitet der Wunsch vieler Menschen nach überschaubaren Lebenszusammenhängen und nach gemeinschaftlichen Lebensformen.

Obwohl diese Wünsche und Forderungen durchaus begleitet sind von einer Kritik an Zentralisierungs- und Vereinheitlichungstendenzen in der Industriegesellschaft, wird damit selten das traditionelle hierarchische Ordnungsmodell als solches in Frage gestellt. Wenn sich die Vorstellungen gesellschaftlicher Veränderung an der Ökologie orientieren, radikalisiert sich häufig die Kritik und beginnt sich gegen das hierarchische Denken selbst zu richten. Die hierarchischen Organisationsstrukturen des Industriesystems werden der nicht-hierarchisch strukturierten Ordnung des Ökosystems entgegengestellt. Damit entsteht eine Polarisierung: Ökosystem hier – Industriesystem dort.

Lange Zeit vor der jetzigen »Wiederentdeckung« der Ökologie für die Gesellschaftstheorie entwarfen Anarchisten Gesellschaftsmodelle mit dezentralen und nichthierarchischen Strukturen, die es gewährleisten sollten, die wirtschaftlichen und sozialen Interessen und Bedürfnisse der Gesellschaft mit den Anforderungen der natürlichen Umwelt in Einklang zu bringen. Die postulierten Gesellschaftsstrukturen wurden jedoch nicht aus dem Ökosystem abgeleitet, sondern ergaben sich aus Überlegungen, wie das anarchistische Ideal der Herrschaftsfreiheit, der individuellen Selbstbestimmung, der freien Vereinbarung zu verwirklichen sei. Bemerkenswert ist, daß die postulierten nichthierarchischen Gesellschaftsstrukturen einer Einstellung gegenüber der Natur entsprechen, die sich von der hierarchisch-herrschaftlichen Betrachtungsweise gegenüber der Natur grundlegend unterscheidet. Damit gewinnt der anarchistische Denkansatz, der oft auch deshalb als unzeitgemäß abgelehnt worden war, weil man ihn mit dem gewohnten hierarchischen Ordnungsdenken nicht in Einklang bringen konnte, heute durch die *»politische Ökologie«* und durch gesellschaftspolitische Forderungen, die auf eine nicht-hierarchische gesellschaftliche Organisationsstruktur abzielen, an Bedeutung und wird zeitgemäß.

Der abendländischen Denktradition und besonders dem gesellschaftstheoretischen Denken stand die Vorstellung einer Ordnung durch Vielfalt und Komplementarität, durch variierende Verbindungen selbständiger Teile – also eine dezentrale Ordnung ohne leitenden Ordner, entgegen. Das hierarchische Denken jedoch drückte ein Verständnis von Ordnung aus, das vor allem *Unter*ordnung unter eine zentrale Leitung, Einordnung des Besonderen und die Herstellung einer Einheitsform meinte: Ordnung bedeutete Herrschaft, Hierarchie, Integration; Ordnung zielte in dieser Tradition hierarchischen Denkens nicht auf Freiheit und Selbstbestimmung der einzelnen Menschen.

Ebenso wie in Staat und Wirtschaft mit dem »Menschenmaterial« umgegangen wird, so wird auch mit der natürlichen Umwelt umgegangen; ebenso wie dem Menschen nur in seiner Funktion als Staatsbürger und Produzierender, also *für* den Staat und die Wirtschaft Bedeutung zugesprochen wird, so wird der Umwelt und den begrenzten Ressourcen nur in Hinblick auf ein kurzfristiges Interesse der Menschen, d. h. vor allem einer kleinen privilegierten Schicht von Menschen, Bedeutung beigemessen.

Im Anarchismus hingegen finden sich nicht-hierarchische Ordnungsvorstellungen. Die Menschen werden nicht auf Menschenmaterial reduziert. Auch die Natur wird – bei Kropotkin ansatzweise, bei Landauer sehr deutlich – nicht nur als Material zum Zwecke menschlicher Bedürfnisbefriedigung verstanden. Auch das anarchistische Gesellschaftsideal begünstigt, wie in Kapitel VI gezeigt wird, eine nicht nur auf Verwertung abzielende Beziehung des Menschen zur Natur.

Als unzeitgemäß erschien das nicht-hierarchische anarchistische Denken, das die Menschen nicht auf Träger von Funktionen reduzierte, nicht zur »Hand« im Produktionsprozeß verkümmern lassen wollte, das ihn nicht zum Vollstrecker einer göttlichen oder »geschichtlichen« Vorsehung vereinnahmte und nicht als Rechnungsgröße den strategischen Planungsspielen der Militärs überlassen wollte. Die aus diesem Denken hervorgehende Naturauffassung schien ebenfalls unzeitgemäß.

Am deutlichsten wird es bei Landauer, daß die Natur als etwas äußerst Komplexes und Vielfältiges verstanden wurde, das weder durch die Naturwissenschaft noch im Arbeitsprozeß vollständig »in den Griff« zu bekommen ist. Der Mensch »verarbeitet« nach Landauer also nicht die Natur nach Maßgabe ausschließlich seines Willens – diese Vorstellung prägte das Denken Trotzkis –, sondern lebt und arbeitet *mit* ihr. Dem ausschließlich rational-instrumentellen Umgang mit der Natur wird eine gleichsam unmittelbar-sinnliche Zugangsweise entgegengestellt. Bemerkenswert scheint es mir, daß weder die menschliche Natur noch die natürliche Umwelt als etwas verstanden werden, was durch rationales Erfassen in eine hierarchische Vernunftordnung gebracht werden kann.

In der einen oder anderen Weise wiederholt sich heute angesichts der Atomkriegsbedrohung und der ökologischen und ökonomischen Krisen, wenn auch mit weniger radikalen Konsequenzen, die anarchistische Kritik am hierarchisch-herrschaftlichen Denken und an hierarchischen Ordnungsstrukturen. *Das vormals als unzeitgemäß abgelehnte scheint mit den heutigen Krisen zeitgemäß zu werden.*

## b) Der eindimensionale Fortschrittsbegriff und die (un-)zeitgemäße anarchistische Utopie

Der zweite Aspekt, unter dem ich das (Un-)Zeitgemäße anarchistischer Theorien aufzeigen möchte, ist der mittlerweile recht häufig kritisch hinterfragte Fortschrittsglaube in den bisher dominierenden Gesellschaftstheorien. Dieser Aspekt ist selbstverständlich nicht von den zuvor kritisierten hierarchischen Denkstrukturen und Ordnungsmodellen zu trennen. Die Gewißheit eines Fortschritts in der Menschheitsgeschichte prägte nachhaltig das neuzeitliche abendländische Denken. Geschichte wurde als unaufhaltsame Entwicklung zum Besseren, oft als Entwicklung hin zu einem determinierten Endziel verstanden. In den Geschichtsphilosophien des 18. und frühen 19. Jahrhunderts (bei Condorcet, Comte, vor allem bei Hegel) wurde in der Vernunft und ihrer Entfaltung der »Fortschrittsmotor« gesehen. In den Ökonomien des Liberalismus (Smith, Ricardo) wurde die Ursache des geschichtlichen Fortschritts in der wirtschaftlichen Konkurrenz der Individuen gesehen, welche sich – unbeabsichtigt von den Beteiligten – schließlich zum fortschreitenden Wohle aller auswirke. Marx stellte die Geschichtsphilosophie Hegels »vom Kopf auf die Füße« und fand nun ebenfalls den Fortschrittsmotor im ökonomischen Bereich in der Entwicklung der Produktivkräfte, also den Techniken und Arbeitsweisen der Menschen. In diesem Fortschrittsbegriff erscheint der politisch-soziale Fortschritt nicht als eigenständiges Fortschrittskriterium, sondern wird abhängig gemacht von der Entwicklung der Produktivkraft; d. h. ohne Wirtschaftswachstum, neue Techniken und Industrien gibt es keinen Sozialismus/Kommunismus und damit auch keine politisch-soziale Emanzipation. Diese wird als an die Entwicklung der Produktivkräfte gekoppelt und zur notwendigen Folge der ökonomischen Entwicklung erklärt.

Die hier genannten Geschichtsphilosophien von Hegel, Comte und Marx haben eines gemeinsam: Der Fortschrittsprozeß wird als »eindimensionaler« und einheitlicher gedacht. Das bedeutet für den Historischen Materialismus der Marxisten, daß der ökonomische Fortschritt im Kapitalismus langfristig gesehen auch zugleich den Kommunismus und damit die individuelle, politische und soziale Emanzipation hervorbringe. Aus diesem ökonomistischen Fortschrittsglauben folgt die oft kritisierte Schlußfolgerung, daß sich besondere Emanzipationsansprüche, wie etwa die der Frauen, zurückgestellt werden sollen, um alle Kräfte »gebündelt« auf die Herbeiführung des Kommunismus zu richten, da sich im Sozialismus/Kommunismus alles andere von selbst erledige.

Der Unterschied zwischen Marxismus/Staatssozialismus und Wirtschaftsliberalismus liegt nicht im ökonomistischen Fortschrittsmodell als solchem, sondern lediglich in den Vorstellungen, wie daraus die ökonomische Emanzipation aller hervorgehen könne. Die Liberalen meinen, der Fortschritt stelle sich »hinter dem Rücken« unabhängig vom Willen der einzelnen von selbst her. Marxisten setzen auf die Revolution und eine Diktatur des Proletariats. Reformistische Staatssozialisten sind der Auffassung, die ökonomische Emanzipation müsse durch staatliche Einflußnahmen und eine staatliche Umverteilung der Einkommen hergestellt werden. Sowohl im Wirtschaftsliberalismus als auch im Marxismus/Staatssozialismus dominiert die Konzentration auf den ökonomischen Sektor und dessen Fortschritt. Die Emanzipation der Menschen in allen gesellschaftlichen Bereichen wird von diesem Fortschritt abhängig gemacht, bzw. auf die ökonomische Emanzipation und auf den materiellen Wohlstand reduziert.

Heute wird dieses eindimensional-ökonomistische Fortschrittsmodell deshalb kritisiert, weil die fortschreitende Produktivkraft der Entwicklung mit dem Ideal einer politisch-sozialen Emanzipation des Menschen in Widerspruch geraten kann. Das Ideal einer vollständigen menschlichen Emanzipation richtet sich gegen jegliche Fremdbestimmung und strebt Lebensumstände an, in denen sich die Menschen selbst bestimmen. Dazu sind sie aber nur in der Lage, wenn sie ihre Lebensumstände auch kontrollieren können, sie müssen die politischen Entscheidungen und Institutionen beeinflussen, korrigieren und verändern können, mit denen sie leben. Dies gilt auch für den Arbeitsbereich, für die Dinge, die produziert werden und ebenso für den »privaten« Bereich.

An einer Großtechnologie wie der Kernkraft läßt sich nun verdeutlichen, wie das Ideal einer politischen und sozialen Emanzipation in Widerspruch zu dieser Produktivkraft geraten kann. Ein Atomkraftwerk ist, darauf wird heute häufig hingewiesen, wegen seiner Größe und Komplexität nicht demokratisch zu kontrollieren.[3] Den hochspezialisierten Fachleuten ist die Öffentlichkeit ausgeliefert; sie muß sich ihnen anvertrauen und kann allenfalls aufgrund von Informationen, die diese Fachleute ihnen zukommen lassen, Entscheidungen treffen. Hinzu kommt, daß eine solche Technologie die finanziellen und organisatorischen Aufwendungen für die »Entsorgung« über Jahrzehnte hinaus festlegen und demokratische Nachkorrekturen erheblich einschränken. Dadurch werden selbst die finanziellen Mittel nachfolgender Generationen gebunden, die für eine flexible und vielfältigere Energieversorgung eingesetzt werden könnten. Ganz zu schweigen von den politisch bedenklichen Folgen von Sicherungsmaßnahmen, die diese Technologie notwendig macht.

Die Atomtechnologie legt so eine Reihe von politischen und ökonomischen Maßnahmen fest. In der Technik läßt sich nicht länger ein neutrales Werkzeug sehen, für dessen gesellschaftlich positiven oder negativen Gebrauch allein die Absicht des Eigentümers ausschlaggebend ist. Vielmehr determiniert die Struktur der Produktionsmittel selbst weitgehend den politisch-sozialen Rahmen, in dem sie zum Einsatz kommen. Großtechnologien wie die Atomtechnologie determinieren eine Zentralisation, eine Herrschaft der Fachleute, großangelegte polizeiliche Kontroll- und Sicherheitssysteme und machen eine demokratische Aneignung unmöglich. Aus diesen Gründen stehen sie einer vollständigen Emanzipation aller Menschen entgegen. Gegen zentralistische, hierarchische Strukturen, die eine wirkliche Aneignung, Kontrolle und Selbstverwaltung verhindern, richtete sich die Kritik vieler Anarchisten. Ihre (un-)zeitgemäße Alternative waren dezentrale, nichthierarchische und Selbstverwaltung ermöglichende Organisationsformen, die nicht in jedem Falle auch die ökonomisch effizienteste Lösung darstellen mußte.

In dem heute noch dominierenden technisch-ökonomisch reduzierten Fortschrittsbegriff verselbständigt sich das technisch Machbare zum Fortschritt schlechthin. Ein Maßstab oder eine Zielsetzung, an dem dieser vermeintliche Fortschritt gemessen wird, fehlt oder kann als Korrektiv des »Machbaren« nicht wirksam gemacht werden. So wird in der Produktivkraftentwicklung selbst, im Wirtschaftswachstum selbst, ein Wert gesehen, unabhängig von den konkreten politisch-sozialen Folgen.

Seit Mitte der siebziger Jahre wird verstärkt der eindimensionale technisch-ökonomische Fortschrittsbegriff kritisiert. Kritisiert wird die einseitige Konzentration der Politik auf die Entwicklung der Produktivkräfte und auf ein ungesteuertes bloß quantitatives Wirtschaftswachstum. Kritisiert wird die Vernachlässigung einer Humanisierung der Arbeit und der Perspektive einer demokratischen Aneignung der Produktionsmittel. Kritisiert werden nicht zuletzt die ökologischen und sozialen Folgen des ökonomisch-technischen Fortschritts und die subjektiven Orientierungen der Menschen an dem »materialistischen« Fortschrittsmodell und den damit verbundenen Werten: Steigender Konsum, materieller Wohlstand, berufliche Leistung, Ordnung und Fleiß.

Mit der Kritik an diesem traditionellen Fortschrittskonzept verbinden sich heute Forderungen nach einer Umstrukturierung des Industriesystems in eine ökologisch verträgliche Gleichgewichtswirtschaft und der staatlich-hierarchischen Gesellschaftsordnung in ein nicht-hierarchisches und basis-demokratisches Gesellschaftssystem. Eine möglichst weitreichende Emanzipation in allen gesellschaftlichen Bereichen sollen Dezentralisierung, Basisdemokratie, eine selbstverwaltete und genossenschaftliche Produktion, eine Aufhebung entfremdender Arbeitsteilung und eine »Vergesellschaftung« des Privateigentums an Produktionsmittel bewirken. Eine Realisierung solcher Forderungen würde auch den sich langsam zugunsten »postmaterialistischer Werte«, wie Solidarität, Gemeinschaftlichkeit, Selbstverwirklichung, ändernden Wertorientierung entgegenkommen. Mit diesen und ähnlichen Postulaten wird nicht mehr auf einen einheitlichen, in der Produktivkraftentwicklung verursachten allgemeinen Fortschritt vertraut, der bisher das »bürgerliche« und traditionell marxistische und staatssozialistische Denken bestimmte.

Die Kritik am Verfall sozialer Strukturen, die den »Fortschritt« begleiten, verbinden Anarchisten mit der heute weitgehend vernachlässigten Alternative einer »Restrukturierung« oder »Neuschichtung« der Gesellschaft durch gemeinschaftliche, genossenschaftliche und selbstbestimmte Lebens- und Arbeitszusammenhänge. Nicht zuletzt haben die Vorstellungen der Anarchisten vielen heutigen ökologischen Gesellschaftskonzepten voraus, daß sie am Ideal der menschlichen Selbstbestimmung und individuellen Selbstverantwortung orientiert bleiben. Eine faschistische oder stalinistische Öko-Diktatur ist mit diesem Ideal ebenso unvereinbar wie eine ökologisch legitimierte Einschränkung der individuellen Freiheit durch autoritäre staatliche Maßnahmen. Das Postulat der menschlichen Emanzipation verhindert es ebenfalls, daß die Erhaltung der unberührten Natur dem Menschen übergeordnet wird und etwa eine Gestaltung der natürlichen Umwelt nach menschlichen Bedürfnissen verbietet.

c) Die »Herrschaft der Denksysteme« und die (un-)zeitgemäße
   Skepsis im Anarchismus

Hierarchische Ordnungsmodelle und ein eindimensionaler Fortschrittsbegriff bilden häufig »geschlossene« Denksysteme. Wie auch andere Denksysteme des 19. Jahrhunderts läßt sich die »materialistische« Weltanschauung, zu der sich der Marxismus ohne größere Schwierigkeiten entwickeln konnte, als ein solches bezeichnen. Neu entstehende theoretische und auch politisch-gesellschaftliche Probleme, so meint man, lassen sich auf der Basis der vorhandenen Problemlösungsstrategien, also im Rahmen des Denksystems, bewältigen. Ein wirkliches

Umdenken wird so versperrt, ebenso konkurrierende und neue theoretische Grundannahmen.

Anarchisten wandten sich gegen geschlossene Denksysteme und Erklärungsmodelle, jedoch nicht gegen Wissenschaft und Theorie als solche, wie einige Anarchismuskritiker unterstellen. Mit diesem dritten Aspekt, unter dem das vormals unzeitgemäße Denken im Anarchismus als heute zeitgemäßes erscheinen kann, läßt sich die begonnene Kritik an hierarchischen Ordnungsstrukturen und am eindimensionalen Fortschrittsbegriff fortsetzen. Auch hier wenden sich die Anarchisten mit ihrem Sozialismus-/Anarchismusverständnis gegen den »wissenschaftlichen« Sozialismus der Marxisten, was es diesen wiederum noch bis heute sehr leicht macht, den Anarchismus als »unwissenschaftlich« abzuqualifizieren, in die Tradition des Utopischen Sozialismus einzureihen und damit zu erledigen. *»Utopie«* bildet bis heute einen »Kampfbegriff« der orthodoxen Marxisten, um alle die konkurrierenden sozialistischen Theorien auszugrenzen, die die Vorstellung von Sozialismus als determinierte vorletzte Geschichtsepoche ablehnen und statt dessen im menschlichen Handeln nach Idealen die eigentliche Ursache einer Gesellschaftsveränderung sehen.

Anarchisten verstanden die Anarchie als ein solches vom Menschen gewünschtes Ziel oder Ideal – heute würde man sagen: als eine normative Utopie. Sozialismus/Anarchie ist ein Ideal, das es zu verwirklichen gilt, oder, wie Landauer sagt, »ein Bestreben, mit Hilfe eines Ideals eine neue Wirklichkeit zu schaffen« (1978, 2). Doch diese erstrebte neue Wirklichkeit ist »offen«, sie ist nicht vorab in utopischen Gesellschaftsentwürfen bis ins einzelne festzulegen: »Sie wird anders sein, schließlich, als das Ideal war, ihm ähnlich, aber nicht gleich« (Landauer, 1978, 3).

Marx und Engels bestritten die initiatorische und gesellschaftsverändernde Relevanz des »Sollens«, von Werten und Idealen: »Der Kommunismus ist für uns nicht ein Zustand, der hergestellt werden *soll,* ein *Ideal,* wonach die Wirklichkeit sich zu richten haben (wird). Wir nennen Kommunismus die *wirkliche Bewegung,* welche den jetzigen Zustand aufhebt.« (Marx/Engels, 1976, 35; Hervorhebungen vom Autor)

Das im utopischen Sozialismus zum Ausdruck kommende »Sollen« und die Gesellschaftsideale werden der »wirklichen Bewegung« in der Geschichte entgegengestellt, die der »wissenschaftliche« Sozialismus mit seinen ökonomischen Analysen beweisen zu können glaubt. Das utopische »Sollen«, die Gesellschaftsideale in Utopien, die diese »wirkliche Bewegung« ignorieren, so der Vorwurf, seien Ideale ohne Wirklichkeit. In diesem Sinne diente das Etikett »Utopie« innerhalb des Marxismus der Ausgrenzung und der Bescheinigung unverschuldeter politischer Unreife: einen unreifen Stand der Produktion und einer unreifen Klassenlage entsprächen unreife Theorien. (Engels 1979, 54) Während nach Engels die »frühen Frühsozialisten« berechtigt existierten, gilt dies nicht für die Anarchisten, die es entsprechend der gereiften »Klassenlage« besser wissen müßten.

Mit den Auseinandersetzungen um »Grundwerte« in der Politik wurden auch auf seiten der »Linken« das »Sollen«, Werte und die Setzung von Idealen wieder diskussionswürdig. Es wird wieder um Zielvorstellungen und Grundwerte gestritten, also darüber, wie eine Gesellschaft organisiert werden *soll*[4]. Auch das utopische Denken erfährt dadurch eine Aufwertung und wird nicht mehr pauschal als unzeitgemäß abgelehnt.

Zeitgemäß erscheinen heute gesellschaftstheoretische Ansätze, die sich bewußt der Gefahr einer dogmatischen Erstarrung zu entziehen versuchen, wie die Anarchisten es versuchten. Denn was ihnen mit dem Vorwurf der Theorielosigkeit und Irrationalität entgegengehalten wird, ist teilweise auch bewußte Konsequenz aus dem Anspruch der Offenheit des Denkens und aus der Kritik dogmatisch erstarrter Denksysteme. Diese Motive veranlaßten den »Vater« des Anarchismus, Proudhon, schon 1846, Marx' Angebot einer Zusammenarbeit mit einer für Marx unakzeptablen Bedingung zu verbinden: »… aber, bei Gott, nachdem wir alle Dogmatismen zerstört haben, denken wir nicht unsererseits daran, das Volk einer Doktrin zu unterwerfen… posieren wir nicht als Apostel einer neuen Religion… sehen wir nie eine Frage als erschöpft an, und wenn wir unser letztes Argument gebraucht haben, fangen wir, wenn es nötig ist, wieder an… Unter diesen Bedingungen trete ich mit Vergnügen in Ihre Assoziation ein; wenn nicht, nicht…« (zitiert nach Nettlau, o.J., 168)

Der Wissenschaftsgläubigkeit, wie sie Bakunin im Marxismus und im Positivismus seiner Zeit zum Ausdruck kommen sah, setzt er einen Begriff von »Leben« entgegen und betont die prinzipielle Unzulänglichkeit des Denkens und der Wissenschaft gegenüber der Komplexität »des Lebens«: »Das Leben ist ganz flüchtig und vorübergehend, aber auch ganz vibrierend von Wirklichkeit und Individualität, Gefühl, Leiden, Freuden, Streben, Bedürfnissen und Leidenschaften.« (o.J., 77) »Der einzige Beruf der Wissenschaft ist, den Weg zu beleuchten; schaffen aber kann nur allein das Leben in seiner vollen Wirksamkeit, wenn es von allen Fesseln der Herrschaft und Doctrin befreit ist.« (Bakunin zitiert nach Zenker, 1979, 106)

In diesen Bedenken Bakunins gegenüber der Wissenschaft und vor allem gegenüber dem Anspruch der Wissenschaftlichkeit, mit dem gesellschaftspolitische Forderungen auftreten, wiederholt sich die Kritik des radikalen Philosophen Max Stirner (1806–1859) an den Philosophien und Theorien seiner Zeit. Stirner, den die Anarchisten für den Anarchismus reklamieren, übte Kritik an Denksystemen, die den individuellen Menschen (das »Ich«, den »Einzigen«) einem Ganzen unterordnen; sie richtet sich gegen Ideale, Absolutheiten, Wahrheiten, Werte, gegen Gott, Vaterland und Staat, also gegen alles, was dem einzelnen übergeordnet wird und in das der einzelne eingeordnet oder dem er zugeordnet werden soll. Stirner postuliert einen radikalen, durch nichts eingeschränkten Individualismus und »Egoismus«. Sein Motto lautet »Ich hab' Mein' Sach' auf nichts gestellt«. Das freie, einzelne Ich duldet nichts über sich. Weder Staat, noch Gott; auch keine Moralvorstellung soll das Ich binden und verpflichten (1979, 399). Stirners »Anarchismus« ist einer radikalen vor nichts haltmachenden Kritik und Destruktion verpflichtet. Selbst der Anarchismus als gesellschaftspolitisches Ideal – darüber täuschen sich die meisten Anarchisten hinweg – wird mit seiner Kritik der Anspruch auf »Wahrheit« entzogen. »Anarchismus« wäre für Stirner nur ein »-ismus« mehr, der abzulehnen ist.

Seine aus dem radikalen Individualismus folgenden destruktiven Komponenten stehen neben den konstruktiven anarchistischen Gesellschaftskonzepten und der Vorstellung einer Gesellschaftsveränderung durch Realisierung von Idealen. Es stellt sich die Frage, wie ein »konstruktiver« Anarchismus, also einer, der Alternativen aufzeigt und für ideale und bestimmte Zielvorstellungen wirbt, mit einem solchen »destruktiven« Anarchismus fertig wird.

In Landauers Denken scheint die Radikalität Stirners präsent zu sein. »Ich baue mir meine Welt mit dem Bewußtsein, daß ich keinen Grund habe, auf dem ich baue...« (1978b, 7). An anderer Stelle: »Aber doch! was wäre die große Tat wert, die alles Absolute getötet hat und jede Wahrheit vernichtet – wenn dieser Nihilismus und diese Ironie nicht der Weg wäre zum Spiele des Lebens, zur Heiterkeit und zur ungeglaubten Illusion?« (1978b, 2)

Anarchie als »ungeglaubte Illusion« – dieser Gedanke scheint mir auch bei Landauer vor allem eine prophylaktische Abwehr einer möglichen Erstarrung des eigenen theoretischen Ansatzes zu sein. Der daraus resultierende Zweifel in die »Wahrheit« der jeweiligen Gesellschaftsentwürfe wirken sich dahingehend aus, daß sie sich lediglich, wie schon ausgeführt, als ein Vorschlag zur Organisation einer anarchistischen Gesellschaft verstehen neben anderen; daß mit ihnen nicht eine einheitliche, monoforme Strukturierung der Gesellschaft angestrebt wird und daß man sich nicht legitimiert glaubt, anderen eine solche anarchistische Gesellschaftsordnung aufzwingen zu können.

Der heutigen Kritik an der instrumentellen Vernunft und an der Aufklärung kommt die Skepsis der Anarchisten gegenüber geschlossenen Denksystemen entgegen, die bei Stirner und Bakunin mit der Kritik an erstarrten Abstraktionen und am Wissenschaftsanspruch von Gesellschaftstheorien begann und sich bei Landauer als erkenntnistheoretische Skepsis gegenüber den Möglichkeiten von Vernunft, Begriffen und Sprache bei der »Erfassung der Welt« fortsetzte. »Begriffsdenken«, so Landauer, könne »... zu nichts mehr führen, als zum Totschlagversuch gegen die lebendige Welt: ... Bei unseren Versuchen, die Welt zu betasten und zu begreifen... haben wir sie entleibt und sie in die leeren Appartements unserer Assoziationen und Allgemeinbegriffe hineinkomplimentiert.« (1978 a, 8)

Diese Skepsis gegenüber einem Denken, das die Welt »entleibt« und mit Begriffen »totschlägt«, um sie *für sich* nutzbar zu machen, deutet wieder auf eine »ökologische Sensibilität«, die innerhalb der kritisierten Begriffssysteme nicht zu finden ist. Zeitgemäß und relevant ist vor allem auch die Skepsis im Anarchismus gegenüber einer Verwissenschaftlichung der Politik. Diese Skepsis richtet sich zwar zunächst gegen den »wissenschaftlichen« Sozialismus und seinen Anspruch, mit der Exaktheit einer Naturwissenschaft historische Entwicklungen analysieren und prognostizieren, sowie sie mit einer entsprechenden »wissenschaftlichen« Politik unterstützen zu können. Die Skepsis gegenüber einer Verwissenschaftlichung der Politik ließe sich gleichfalls auf die »wissenschaftliche« Rassenpolitik der Nationalsozialisten anwenden doch ebenso auf die heutigen Tendenzen, politische Entscheidungen abhängig zu machen, von den Empfehlungen vermeintlich unumstößlicher wissenschaftlicher Fachgutachten. Besonders unglaubwürdig wird eine Legitimierung von Politik durch Wissenschaftlergremien, die zuvor von den Politikern zusammengestellt werden, die sich auf sie berufen.

Trotz der durchaus reflektierten Skepsis im Anarchismus gegenüber einer Politik mit Wissenschaftsanspruch und einer »wissenschaftlichen Politik« ist nicht zu leugnen, daß in der Wissenschaftskritik der Anarchisten und den erkenntniskritischen Bemerkungen zweifellos auch das Bedürfnis erkennbar wird, die eigenen theoretischen Schwächen zu legitimieren. So sind kritische Einwände gegen Ungenauigkeit und die begriffliche Unschärfe bei Anarchisten wie Bakunin, Most, Proudhon, u. a. ebenso berechtigt, wie umgekehrt die Kritik am Wissenschaftlichkeitsanspruch, mit denen gesellschaftspolitische Forderungen auftreten.

Das vordem unzeitgemäße, weil wenig systematische, oft bruchstückhafte, »unwissenschaftliche« und zudem emotionale Denken von Anarchisten könnte sich heute als zeitgemäß erweisen, da den herkömmlichen (»geschlossenen«) Denksystemen vor allem mit dem eindimensionalen Fortschrittsbegriff die theoretische Basis entzogen wird. Der Marxismus befindet sich in einer nicht enden wollenden Krise und auch der Liberalismus und die Sozialdemokratie zeigen sich von der oft ökologisch begründeten Kritik des traditionellen Fortschrittsdenkens angeschlagen.

Anarchistische Ideen können zu einer programmatischen Neuorientierung beitragen. Im Gegensatz zu den alten Denksystemen, die aufgrund ihrer »Geschlossenheit« häufig mit ihren Grundannahmen hinfällig werden, haben anarchistische Theorien den Vorteil, daß sie nicht eingebunden sind in ein »geschlossenes« theoretisches System und so als einzelne Theoreme einer kritischen Wiederaneignung zugänglich sind. Darüber hinaus stehen die »Grundwerte« von einigen Anarchisten denen des Liberalismus und Sozialismus nicht so fern, wie dies erscheinen mag. Anarchistische Theorien könnten durchaus das allseits festgestellte Theoriedefizit abbauen helfen, ohne ihrerseits ein neues Denksystem zu schaffen und in neue Dogmatismen zu verfallen.

> »Sie behaupten... Anarchie oder Freiheit
> ist das Ziel, Staat oder Diktatur –
> das Mittel...
> Wir dagegen behaupten, daß
> die Diktatur kein anderes Ziel haben kann,
> als nur das eine, sich zu verewigen...«
>
> *Michaíl Bakunin*

> »Möge uns also die Zukunft... retten
> vor den verderblichen und verdummenden
> Folgen des autoritären, doktrinären oder
> Staatssozialismus.«
>
> *Michaíl Bakunin*

## 2. Auf dem Müllhaufen der Geschichte

Obwohl es in diesem Buch darum geht, zu zeigen, warum und wie eine Wiederaneignung anarchistischer Ideen sinnvoll sein kann, so soll dennoch kurz auf den Anarchismus als Bewegung und Strömung innerhalb der Arbeiterbewegung hingewiesen werden. In der Geschichtsschreibung wird der Anarchismus weitgehend vernachlässigt. Mit anarchistischen Bewegungen und deren Versuchen, eine anarchistische Gesellschaft zu organisieren, beschäftigte sich die universitäre Geschichtswissenschaft nur wenig.[5]

Eine der wenigen Untersuchungen enthält einleitend die Feststellung, daß die Geschichtsschreibung über die Arbeiterbewegung »auch legitimierende Funktion« erfüllen kann, indem sie aus Sympathie mit den historisch erfolgreicheren Traditionen der Arbeiterbewegung »konkurrierende Arbeiterorganisationen« vernachlässigt. So werde suggeriert, »… es hätte nie eine Alternative zum historischen Ablauf gegeben. Bis zur reinen Rechtfertigungsideologie ist von hier aus nur noch ein kleiner Schritt.« (Stadler, 1977, 12) Verdeutlichend wäre dem nur noch hinzuzufügen, daß mit dem Totschweigen der antiautoritären und anarchistischen Tradition der Arbeiterbewegung auch die Organisationsformen und die Ausgrenzungspolitik der schließlich erfolgreicheren autoritär-zentralistischen Tradition legitimiert wird: Alternative Organisationsformen, Strategien und Zielsetzungen geraten ebenso in Vergessenheit wie die Bewegungen, die sie repräsentieren.

Die befristeten Erfolge der Anarchisten während des Spanischen Bürgerkriegs, ihre Organisation und ihr konstruktiver Beitrag zum Aufbau einer freien Wirtschafts- und Gesellschaftsordnung sind mittlerweile relativ gut belegt[6], obwohl auch diese Geschichtsschreibung häufig zugunsten der marxistisch-sozialistischen Gruppierungen verzerrt wurde.

Opfer der Geschichtsverfälschung wurden – nach gewaltsamer Zerschlagung durch Lenin und Trotzki – anarchistische Tendenzen vor, während und nach der Russischen Revolution.[7] Unbeachtet blieb auch, daß außerhalb Europas der Anarchismus und Genossenschaftsideen in den Befreiungsbewegungen bis zum Ersten Weltkrieg und teilweise auch später bekannter waren als Marxismus und Staatssozialismus. Zahlenmäßig bedeutsame von anarchistischen Ideen beeinflußte Bewegungen und libertäre Organisationen existierten etwa in China (Russell, 1977; Schickel, 1969); in Mittel- und Südamerika und in der Karibik (Souchy in Borries, 1970; Bayer 1978); in den USA (Souchy, o. J.; Goldmann 1978) und anderswo.[8]

## a) Marx kontra Bakunin

Da hier aber nicht genauer auf die Theorie und Praxis antiautoritärer und anarchistischer Strömungen innerhalb der Arbeiterbewegung dargelegt und gewertet werden kann, möchte ich wenigstens einige historische Aspekte beleuchten, indem ich ausgewählte Stationen der Auseinandersetzung des Marxismus mit dem Anarchismus chronologisch anhand marxistischer Kritiken und Polemiken darstelle. Die inhaltlichen Schwerpunkte dieser Auseinandersetzung markieren auch diejenigen Differenzen zwischen Marxismus und Anarchismus, die auf die heutige Relevanz anarchistischen Denkens schließen lassen.

Das mit der Durchsetzung kapitalistischer Strukturen einhergehende Erstarken marxistisch-sozialdemokratischer Organisationsformen innerhalb der Arbeiterbewegung scheint begleitet zu sein vom schwindenden Einfluß der anarchistisch und syndikalistisch orientierten Arbeiterbewegungen.[9] Um anarchistische Tendenzen einzudämmen, bedurfte es einer massiven Ausgrenzungspolitik, zunächst durch Marx und Engels und die sozialdemokratischen Parteien, und später durch Lenin und Trotzki. So wurde die Geschichte des Anarchismus eine Geschichte der Auseinandersetzung mit Politik und Theorie der Staatssozialisten.

Das Erstarken der sozialdemokratisch-marxistisch dominierten Arbeiterbewegung war begleitet von Auseinandersetzungen mit Theorie und Politik ihrer anarchistischen Opponenten. Die von Marx und Engels verfolgte Politik der »Konstituierung des Proletariats als politische Partei«, die »die Eroberung der politischen Macht« zur »größten Pflicht des Proletariats erhebt« – so eine von Marx und Engels verfaßte Resolution der »Internationale« 1872 (Marx/Engels, 1973, 149f.) – setzte sich durch gegen die von Bakunin, Guillaume und den Proudhonisten verfolgte Politik der »absolut freien ökonomischen Organisationen und Föderation, begründet auf der Arbeit und der Gleichheit aller« und der »Zerstörung der politischen Macht« (zitiert nach Nettlau, o.J., II, 199) – so die vermutlich von Bakunin verfaßte dritte Resolution von Saint-Imier im Jahre 1872.

Mit ihren Prognosen über die Zukunftsaussichten der hier zum Ausdruck kommenden Strategien ihrer politischen Gegner scheinen sowohl Marx/Engels als auch Bakunin recht zu behalten. Marx/Engels behielten recht, als sie den Zerfall einer Bewegung ankündigten, die auf Unterordnung unter einer einheitlichen Führung glaubt verzichten zu können. In diesem Zusammenhang schreibt Engels in einem Brief an Lafargue:

»… ohne diesen leitenden Willen ist keine Zusammenarbeit möglich. … ich möchte wissen, ob der gute Bakunin seinen dicken Körper einem Eisenbahnwagen anvertrauen würde, wenn diese Eisenbahn nach seinen Prinzipien verwaltet würde, nach welchen sich niemand auf seinem Platz befände, wenn es ihm nicht gefällt, sich der Autorität von Verordnungen zu unterwerfen…« (in: Bauer (Hg.) 1977, 182)

Auch Bakunin scheint recht zu behalten mit der prognostizierten Tendenz einer Verfestigung des Führungsanspruchs einer Elite zur staatlichen Diktatur:

»Die Worte ›gelehrter Sozialist‹, ›wissenschaftlicher Sozialismus‹, denen man in den Werken und Reden der Anhänger von Lassalle und Marx ständig begegnet, beweisen alleine schon, daß der sogenannte Volksstaat nichts anders sein wird, als die äußerst despotische Regierung der Volksmassen durch eine neue und zahlenmäßig sehr kleine Aristokratie wirklicher oder angeblicher Gelehrter. (…) Sie behaupten, daß ein solches staatliches Joch, eine Diktatur, ein unvermeidliches Mittel zur Vollständigen Befreiung des Volkes sei: Anarchie oder Freiheit ist das Ziel, Staat oder Diktatur – das Mittel… wir dagegen behaupten, daß eine Diktatur kein anderes Ziel haben kann, als nur das eine, sich zu verewigen, … Freiheit kann nur durch Freiheit geschaffen werden…« (1979, 614 f.)

Auf Betreiben Marx und Engels wurden 1872 auf dem fünften Kongreß der Internationale in Den Haag Bakunin und Guillaume ausgeschlossen, nachdem die Intrigen von Marx und Engels gegen die Anarchisten bereits vorher ihren Höhepunkt in einer in einem Rundbrief verbreiteten Verleumdung erreicht hatten, Bakunin sei ein Polizeispitzel und wolle die Internationale spalten. (Joll 1969, 76 f; Zoccoli 1980, 137) Ebenso wie der »Staatsstreich« – diese treffende Bezeichnung kommt von Engels – der vorangegangenen Londoner Konferenz hatte die rasche Einberufung und Auswahl eines nördlich gelegenen Ortes die Teilnahme von Delegierten aus den südlichen Sektionen, die als »antiautoritär« galten und mit Bakunin sympathisierten, verhindert. Mit einem »anrüchigen und würdelosen Verfahren« – so Joll (1969, 77) und in ähnlicher Schärfe auch u. a. marxistisch orientierte Historiker, hatte Engels, wie er später in einem Brief mitteilte«… um dem Kongreß durch Mitgliederzahl mehr Ansehen zu geben und der richtigen Richtung die Mehrheit zu sichern, 13 Delegierte gleichsam aus der Erde gestampft.« (Zitiert nach: Nettlau, o. J. II, 266)

Diese Ausgrenzungspolitik durch die »Autoritären« schwächten die »Antiautoritären« neben den Repressionen, die nach der Niederschlagung der Pariser Kommune folgten und den fehlgeschlagenen Revolten in Italien und Spanien, an denen die Antiautoritären beteiligt waren. Zudem verloren sie in der Schweiz aufgrund der »Proletisierung« der selbständigen Handwerker an Einfluß. Ende der siebziger Jahre erstarkten die staatssozialistisch orientierten Bewegungen vor allem in Deutschland. Die Anarchisten verloren hingegen den Kontakt zur Arbeiterbewegung und radikalisierten sich zunehmend. Brupbacher analysiert diesen Radikalisierungsprozeß wie folgt: »Wenn Bewegungen anfangen, den Boden unter den Füßen zu verlieren, so verfallen sie häufig in einen der Verzweiflung entsprungenen Radikalismus und in eine große Intoleranz Andersdenkender gegenüber.« (1976, 206)

So konnte Engels 1887 feststellen, daß die Proudhonisten, die in der Pariser Kommune »die Führung auf ökonomischen Gebiet übernehmen konnten« sukzessive zugunsten der sozialdemokratischen Arbeiterparteien an Einfluß verloren und daß die »gesamte revolutionäre Arbeiterklasse auch in den romanischen Ländern« sich die »Hauptforderung« der »Marxschen Schule« zu eigen gemacht hatten – »die Besitzergreifung sämtlicher Produktionsmittel namens der Gesellschaft, durch das zur politischen Alleinherrschaft emporgestiegene Proletariat.« (Engels in: Bauer (Hg.) 1977, 266)

Der ab 1878 einsetzende und sich durch Äußerungen Bakunins und Netschajews rechtfertigende Terrorismus bot zudem den Arbeiterparteien die Möglichkeit einer Abgrenzung von anarchistischen Positionen. Doch auch in der Zeit bis zum Ersten Weltkrieg konnten Marxisten und Staatssozialisten auf inhaltliche Auseinandersetzungen mit anarchistischen Theorien nicht verzichten, zumal die parteiinterne Opposition den reformistischen Kurs der Parteien kritisierte und sich an radikaleren Ideen orientierte.

## b) Marxismus kontra Anarchismus

Der Parteitag der SPD in Sankt Gallen 1887, dem eine Reihe von Terrorakten vorausgegangen war, erklärte in einer Resolution im Zuge der Verurteilung »anarchistischer Gewaltpolitik« die Unvereinbarkeit von SPD-Positionen mit der anarchistischen Gesellschaftstheorie, »soweit dieselbe die absolute Autonomie des Individuums erstrebt«, sowie die Unvereinbarkeit mit der anarchistischen Kritik an einer Verstaatlichung der Produktionsmittel und einer zentralistischen Organisation der Produktion. (Krämer-Badoni 1970, 26 f.)

Der russische Marxist Plechanov polemisierte 1894 mit den seit Marx und Engels gebräuchlichen Vorwürfen der »Kleinbürgerlichkeit« und des »kleinbürgerlichen Individualismus« gegen die Anarchisten (1894, 73), widmet aber der anarchistischen Kritik an der Staatseroberung und Diktatur des Proletariats nur wenig Aufmerksamkeit, was ihm bezeichnenderweise von Lenin den Vorwurf des Opportunismus einbrachte. (1970, II, 404)

Rosa Luxemburg spricht von der »geschichtlichen Liquidation des Anarchismus«, nachdem 1905 in Rußland auch die Sozialdemokraten zu dem von Anarchisten propagierten Mittel des Generalstreiks griffen. Luxemburg betont, daß sich mit dem Generalstreik die Sozialdemokraten als Revolutionäre erwiesen, »die sich von der Windstille des parlamentarischen Alltags« gelöst hätten. Damit verlören die ›auf das Losschlagen‹ und die ›direkte Aktion‹ zugeschnittene(n), im nackten Heugabelsinne« ausgerichteten »Heldentaten des Anarchismus« ihre Berechtigung. »Und damit ist die geschichtliche Laufbahn des Anarchismus wohl beendet…« (1968, I, 137 ff.)

Stalin »widerlegt« in seiner 1906 verfaßten Schrift »Anarchismus oder Sozialismus?« die anarchistische Kritik Kropotkins, indem er »beweist«, daß auch Sozialdemokraten die dauerhafte Existenz eines diktatorischen Staates ablehnten und wie die Anarchisten die Produktion auf der »Grundlage freier und gleicher Assoziation der Produzenten« anstrebten. Im weiteren weist Stalin den Vorwurf mangelnden Revolutionswillens zurück und wendet sich abschließend gegen Kropotkin, der »die Sozialdemokraten als Bürokraten« bezeichnet hatte und »… die Idee der Diktatur des Proletariats… als ein übles Produkt des Regierungsfetischismus«. (1969, 61–65)

Lenin betont 1917 in »Staat und Revolution« gegenüber der Lassalleschen und sozialdemokratischen Vorstellung eines »Freien Volksstaates, »… daß die Arbeiterklasse, ›die fertige Staatsmaschinerie‹ zerschlagen, zerbrechen muß und sich nicht einfach auf ihre Besitzergreifung beschränken darf« (1970, II, 348). Der Staat, so Lenins von den Anarchisten abweichende Position, werde nicht abgeschafft, sondern sterbe ab, nachdem, so Lenin mit Engels, die »Besitzergreifung der Produktionsmittel im Namen der Gesellschaft« durch den Staat als dessen »letzter selbständiger Akt als Staat« (330 f.) vollzogen sei, »… wobei wir die Frage der Fristen oder der konkreten Formen des Absterbens vollkommen offenlassen«. (398) Nach Lenin stimmen die Marxisten mit den Anarchisten im Ziel einer herrschafts- und staatenlosen »freien Assoziation« überein und seien ebenso Revolutionäre wie diese, doch seien die Marxisten in Fragen der Transformation konstruktiver und weniger naiv.

Nach der Revolution wiederholte Lenin den »Zickzackkurs« (Guerin, 1978, 7) von Marx in der Frage des Staates und der Diktatur des Proletariats. Er hob nun die Notwendigkeit der »Staatsmaschinerie« hervor und verschärfte seine Angriffe auf den Anarchismus und »Halbanarchismus«. (1970, III, 404) Neben den bisherigen Polemiken gegen den »linksradikalen« und »kleinbürgerlichen Revolutionarismus« finden sich auch Angriffe auf die »anarcho-syndikalistische« Arbeiteropposition, die die Betriebe als selbstverwaltete Genossenschaften und die Volkswirtschaft über ein Rätesystem zu organisieren planten (1970, III, 663f.). Die Attacken gegen »›wildgewordene‹ Kleinbürger« und »Kleinbesitzer« richten sich auch gegen Theorie und Praxis der anarchistischen Opposition, die sich unter dem Anarchisten Machno in der Ukraine den Verstaatlichungstendenzen mit der Verteilung des zuvor enteigneten Großgrundbesitzes an einzelne Bauern begannen, die Gründung von selbstverwalteten Produktionskommunen förderten.[10]

## c) Diktatur des Proletariats oder Staatszerstörung

Die nach der russischen Oktoberrevolution einsetzende Etablierung eines totalitären Staates scheint die eingangs von Bakunin zitierte Prognose ebenso zu bestätigen wie die von Marx von der Überlebensunfähigkeit von Bewegungen ohne »einheitlichen Willen«: Das Mittel der Diktatur begann sich zum Selbstzweck zu verkehren. Die Anarchisten (und auch die anderen Strömungen) hatten den straff organisierten und unter »einheitlichen Willen« stehenden Bolschewiki nichts entgegenzusetzen. Die Kriegssituation, die »weiße Konterrevolution«, die vollständig fehlende demokratische Tradition, die wirtschaftliche Unterentwicklung und andere Umstände begünstigten eine autoritäre, staatlich konstituierte und hierarchische »Diktatur der Partei«.

Die autoritären politischen Entwicklungen entsprechen durchaus autoritären Tendenzen in den Werken der »Klassiker«. Den autoritären Tendenzen widersprechen allerdings eher gemäßigte oder sogar antiautoritär zu nennende Passagen in einigen Schriften von Marx, Engels und Lenin. Diese können jedoch bei Marx als Reaktion auf die antiautoritäre Opposition und die antiautoritären Organisationsformen während der Pariser Kommune, also als taktische Anpassung, gewertet werden. Der merkwürdige plötzliche Einklang mit föderalistischen und direkt-demokratischen Organisationskonzepten gelang Marx, indem er die Kommune als »Diktatur des Proletariats« interpretierte. Die Kommune sollte nach Marx »... eine arbeitende Körperschaft sein, vollziehend und gesetzgebend zu gleicher Zeit«... mit »allgemeinem Stimmrecht (sollte, d. Verf.) dem in den Kommunen konstituierten Volk dienen, wie das individuelle Stimmrecht jedem anderen Arbeitgeber dazu dient, Arbeiter, Aufseher und Buchhalter in seinem Geschäft auszusuchen.« (Zitiert nach Lenin, 1970, II, 355) Beispielhaft für die Diktatur des Proletariats war nach Marx (und auch nach Lenin) die Pariser Kommune bezüglich ihrer kommunalen Verwaltung.

»Die Kommune bildete sich aus den durch allgemeines Stimmrecht in den verschiedenen Bezirken von Paris gewählten Stadträten. Sie waren verantwortlich und jederzeit absetzbar. Ihre Mehrzahl bestand selbstredend aus Arbeitern oder anerkannten Vertretern der Arbeiterklasse.« (Zitiert nach Lenin, 1970, II, 352) In der Diktatur des Proletariats der Pariser Kommune sei der Staatsapparat zerschlagen und durch ein Rätesystem ersetzt worden, das stehende Heer hätten Milizen abgelöst. Vordem hochbezahlte Beamten sollten in der Kommune gegen Arbeiterlohn und unter Kontrolle der gewählten Vertreter des Volkes arbeiten. In diesen und anderen Maßnahmen der Kommune sieht Marx eine »proletarische Demokratie« verwirklicht, die er 1871 direkt nach Zerschlagung der Pariser Kommune mit seiner Vorstellung einer »Diktatur des Proletariats« gleichsetzt. Damit aber nähert sich Marx anarchistischen Positionen.

Wie Marx, so vertritt auch Lenin in »Staat und Revolution« (1917) bezüglich der Funktion der Partei, der »Diktatur des Proletariats« sowie der Rolle des Staates sehr gemäßigte Positionen und äußerte sich sehr optimistisch zum baldigen Absterben des Staates nach der revolutionären Machtergreifung. Der Marxschen Strategie ähnlich, verurteilte Lenin die Anarchisten als Kleinbürger und Utopisten, nähert sich jedoch gleichfalls deren Positionen erheblich an. Ebenso wie sich Marx' »Staatssozialistische« Orientierung dem Verdacht des »Jakobinertums« erwehren mußte, mußte sich Lenin vor und kurz nach der Revolution gegen den Verdacht der Sozialrevolutionäre und Anarchisten wenden, die Bolschewiki erstrebten einen neuen herrschaftlichen Staat gegen die Interessen der Mehrheit. Vieles spricht dafür, daß die befristeten freiheitlich-demokratischen Positionen von Marx, Engels und Lenin als taktische Zugeständnisse zu werten sind, denen gegenüber die autoritären Positionen dominieren. So korrigierte Lenin die in »Staat und Revolution« gemäßigte Haltung bereits kurz nach der bolschewistischen Machtergreifung. Bei Marx deutet sich bereits kurz nach seiner Schrift zur Pariser Kommune eine erneute Revision seiner Positionen an.

Bei weitem deutlicher als bei Marx dominieren bei Engels autoritäre

Denkstrukturen. Die Organisation der industriellen Produktion kann sich Engels nicht anders als autoritär und hierarchisch vorstellen. »Die Autorität in der Großindustrie abschaffen wollen, bedeutet die Industrie selber abschaffen wollen.« (Zitiert nach Puder 1981, 180) Die Industrie benötigte wie das »Staatsschiff« einer »gebieterischen Autorität«: »Aber die Antiautoritarier fordern, daß der autoritäre politische Staat mit einem Schlag abgeschafft werden, ... Was geschehe mit dem ersten abgehenden Zuge, wenn die Autorität der Bahnangestellten über die Herren Reisenden abgeschafft würde – aber die Notwendigkeit einer Autorität, und zwar einer gebieterischen Autorität, tritt am anschaulichsten bei einem Schiff auf hoher See zutage.« (Zitiert nach Puder 1981, 180)

Engels Rede vom allmählichen (»nach und nach«) Einschlafen der staatlichen Funktionen, nachdem die eroberte Staatsmacht die Produktionsmittel in Besitz des Staates genommen hat, ist kaum als kurzfristig vorzunehmende »Abschaffung« staatlich-diktatorischer Herrschaft zu verstehen und zu interpretieren. Engels sonstige Äußerungen zur Notwendigkeit der Autorität im »Staatsschiff« widerspricht einer solchen Interpretation ebenso wie dem Zeitverständnis Engels.[11]

d) Die bolschewistische Konterrevolution

Die autoritären Tendenzen setzen sich in Lenins theoretischem und politisch-strategischem Denken fort. Zwar greift er in »Staat und Revolution« auf die Marxschen Interpretationen der Pariser Kommune zurück und versteht seine Schrift als »Wiederherstellung der wahren Marxschen Lehre vom Staat«, doch mit den nun scheinbar auch von Lenin vertretenen rätedemokratischen Vorstellungen verfolgt dieser die Absicht einer ideologischen Integration der erfolgreichen Rätebewegung in den Marxismus mit dem Ziel, Anschluß zu gewinnen an diese Bewegung und zudem die »Ökonomisten« in seiner Partei zu einer politischen Revolution zu bewegen. So ist es denn verständlich, daß Lenin ungeachtet seiner früheren Schriften eine autoritär-zentralistische Politik betrieb. Nach der Machtübernahme findet man Legitimationen für den Etatismus, Staatssozialismus und die direkt nach dem Umsturz einsetzende diktatorische Herrschaft der Staatspartei: »Heute aber fordert die Revolution, ... eben im Interesse des Sozialismus, die unbedingte Unterordnung der Massen unter den einheitlichen Willen der Leiter des Arbeitsprozesses...« (1970, II, 769)

Lenin wandte sich gegen jegliche Form der Selbstverwaltung. Er lehnte freie Genossenschaften und freie Vereinbarungen ab und dachte nicht an eine ent-hierarchisierende Umstrukturierung der Gesellschaft. Dies geht aus einem protokollierten Gespräch (1919) zwischen dem Anarchisten Kropotkin und Lenin klar hervor. Gegenüber Kropotkins Befürchtung, daß die Machtfülle der Partei »vergiftet« und daß eine breite Genossenschaftsbewegung auch möglichen Machtmißbrauch verhindern könne, betont Lenin die Notwendigkeit der Machtkonzentration und des Kampfes: »Ein direkter, offener Kampf, ein Kampf bis auf den letzten Blutstropfen – das ist es, was wir brauchen. (...) Es wird viel Blut vergossen werden, und es wird viele Greuel in solchem Kampf geben.« (Kropotkin 1980, 15)

Mit der Zentralisation von uneingeschränkter politischer Macht und wirtschaftlicher Macht, von Absolutismus und Staatskapitalismus – wie die Anarchisten diese Diktatur bezeichnen – etablierte sich in Rußland unter dem Vorwand, die Konterrevolution zu verhindern, die Konterrevolution – so jedenfalls interpretierte der Anarchist Bookchin die Beseitigung libertärer Ansätze durch staatliche Terrorherrschaft: »... die Partei der Bolschewiki erreichte ihr Maximum an Zentralisation in Lenins Tagen nicht, um eine Revolution durchzuführen oder eine weißgardistische Konterrevolution zu zerschlagen, sondern um selber eine Konterrevolution durchführen zu können...« (1980, 77 f)

Dieser Konterrevolution der Bolschewiki fielen neben den freigewählten Bauern- und Arbeiterräten auch die antiautoritären Verfechter der Selbstverwaltung und politischen Dezentralisierung zum Opfer. Anarchisten wurden von der Geheimpolizei ermordet. Anarchistische Bewegungen wurden von der Roten Armee unter der Führung Trotzkis mit brutalsten Mitteln niedergeworfen. Noch einige Monate vor der russischen Revolution im April 1917 traf Trotzki, der spätere Befehlshaber der Russischen Armee, im New Yorker Exil mit dem russischen Anarchisten Volin zusammen. In einem Gespräch mit Trotzki, das Volin später aufzeichnete und publizierte, äußerte Volin die Befürchtung, daß die »Linksmarxisten«, sobald sie nach der Revolution die Herrschaft an sich gerissen hätten, die Anarchisten verfolgen und umbringen würden. Trotzki erwiderte:

»Starrsinnige und unverbesserliche Phantasten seid ihr: Was trennt uns denn im Augenblick eigentlich? Eine kleine Frage der Methode, die völlig nebensächlich ist. Ihr seid genau wie wir revolutionär; wir sind genau wie ihr schließlich und endlich Anarchisten. Nur wollt ihr eure Anarchie sofort und ohne Vorbereitung und Übergang errichten, während wir Marxisten glauben, daß es nicht möglich ist, mit einem Satz ins libertäre Reich hinüberzuspringen... Und selbst wenn wir nicht übereinstimmten, so übertreibt ihr wirklich, wenn ihr annehmt, wir Sozialisten würden rohe Gewalt gegen die Anarchisten anwenden!«

Die Differenz zwischen Marxismus und Anarchismus besteht keineswegs nur aus einer »kleinen Frage der Methode« oder Strategie, wie Trotzki und noch heute, nach der Liquidierung der anarchistischen Bewegungen im Anschluß an die russische Revolution, einige »Anarcho-Marxisten« glauben machen wollen. Sie ist Ausdruck eines prinzipiellen anderen Denkens, was sich sowohl in unterschiedlichen Strategien als auch in unterschiedlichen Zielsetzungen konkretisiert. Das zeigen die theoretischen und politischen Ausgrenzungen der Anarchisten seitens der Marxisten, denen lediglich taktisch motivierte Annäherungen gegenüberstehen.

Nach der Machtübernahme durch die Bolschewisten im Zuge der russischen Revolution, an der sich auch Anarchisten beteiligten, scheint Trotzki bereits im November 1917 den Differenzen mit den Anarchisten doch grundsätzliche Bedeutung zuzumessen; er deutet die physische Realisierung der zuvor nur theoretischen Ausgrenzungen an: »Ihr seid elende isolierte Einzelne. Ihr seid bankrott. Geht hin, wohin ihr gehört, auf den Müllhaufen der Geschichte.« (Zitiert nach Joll 1969, 7)

Die entschiedene Weigerung der Anarchisten, mittels einer straffen und einheitlichen Organisation die Revolution und den Aufbau der neuen Gesellschaft stellvertretend für das gesamte Volk durch eine Minderheit durchzuführen, hatte gute Gründe: die Kritik an der Konzeption der Diktatur des Proletariats durch Bakunin, Kropotkin, Landauer u. a. erwies sich angesichts der tatsächlichen historischen Realisierung dieser Diktatur als berechtigt; die Prognosen einer bürokratischen Erstarrung, des »Regierungsfetischismus« und des Terrors bewahrheiteten sich. Doch aus der zutreffenden anarchistischen Kritik an der marxistischen Revolutionsstrategie der Machteroberung ist keinesfalls zu folgern, daß die von einigen anarchistischen revolutionären Strategien der bloßen Zerschlagung der Macht erfolgversprechender sei. Vielmehr weist diese Revolutionskritik auf die Notwendigkeit nicht-revolutionärer mehrdimensionaler Strategien des Herrschaftsabbaus, wie sie ansatzweise innerhalb des Anarchismus etwa von Proudhon und Landauer entwickelt werden.

> »Worauf beruht der Staat, wenn nicht auf
> Gewalt?«
>
> *John Henry Mackay*

> »… daß der moderne Staat ein
> anstaltsmäßiger Herrschaftsverband ist,
> der innerhalb eines Gebietes die
> legitime physische Gewaltmäßigkeit als
> Mittel der Herrschaft zu monopolisieren mit
> Erfolg getrachtet hat…«
>
> *Max Weber*

> »Außerdem ist die Bejahung der Gewalt…
> immer irrig, weil man bei der
> Anwendung der Gewalt… nie wissen kann,
> welches Übel größer ist, ob das Übel,
> welches durch meine Gewalttat entsteht
> oder das, welches ich abwenden will.«
>
> *Leo Tolstoi*

## 3. Das Ideal der gewaltlosen Ordnung und anarchistische Gewalt

Eine Wiederaneignung anarchistischer Theorieelemente kann das gängige Vorurteil der Gleichsetzung von Gewalt, Terror und Anarchismus nicht unbeachtet lassen, zumal in den neueren Büchern zum Anarchismus die Aktualität ihrer Auseinandersetzung häufig mit Bezug auf den Terrorismus oder revolutionäre anarchistische Gewalt begründet wird, und nicht, wie in diesem Buch, mit der Bedeutung, die (konstruktives) anarchistisches Denken in der heutigen gesellschaftlichen und ökonomischen Krise gewinnen kann. Einige anarchistische Blätter und das Auftreten vieler »Autonomer« bestätigen dieses Vorurteil von der anarchistischen Gewalt und akzeptieren die ihnen zugewiesene Rolle als Gewalttäter und Bürgerschreck. Im Gegensatz dazu versuche ich in diesem Abschnitt nicht vom Gewaltvorwurf auszugehen, um diesen in den Zusammenhang anarchistischer Theorie zu stellen, sondern kehre dieses sonst übliche Verfahren um: Das m. E. vorrangige Gewaltlosigkeitsideal des Anarchismus wird mit dem Gewaltvorwurf, mit anarchistischen Vorstellungen über revolutionäre Gewalt und mit individuellen Terrorakten konfrontiert.

Wie schon erwähnt, kennzeichnete Kant die Anarchie als »Gesetz und Freiheit, *ohne Gewalt*«, die »wahre bürgerliche Verfassung« hingegen als »*Gewalt*, mit Gesetz und Freiheit.« (1980, 686) Die Gewaltlosigkeit unterscheidet damit die Anarchie von der »bürgerlichen Verfassung«.[12]

Das Gesellschaftsideal der Anarchisten wäre demgemäß mit dem Ideal der Gewaltlosigkeit bestimmbar. Auch Malatesta, ein italienischer Anarchist und Syndikalist, unterscheidet mit dem Kriterium der Gewaltlosigkeit die Anarchisten von den Marxisten, Sozialisten und Liberalen: »Anarchie bedeutet Gewaltlosigkeit, bedeutet Nicht-Herrschaft des Menschen über den Menschen, Nicht-Zwang durch die Gewalt (...) Was jedoch die Anarchisten von allen anderen unterscheidet, ist gerade der Abscheu der Gewalt, der Wunsch und das Ziel, die Gewalt, das heißt die materielle Gewalt, aus den Beziehungen der Menschen untereinander zu verbannen.« (Malatesta 1980, 166 f.)

a) Anarchismus und Terrorismus

Folgt man der Verwendungsweise der Begriffe »Anarchie« und »Anarchismus«, so scheint, entgegen dem Ideal der Anarchie, Gewalt und Terror ein Spezifikum des Anarchismus zu sein. So wurden dann Steckbriefe der »Baader-Meinhof-Gruppe« (»Rote-Armee-Fraktion« – »RAF«) mit der Überschrift »Anarchistische Gewalttäter« versehen; in einem Aufsatz über die »RAF« findet sich der Satz: »Sie sind gewalttätige Anarchisten, die ihre Taten mit maoistischen Worten verbrämen.« (Zitiert nach Dericum 1980, 36); ein Marxist wirft den »anarchoterroristischen Gruppen« vor, daß sie »... zunächst einmal überhaupt nicht mehr den Mut hatten, sich als anarchistisch zu bezeichnen. Statt dessen nannten sie sich ›Marxisten-Leninisten‹.« (Adamo 1971, 135) Auch die DDR-Marxisten bezeichnen den Terrorismus der »RAF« als »Anarcho-Terrorismus«. Sie wollen damit den Marxismus-Leninismus entlasten, um gleichzeitig den Anarchismus mit dem Gewaltvorwurf zu erledigen. (Weichhold 1980, 152 f.) Doch spätestens nach einem Interview im SPIEGEL mit einigen Mitgliedern der »RAF«, in dem sie, nach ihrem Selbstverständnis gefragt, die Frage ob sie Anarchisten seien, verneinten und sich in Berufung auf Lenins' Staat und Revolution zum »revolutionären Marxismus« bekannten, sollte dieser Irrtum ausgeräumt sein. (DER SPIEGEL, 3, 1975)

Die hier exemplarisch angeführten mitunter komisch wirkenden Versuche, mit dem Marxismus-Leninismus oder Maoismus gerechtfertigte Gewalttaten dem Anarchismus anzulasten, scheinen, da Unkenntnis bei diesen oben zitierten vier Stellungnahmen nicht zu vermuten ist, mit Absicht zu erfolgen. Eine Identifizierung von Anarchismus und Terrorismus/Gewalt soll hergestellt werden, indem einheitlich jede politische, gegen das Gewaltmonopol des Staates verstoßende Gewalttat mit dem Etikett »Anarchismus« belegt wird. Damit halten die oben zitierten Marxisten einerseits die eigene politische Position von Gewalt- und Terrorismus frei – die Gewalttäter sind keine Marxisten oder Maoisten, sie »verbrämen« lediglich ihren (»objektiven«) Anarchismus mit Marxismus oder Maoismus –, andererseits verschließt die synonyme Verwendungsweise der Begriffe »Anarchismus« und »Terrorismus« den Zugang zur Idee einer herrschafts- und gewaltlosen Ordnung. Sie erschwert damit die Rezeption einer konkurrierenden (sozialistischen) politischen Theorie.

Wenn die Gleichsetzung von Terrorismus und Anarchismus nicht auf schlichter Unkenntnis beruht, so kann diese Gleichsetzung im Interesse »rechter«, konservativ-bürgerlicher Kreise und auch »linker«, staatssozialistisch-marxistischer Kreise liegen. Die Identifikation von Chaos und Terror mit Anarchismus träfe die politische Wirksamkeit einer Idee, die weder die Herrschaft einer Klasse erhalten will, wie die »Rechten«, noch die Herrschaft einer Klasse durch die Eroberung der Staatsmacht erreichen will, wie dies bei Staatssozialisten und/oder Marxisten der Fall ist. Denn im Gegensatz zu diesen »Rechten« und »Linken« lehnen Anarchisten die Herrschaft des Menschen über den Menschen grundsätzlich ab und damit die Herstellung von Ordnung durch das staatliche Gewaltmonopol.[13]

Die Gleichsetzung von Unordnung und nicht-legitimer Gewalt (d. h. nicht-staatlicher Gewalt) mit Anarchie ist deshalb so brauchbar, weil damit Ordnung und »legitimer physischer Zwang«, also Ordnung und Staat, Ordnung und legitime Gewalt einander zugeordnet werden: ohne staatliche Gewalt keine Ordnung. Die Gleichsetzung des Anarchismus mit Terror und Chaos impliziert die Rechtfertigung des Ordnung verbürgenden staatlichen Gewaltmonopols und blendet zugleich mit dem anarchistischen Ideal der Gewaltlosigkeit auch die theoretische Möglichkeit einer gewaltlosen Ordnung aus. Diese Gleichsetzung von Ordnung und (staatlicher) Gewalt und die Ausschaltung des Ideals gewaltfreier Ordnung birgt die Gefahr in sich, daß die Kritik an den Formen staatlicher Gewalt im Namen der Freiheit gezwungen ist, sich zunächst in die Defensive zu begeben, um dem Vorwurf der Unordnung und des Chaos entgegenzuwirken.

## b) Gewaltsame Staatsordnung – gewaltlose Gesellschaftsordnung

Aus anarchistischen Gesellschaftstheorien spricht die Überzeugung, daß sich an die Stelle der staatlichen Gewaltverhältnisse eine herrschafts- und gewaltlose Gesellschaftsordnung herausbilden werde. Diese Überzeugung gründet sich, wie bereits einleitend erläutert, auf die Annahme einer natürlichen Sozialität und Solidarität des Menschen. Diese Anlage des Menschen mache es ihm möglich, ohne staatliche Zwänge eine freiheitliche Gesellschaftsordnung zu begründen und aufrechtzuerhalten. Die gleiche Rolle, die im Denken Kropotkins die Gegenseitige Hilfe wahrnimmt, spielt bei Proudhon der »Mutualismus« (= gegenseitige soziale Hilfsbereitschaft) und bei Landauer der »Gemeinschaftsgeist«.

Nach Landauer bewirkt der »Gemeinschaftsgeist« eine spontane und freiheitliche Ordnung, wenn sich nicht der Staat gewaltsam an seine Stelle gesetzt hat und seine hierarchische Ordnung durchsetzt. Landauer charakterisiert den Staat deshalb als »Surrogat des Geistes« (1978, 19), das in der Geschichte immer dann in Erscheinung tritt, wenn der »Geist der Gemeinde« durch Zentralisationsbestrebungen oder kriegerische Einwirkungen seine gemeinschaftsbildende Funktion nicht mehr wahrnehmen kann. Die durch die Auflösung ihrer sozialen Zusammenhänge gerissenen atomisierten und vereinzelten Individuen durch staatliche Herrschaft müssen zwangsorganisiert werden können. Mit der Kritik an Staatsherrschaft und an herrschaftlichen Ideologien setze mit einer Entfaltung des »Geistes« schließlich eine Entstaatlichung der Gesellschaft ein und restrukturiere die gewaltlose Gemeindeordnung.

Erst auf diesem Hintergrund des auf der natürlichen Sozialität und Solidarität basierenden Menschenbildes der sozialistischen Anarchisten werden deren Revolutionstheorien in ihrer Negativität verständlich: Ordnung und Gesellschaft bedürften nicht der Herstellung durch die in den Händen des Staates oder der Regierung zentralisierte Gewalt. Da die gewaltsame Staatsordnung den natürlichen Dispositionen der Menschen zuwiderläuft, so glaubten viele Anarchisten, genüge schon ein geringer äußerer Anlaß (ein terroristischer Anschlag, ein lokaler Aufstandsversuch oder eine flammende Rede), damit die Menschen der Staatsgewalt ihre Loyalität aufkündigten und von sich aus mit einer freien, staatslosen Gesellschaftsordnung beginnen.

Der Aufbau einer solchen gewaltfreien Ordnung bedürfe keiner gewaltsamen Mittel und keiner Organisation durch Eliten. Eine Diktatur des Proletariats sei überflüssig. Der Revolution komme lediglich die Aufgabe zu, Raum zu schaffen für verschiedene Formen dezentraler

Selbstorganisation und Selbstverwaltung. Revolutionäre Gewalt sprenge nur das hinweg, was ohnehin überflüssig und hinderlich sei – so die Meinung vieler revolutionärer Anarchisten.

Dieser ständig unterschlagene Zusammenhang zwischen dem Gewaltlosigkeitsideal – und anarchistisch motivierten Gewalttaten hellt das Verhältnis der Anarchisten zur Gewalt auf. Viele Anarchisten verstehen Gewalt als Widerstand gegen den gewaltsamen Staat im Namen der Gewaltlosigkeit.

Diese kurzen Bemerkungen zum Menschenbild und Gewaltlosigkeitsideal können – gegen alle Versuche, den Anarchismus als Theorie und Praxis der Gewalt zu diffamieren – die Gewaltakte der Anarchisten verstehbar und kritisierbar machen. Darüber hinaus läßt sich anarchistische Gewalt von kriegerischen Gewaltakten der Inhaber des Monopols »legitimer Gewaltsamkeit« im Namen von Ordnung, Freiheit und Menschenrechten ebenso unterscheiden, wie etwa vom Terror der Tscheka, von Massenhinrichtungen in Kambodscha zwecks Etablierung einer »Diktatur des Proletariats« oder von den verschiedenen Formen des Staatsterrorismus.

c) Gewaltlosigkeit und Widerstand gegen Gewalt

Die Anarchisten stimmten in der Frage der Mittel des Widerstandes gegen die Gewalt nicht überein. Bakunin, Malatesta, Most, Mühsam u. a. bejahten grundsätzlich gewaltsame Widerstandsformen, betonten allerdings, daß die Mittel das Ziel der Gewaltlosigkeit nicht in Frage stellen dürften. Das Ziel, so meinten sie, müsse in den Mitteln des Widerstands präsent bleiben. Selbst Bakunin, der sich wiederholt für revolutionäre Gewalt aussprach, relativierte seine Position: »Blutige Revolutionen sind dank der menschlichen Dummheit manchmal notwendig, doch sind die immer ein Übel, ein ungeheures Übel und ein großes Unglück. Nicht nur in Anbetracht der Opfer, sondern auch um der Reinheit des zu erreichenden Zieles willen, in dessen Namen sie stattfinden.« (1977, 309)

Innerhalb des Anarchismus finden sich Strömungen, die das Ideal der gewaltlosen Ordnung mit gewaltlosen Mitteln anzustreben versuchen. Tolstoi, der Ausbeutung und politische Herrschaft in der Gewalt des Staates verursacht sieht (1920, 10), begründet seine generelle Gewaltablehnung nicht nur mit der Ethik der Bibel, sondern auch eher pragmatisch damit, »... daß die Versuche, Gewalt durch Gewalt zu vernichten bis jetzt nichts erreicht haben, und auch in Zukunft die Menschen offenbar nicht zur Befreiung von der Gewalt und also auch nicht von der Sklaverei führen werden.« (o. J., 58)

Tolstoi warnt vor Anwendung von Gegengewalt, da dies nur zur Errichtung neuer Gewaltherrschaft führe, und plädiert für gewaltlose Widerstandsformen und besonders für Aufklärung, da »…, wo das Volk nicht durch direkte Gewalt, sondern durch Betrug unterworfen ist, zur Vernichtung der Gewalt nur die Aufdeckung jenes Betruges nötig (ist – der Verf.)« (o. J., 59). Für »Betrug« hält Tolstoi etwa die in Schule, Presse und Religion vermittelte Auffassung von der Notwendigkeit der Gewalt. »Zu der Befreiung der Menschen von dem furchtbaren Übel der Rüstungen und Kriege… sind nicht Kongresse, nicht Konferenzen, nicht Traktate und Schiedsgerichte nötig, sondern die Vernichtung jener Gewalt, die sich Regierung nennt…« (o. J., 19)

Die Individualanarchisten Godwin, Tucker und Mackay empfehlen statt Gegengewalt den Boykott des Staates durch Gründung staatsunabhängiger ökonomischer Organisationsformen, durch Kooperationsentzug, durch Steuerboykotte, Desertion u. a.


d)  Propaganda der Tat

Die unter der Bezeichnung »Propaganda der Tat« bekanntgewordenen Attentate auf u. a. Politiker, Kapitalisten und Richter brachte dem Anarchismus den Vorwurf ein, er sei von besonderer Gewalttätigkeit und Brutalität. Bevor ich nun mit dem Versuch fortfahre, das Gewaltlosigkeitsideal der Anarchisten mit den Gewalttaten in Beziehung zu setzen, soll noch kurz auf das Ausmaß der sogenannten »Dynamitbewegung« hingewiesen werden.

Nach Niederwerfung der Pariser Kommune und dem folgenden verschärften Vorgehen gegen Sozialisten ereignete sich wie zuvor in Rußland vor allem in Frankreich, Belgien, später in Deutschland und um die Jahrhundertwende vor allem in den USA eine Serie von Attentaten, die z. T. direkte Reaktionen auf Hinrichtungen von Gewerkschaftern oder auf Maßnahmen gegen die politische Opposition darstellten. In den mit größter Öffentlichkeit stattfindenden Prozessen erwiesen sich die Attentäter nicht selten als glaubwürdige Persönlichkeiten, die ihre Taten eindrucksvoll moralisch zu rechtfertigen verstanden und sich wie Ravachol oder Reinsdorf als Anarchisten bezeichneten und das Forum des Gerichts zur öffentlichen Propaganda zu nutzen versuchten. Die zunächst vereinzelten anarchistisch motivierten Attentate entwickelten sich zu einer Welle von Sprengstoffanschlägen – allein im Jahr 1892 zählte man in Europa mehr als 1000, in Amerika mehr als 500 – (Camus 1969, 135), die von zunehmender staatlicher Repression begleitet waren.

Diese politisch motivierten Anschläge und Morde sind nicht allein als Reaktion auf staatliche Gewalt zu verstehen. Mitverursacht wurden sie auch durch die Isolation sektenähnlicher anarchistischer Gruppierungen, die den Anschluß an ihre Basis verloren hatten, sich radikalisierten und damit noch weiter in die Isolation gerieten. Hinzu kommt, daß sich die Anarchisten der Einflußnahme auf den Staat über den Parlamentarismus ebenso verweigerten, wie sie die Strategie einer gewaltsamen Machteroberung durch bewaffnete Eliten und die Einführung der Anarchie »von oben« und gegen den Willen der Betroffenen ablehnten. Es blieb ihnen also ein sehr eingeschränkter Spielraum für politisch-praktische Einflußnahmen und Aktionen.

Die Einflußmöglichkeiten der Anarchisten waren in Zeiten einer Unterdrückung politisch Andersdenkender sehr beschränkt. Unter weniger autoritären Verhältnissen blieb den Anarchisten noch die Möglichkeit, in freien Siedlungsgenossenschaften und durch die Gründung von Genossenschaften im Kleinen ihre Vorstellungen zu realisieren. Da dies Ende des letzten Jahrhunderts in den meisten Ländern nicht möglich war und sich zudem die Industrialisierung mit all ihren negativen sozialen Folgen durchsetzte, da ferner die sozialdemokratische Reformpolitik nach Meinung einiger Anarchisten den »Massen« den Blick auf eine revolutionäre Veränderung verstellten, versuchten einzelne Anarchisten durch politische Morde Aufstände zu entfachen und die Arbeiter zu radikalisieren. Diese Terrorakte sind kaum noch im Rahmen einer politischen Strategie einzuordnen, sondern stellen Verzweiflungsakte einzelner dar.

Attentate passen – heute wie auch damals – den reaktionären Kreisen ins politische Konzept. Sie lieferten oft den willkommenen Anlaß, gegen emanzipatorische Bewegungen, deren Vertreter und Publikationen vorzugehen und politisch Andersdenkende pauschal als Terroristen oder deren Sympathisanten zu verdächtigen. Das ging soweit, daß politische Anschläge häufig von der Geheimpolizei ausgeführt wurden. Im Jahre 1881 inszenierte zum Beispiel der Frankfurter Polizeirat Rumpf einen Anschlag. Zur gleichen Zeit gab ein Spitzel des Polizeipräfekts eine Zeitschrift heraus, in der zu terroristischen Gewalttaten aufgerufen wurde (Krämer-Badoni 1970, 27–29). Weitere vergleichbare Fälle wurden bekannt.[14]

Anarchistische Attentate wurden von den Anarchisten selbst zunächst als »Propaganda der Tat« für den Anarchismus begrüßt und als

Heldentaten gefeiert. Nachdem diese Gewalttätigkeit schließlich eskalierte und zunehmendes Unverständnis in der Öffentlichkeit die Folge war, wandten sich auch die Anarchisten gegen diese Gewalttaten. Sie sahen ein, daß der Terror die reaktionärsten Kräfte in der Gesellschaft stützt, eine breite (»linke«) Solidarität verhindert und damit »objektiv« reaktionär wirkt. Selbst Most, der zwei Jahrzehnte den Terror gefeiert hatte, übte Selbstkritik. »Die Propaganda der Tat ist jahrelang seitens vieler Anarchisten – auch wir gehörten dazu – als eine wahre Springwurzel agitatorischer Zauberei angesehen worden. Die Praxis hat aber arge Dissonanzen in die Musik der Theorie gebracht.« (Zitiert nach Krämer-Badoni 1970, 253)

Zunächst waren Most, Kropotkin und andere Anarchisten davon überzeugt, die Attentate würden schlagartig der Masse ihr entwürdigendes Dasein klarmachen, sie aufrütteln und den Gedanken an ein besseres Leben wachhalten. Dieses Vertrauen von Anarchisten resultiert aus der Überzeugung des nicht gänzlich zu verschütteten Freiheitsbedürfnisses der Menschen. Anarchisten verneinten die Möglichkeit einer Ausschaltung des »natürlichen« Sozialinstinkts und die Möglichkeit einer vollständigen Manipulation der Individuen – gleichgültig ob sie nun als ökonomisch verursachte, als staatliche oder als durch Sozialisation verursachte gedacht wird. Obwohl viele Anarchisten nicht die direkten oder über Ideologien vermittelten Einflüsse unterschätzten, behaupteten sie eine letztlich unzerstörbare Freiheit des Willens, der Einsicht- und Erkenntnismöglichkeiten.

In der Konsequenz dieses Freiheitsbegriffs schreiben Anarchisten den aus Aufklärung oder Propaganda hervorgehenden freien Handlungen die entscheidende gesellschaftsverändernde Bedeutung zu: So konnte Most in der Propagandawirkung von Terrorakten die »Initialzündung« für Revolutionen sehen; Landauers »Voluntarismus« basierte auf der Annahme, durch aufklärerische Kritik an der staatlichen »Geistlosigkeit« und durch die Propagierung des Genossenschaftsgedankens die Menschen dazu bewegen zu können, »aus dem Kapitalismus auszutreten« und mit dem Genossenschaftssozialismus zu beginnen; Tolstoi glaubte allein über die Aufdeckung des »Regierungsbetruges« die Regierung beseitigen zu können; Bakunin erhoffte sich von der Propagandawirkung lokaler Aufstände weitergreifende revolutionäre Volkserhebungen. Das Vertrauen in die Möglichkeiten der Aufklärung und Überzeugung der Menschen ging bei diesen Anarchisten sehr weit.

## e) Albert Camus: »Die zartfühlenden Mörder«

Die Erklärung des individuellen Terrors, der von Anarchisten ausging, als einen Akt unmittelbarer Empörung, ähneln dem Versuch von Camus, zu verstehen, was »die zartfühlenden Mörder« – so der Titel eines Kapitels in »Der Mensch in der Revolte« – zu ihren Attentaten treibt. Camus sieht in den individuellen Gewalttaten das Motiv, in einer Welt der totalen Mißachtung von Menschenrechten und menschlichen Werten durch die eigene aufopferungsvolle Tat zu zeigen, daß es Menschen gäbe, die mit ihrer Selbstaufopferung bereit seien, die Menschenrechte einzuklagen gegenüber zynischen Machthabern. Für Camus ist dieser Typ von Attentätern nicht der des kaltblütigen Verbrechers. Er ist vielmehr ein Verzweiflungstäter, dessen Tat bedingt sei in den gegebenen gesellschaftlichen Verhältnissen, in denen gegen die eigenen Ideale von Menschenrecht und menschlicher Würde ständig verstoßen werde.

»Die zartfühlenden Mörder« – so nennt Camus diese Attentäter – versuchten diejenigen zu töten, die sie für die Würdelosigkeit und Unmenschlichkeit verantwortlich hielten. Solche individuellen Gewalttaten seien nicht aus Rache oder mit einer Bestrafungsabsicht entstanden, sondern aus einer existentiellen Notlage heraus: Sie sollte den Attentätern selbst und anderen Menschen zeigen, daß es Menschen gäbe, die sich mit dem Zustand der Menschenverachtung nicht abfänden, die im Attentat mit dem eigenen Leben für die vertretenen Ideale und Werte gegen den Zustand der Wertlosigkeit einstehen, um dem Werte- und damit Sinnverlust entgegenzutreten. (Camus 1969, 135–142) Diese Verzweiflungstäter rechtfertigen ihr Attentat nicht durch eine Idee oder Theorie; vielmehr glaubten sich diese Mörder schuldig und riefen, so Camus, zur Entschuldigung die Liebe zu den Menschen an. Diese Morde im Bewußtsein der Schuld und im Wissen, gegen die eigenen Ideale verstoßen zu haben, unterscheidet Camus von den Mördern, die sich nicht schuldig fühlten, weil sie als Alibi Theorien anführen konnten.

Die Attentäter aus Verzweiflung, die gegen die Welt der Werte- und Sinnlosigkeit Werte und Sinn zu setzen versuchten, machen sich schuldig; sie verfügen über keine Philosophie, die ihnen ein rechtfertigendes Alibi für ihre Gewalttaten geben könnte. So könnte man im Sinne Camus in anarchistischen Attentätern Verzweiflungstäter sehen, die durch ihre eigene Tat und mit dem eigenen Leben ihr Ideal von Herrschafts- und Gewaltlosigkeit, von Selbstbestimmung und Menschlichkeit demonstrieren wollen – und dies gegen gesellschaftlich-politische Zustände, in denen eine Realisierung der Ideale unmöglich erscheint. Sieht man in Gewalttaten von Anarchisten solche Verzweiflungsakte, die das »Trotzdem« der Gültigkeit der eigenen Idee zeigen, so kann man die Beweggründe von Gewalttätern besser verstehen, die gegen ihr eigenes Ideal von Gewaltlosigkeit Gewalt anwenden. Andererseits würden aber anarchistisch motivierte Attentate, die als Mittel der Propaganda zum Zweck der Herstellung der Anarchie geplant und durchgeführt werden, in die Nähe jener Gewalttaten rücken, die sich durch »Alibiphilosophen« entschuldigt wissen, d. h. die als Mittel durch den Zweck geheiligt sind.

## f) Der Zweck und die Mittel

Gesellschaftliche Ordnung und Gewalt schließen sich im Anarchismus wechselseitig aus. Dies setzt die Anarchisten in Gegensatz zu den Befürwortern des staatlichen Gewaltmonopols, für die (staatliche) Gewalt die Bedingung der gesellschaftlichen Ordnung darstellt. Aus diesem Grunde ist die Gleichsetzung von Anarchismus und Terrorismus, von Anarchie und Chaos, wie Dericum meint, auch so brauchbar und verlogen: »Die Gleichsetzung von Ordnung und Gewalt ist es, die den Anarchie-Vorwand so brauchbar und verlogen macht.« (1980, 36 f.)

Anarchisten lehnen Gewalt als Mittel zum Aufbau der angestrebten freien Gesellschaft kompromißlos ab. In der Frage der Anwendung von Gewalt als Mittel des Widerstands gehen die Auffassungen der Anarchisten auseinander. Festzuhalten bleibt, daß aufgrund des Ideals der Gewaltlosigkeit der Anarchismus weniger als andere politische Theorien als entschuldigendes Alibi für Gewalttaten dienen kann. Andererseits wird paradoxerweise die Anwendung von Gewalt neben dem Freiheitsbegriff gerade durch das Gewaltlosigkeitsideal begünstigt, das verbunden ist mit der anthropologischen Annahme, dem Menschen sei es aufgrund natürlicher Veranlagung möglich, gewaltlos eine solidarische Gesellschaft und eine gewaltlose Ordnung zu bilden. Weder eine geschichtliche Epoche noch die Notwendigkeit langwieriger Umerziehungsprozesse trennt das anarchistische Ideal von der Realität, sondern nach Auffassung vieler Anarchisten einzig die Existenz des auf Gewalt gestützten Staates.

Für Tolstoi schloß das Gewaltlosigkeitsideal gewaltsame Mittel des Widerstands ebenso aus wie ein Akzeptieren des staatlichen Gewaltmonopols. Tolstoi lehnte jegliche Gewalt konsequent ab und kam auch auf diesem Wege zu anarchistischen Schlußfolgerungen. Die radikale Verwerfung jeglicher Gewalt – einschließlich der des Staates – ist wohl auch die einfachste Lösung des Gewaltproblems der Anarchisten. Doch viele Anarchisten konnten es sich offenbar so einfach nicht machen.

1 Größere Aufmerksamkeit fanden antiautoritäre und anarchistische Ideen im Anschluß an die Studentenrevolte Ende der sechziger Jahre. Doch da der Anarchismus, sofern anarchistische Schriften überhaupt zur Kenntnis genommen wurden, häufig zum linksradikalen Korrektiv gegenüber dem Marxismus der etablierten kommunistischen (staatssozialistischen) Parteien und gegenüber dem »Realsozialismus« reduziert wurde, konnte er sehr schnell durch traditionell-linke Organisationen integriert und damit häufig auch unwirksam gemacht werden. Übrig blieben kleine anarchistische Gruppierungen, denen es nicht gelang, ihre libertären Vorstellungen gegenüber autoritär-kommunistischen und gegenüber dem wissenschaftlichen Sozialismus der Marxisten Aufmerksamkeit zu verschaffen. (Souchy in: Borries u. a. (Hg.) 1970)

2 Einige dieser »Überlebensliteraturen« seien hier genannt: Amery, Natur als Politik (1980); Eppler, Ende oder Wende (1979) und Wege aus der Gefahr (1981); Fromm, Haben oder Sein (1980); Gorz, Wege ins Paradies (1983); Huber, Die verlorene Unschuld der Ökologie (1982); Robertson, Die lebenswerte Alternative (1979); Scherer, Vilmar (Hg.) Ein alternatives Sozialismuskonzept. Perspektiven des Ökosozialismus (1984); Strasser/Traube, Die Zukunft des Fortschritts (1981).

3 Dies führt Jungk sehr plastisch vor Augen in seinem Buch »Der Atomstaat« (1977); ebenso Traube in »Müssen wir umschalten? Von den politischen Grenzen der Technik« (1978).

4 Zu nennen sind hier etwa die Publikationen der »SPD-Grundwertekommission« (Eppler, 1984) und die von T. Meyer herausgegebene Aufsatzsammlung »Grundwerte und Gesellschaftsreform« (1982), ebenso die zahlreichen häufig ökologisch orientierten Alternativkonzepte und Reformvorschläge von Gorz (1981 und 1983), Amery (1980), Illich (1980) u. a.

5 Auf drei dieser wissenschaftlichen Versuche möchte ich hier hinweisen: Bigler, Der libertäre Sozialismus in der Westschweiz (1967). Der deutsche Anarcho-Syndikalismus ist sehr ausführlich behandelt in: Vogel, Der deutsche Anarcho-Syndikalismus (1977). Schließlich ist die m. W. noch nicht publizierte Dissertation von Plate »Studie zur antiautoritären Arbeiterbewegung« (1978) zu nennen.

6 Aus anarchistischer Sicht und deren »konstruktive« Aufbauarbeit betonend: Leval, Das libertäre Spanien (1976); auch die Kämpfe und ideologischen Differenzen zwischen Anarchismus und Marxismus belegt die Quellensammlung von Bernecker (Hg.), Kollektivismus und Freiheit (1980); sehr anschaulich vermitteln Souchy (1975), Orwell (1975) und Enzesberger (1981) die Ereignisse dieser Zeit.

7 Eine Geschichtsschreibung aus libertärer Sicht über die Russische Revolution findet man bei Volin, Die unbekannte Revolution Bd. 1–3 (1974ff.); Speziell die anarchistisch orientierte Machno-Bewegung ist dargestellt in Arschinoff, Geschichte der Machno-Bewegung (1974); Zusammenhänge zwischen Anarchismus, Rätebewegung und russische Genossenschaftstradi-

tionen werden analysiert in Rothe, Der russische Anarchismus und die Räte-bewegung 1905 (1978).

8 Einblicke in anarchistisches Denken, in die anarchistischen Bewegungen und Mentalitäten gewinnt man durch die Autobiographie einiger Anarchisten: Kropotkin (1973 – leider gekürzt); Goldmann (1978); Mühsam (1977); Rocker (gekürzt); Souchy (1977).

9 Die organisatorischen und politischen Unterschiede von »antiautoritär«, »anarchistische« und »syndikalistisch« sind nur in bezug auf die Geschichte der (Arbeiter-)Bewegung zu klären. Als »Antiautoritäre« bezeichneten sich die Gegner der von Marxanhängern dominierten »Internationale«, die sich der Zentralisierung und Kompetenzerweiterung des »Generalrates« wider-setzten und sich statt dessen für eine föderalistische Struktur entschieden. Sie lehnten ferner die Programmatik einer Eroberung des Staates auch durch Parlamentsmehrheiten ab und propagierten eine Zerstörung und Ersetzung des Staates durch dezentral-föderalistisch strukturierte Gewerkschaftsorganisationen. Dieser antiautoritären Strömung gehörten auch Anarchisten wie Bakunin an. Sie hatte ihre Basis in den romanischen Ländern. Nachdem ab 1872 die antiautoritäre Bewegung zerfiel, bildeten sich ab 1890 Gewerkschaften (= französisch: Syndikate), deren Organisationsform denen der Antiautoritären und Anarchisten entsprachen. In ihnen waren auch die Anarchisten organisiert. Das anarchistische Dogma von der Zerstörung des Staates kann nicht als elementarer Bestandteil des Syndikalismus bezeichnet werden, war aber eine Zielsetzung des »revolutionären Syndikalismus«; anarchistisch war auch dessen Weigerung, sich am Parlamentarismus zu beteiligen. Anarchisten verloren ab 1872 zunehmend ihren Rückhalt in der Arbeiterbewegung und gerieten in die Isolation.

10 Die Vertreter der »Arbeiteropposition« (u. a. Kollontaj, Sljapnikov) plädierten für mehr Demokratie innerhalb der Partei, vor allem aber dafür, die Leitung der Produktion in die Hände der Gewerkschaften zu legen, die ihrerseits unabhängig von der Partei »von unten nach oben« über Räte organisiert werden sollten. Diese Arbeiterorganisationen wurden von Lenin bekämpft, ihre Anhänger wurden schließlich verbannt oder hingerichtet. (Anweiler 1958, 308 ff.)

11 Puder (1981) arbeitet an Äußerungen und Theoriezusammenhängen von Marx und Engels typische Merkmale konservativen Denkens heraus: Zeit ist in Analogie zu biologischen Abläufen als Reifungsprozeß verstanden, in denen keinerlei Brüche stattfinden; Zeit ist als regelmäßiger Ablauf gedacht. Die Zeitauffassung einiger Anarchisten hingegen läßt revolutionäre von Menschen schlagartig bewirkte Veränderungen zu. Weitere Indikatoren konservativen Denkens sieht Puder darin, daß das »kulturelle Erbe« nicht in Form von Kulturkritik angegriffen wird, daß auch nach der Revolution Autorität für notwendig gehalten wird, daß Analogien verwandt werden wie »Staatsschiff«, daß häufig Züge von Massenverachtung und Elitedenken vorzufinden sind.

12 Es sei hier außer acht gelassen, ob und in welchem Verständnis der Begriff des Gesetzes mit dem Anarchismus vereinbar ist.

13 Der »bürgerliche« Soziologe Max Weber charakterisiert den Staat als einen »politischen Anstaltsbetrieb«, der mit Hilfe eines »Verwaltungsstabes erfolgreich das Monopol legitimen physischen Zwangs für die Durchführung der Ordnung in Anspruch nimmt«. (1972, 29)

14 Der führende Organisator der terroristischen Kampftruppe der Sozialrevolutionären Partei Rußlands war nachweislich ein Polizeispitzel. Unter seiner Regie wurden die erfolgreichen Attentate auf den Innenminister Plehwe und den Großfürsten Sergius verübt. Von ihrer politischen Einstellung her waren die Terroristen teilweise sehr gemäßigte Sozialisten, also keinesfalls Anarchisten. Diese Zusammenhänge werden sehr anschaulich in der Autobiographie des russischen Terroristen Boris Savinkov (Erinnerungen eines Terroristen, 1985).

>Eroberst du den Staat, so hast du ihn, und er hat
dich, und du bist gewesen.«

*Alfred Döblin*

>Nur eine vollstrukturierte Gesellschaft wird das
Erbe des Staates antreten können.«

*Martin Buber*

# III Gesellschaftsorganisatorische Alternativen im Anarchismus

In den folgenden Kapiteln sollen einige Alternativkonzepte aus der anarchistischen Tradition vorgestellt werden, um im Anschluß daran auf
mögliche libertäre Perspektiven hinzuweisen. In Anbetracht der Heterogenität anarchistischen Denkens kann nicht detailliert jeder Theorie-
ansatz dargelegt werden. Ich konzentriere mich auf die m. E. wichtigsten anarchistischen Theoretiker und hier insbesondere auf Vorstellungen, die für eine aktualisierende Wiederaneignung fruchtbar zu machen
sind.[1] Die gesellschaftsorganisatorischen und ökonomischen Entwürfe
im Anarchismus (Kapitel III und IV) werden nicht chronologisch dargestellt, sondern werden aufgrund konzeptioneller Ähnlichkeiten einander zugeordnet.[2]

Um an die einleitende Erörterung des Gesellschaftsbegriffs im Anarchismus anknüpfen zu können, soll kurz auf Schriften Martin Bubers
eingegangen werden. Buber entwickelt in seinem Buch »Pfade in Utopia« vor allem an den Schriften der Anarchisten Proudhon, Kropotkin
und Landauer einen Begriff von Gesellschaft, mit dem er das Staatsprinzip vom Gesellschaftsprinzip unterscheidet. Das *Prinzip »Gesellschaft«*, verstanden als soziale Strukturierung des menschlichen Zusammenlebens durch dezentrale vielfältige Assoziationen und Verbindungen, stellt er dem herrschaftlich-zentralistischen *Staatsprinzip* gegenüber. Im Unterschied zu den Anarchisten schließen sich allerdings bei
Buber Gesellschaft und Staat nicht eindeutig aus, sofern der Staat auf
eine »Einheitsfunktion« reduziert werde und die vielfältigen Verbindungen der Gesellschaft nicht zu absorbieren und zu hierarchisieren
versuche:

»Es geht um die Entscheidung über die Grundlage: Restrukturierung
der Gesellschaft als Bund der Bünde und Reduktion des Staates auf
seine Einheitsfunktion, oder Resorption der amorphen Gesellschaft

75

durch den allmächtigen Staat; sozialistischer Pluralismus oder ›sozialistischer Unitarismus‹;…« (1950, 233)

Da im Anarchismus das gesellschaftliche Prinzip vom staatlichen unterschieden werde, komme es in einigen anarchistischen Theorien auch zu einem Verständnis von Sozialismus, das sich deutlich vom staatssozialistisch-marxistischen abhebe. Ebenso wie die Gesellschaft, so stimmt Buber den Anarchisten zu, ist auch der Sozialismus nicht vom Staat organisierbar.[3] In Anlehnung an Landauer bestimmt Buber folgenden Begriff von Gesellschaft:

»Die Gesellschaft einer Volksgemeinschaft ist nicht aus Einzelnen, sondern aus Gesellschaften zusammengesetzt, und zwar nicht… lediglich aus Familien, sondern aus an Art, Gestaltung, Umfang und Dynamik sehr verschiedenen Gesellschaften und Gruppen, aus Kreisen, aus Vereinen, aus Genossenschaften, aus Gemeinden. (…) Insbesondere soweit sich das bloße Nebeneinander der Gesellschaften in ein Miteinander zu verwandeln strebt, soweit sich zwischen ihnen Verbindungen und Bünde aller Art entwickeln, also im sozialföderativen Bereich wirkt sich Gesellschaft aus.« (1950, 36 f.)

Buber wird hier so ausführlich zitiert, um gegenüber einem beschränkten (Selbst-)Verständnis von Anarchismus als Theorie der Staatsnegation den *konstruktiven anarchistischen Gesellschaftsbegriff* hervorzuheben. Auf dem Hintergrund des Gesellschaftsbegriffs einiger Anarchisten ist modifizierter die anarchistische Staatskritik darzulegen, zu analysieren und in ihrer »negativen Staatsfixierung« zu kritisieren.

> »Dieser Gedanke Proudhons einer Verschränkung
> von politischer und ökonomischer Föderation
> auf der Grundlage einer gesellschaftlichen
> Selbstverwaltung hat die Anarchismustheorie bis
> auf den heutigen Tag bestimmt…«
> *Arnold Künzli*

## 1. Auflösung des Zentralstaats durch Föderalismus – Proudhon

In Proudhons Spätschrift »Über das föderative Prinzip« versucht er seine ökonomischen Theorien und sein Konzept genossenschaftlicher Produktion und Selbstverwaltung im politischen Bereich zu ergänzen durch ein Konzept des Föderalismus. So wandte er das Prinzip des Mutualismus, der solidarischen Gegenseitigkeit, dessen Gültigkeit Proudhon zunächst nur auf den ökonomischen Bereich beschränkte, in seiner späten Konzeption einer politischen Dezentralisation auch auf politische Assoziationen an:

»Alle meine wirtschaftlichen Ideen, die ich seit fünfundzwanzig Jahren ausgearbeitet habe, lassen sich in diese drei Worte zusammenfassen: landwirtschaftlich-industrielle Föderation. Alle meine politischen Ideen lassen sich auf eine ähnliche Formel zurückführen: politische Föderation oder Dezentralisation.« (1963, 263)

Wirtschaftsverträgen ähnlich sollen Föderationsverträge auf dem Prinzip des freien Beitritts beruhen. Wenn sich Kommunen zu Provinzen verbinden, sollen damit seitens der Kommune nicht die eigenen Rechte und Entscheidungsbefugnisse bedingungslos aufgegeben werden. Proudhon definiert den Föderationsvertrag so: »Ein zweiseitiger, auf Austausch gerichteter Vertrag über einen oder mehrere bestimmte Gegenstände, dessen wesentliche Bedingung es jedoch ist, daß sich die Vertragsschließenden stets einen Teil ihrer Souveränität und Handlungsfreiheit vorbehalten, der größer ist als der, den sie aufgeben.« (1963, 232)

Die kleinsten Einheiten der Föderation müßten überschaubar bleiben und ohne Repräsentativorgane arbeiten können. In den föderativen Zusammenschlüssen dieser Einheiten sollen sich die Befugnisse der »Zentralgewalten« auf zuvor vertraglich vereinbarte und kündbare Aufgaben und Leistungen beschränken. Mit zunehmender Größe der Föderation sollen sich die Befugnisse der »Zentralgewalten« gegenüber den Basiseinheiten und unteren Föderationen verringern. Die Entscheidungsträger der »Zentralgewalten« werden von den unteren Einheiten delegiert. Für Proudhon gilt der Grundsatz, daß die Gesellschaft derart umzustrukturieren ist, daß möglichst viele Entscheidungen dezentral von den Basiseinheiten getroffen werden können. Das schließt überregionale Zusammenschlüsse, selbst eine weltweite Kooperation nicht aus. Die Vertretungen der Provinzen, der »Staaten« und der Welt haben begrenzte Entscheidungskompetenzen, sind aber nicht in allen Entscheidungen abhängig von den jeweiligen Basiseinheiten. Ein solches System gewährleistet bei Freiheit und Unabhängigkeit der unteren Ebene die Koordination der politischen Einheiten und stellt eine organisatorische Grundlage für ökonomische und politische Absprachen und Planungen dar.

Getragen ist die politische Föderation durch das jeweilige Interesse der Beteiligten, das auf der Basis einer solidarischen Gegenseitigkeit verfolgt wird. Im Mutualismus Proudhons, dem Prinzip der solidarischen Gegenseitigkeit, kommen auch Elemente eines individualistisch verstandenen Tauschdenkens zum Tragen: Die politische Föderation, so Proudhon, »… rührt weder vom einseitigen oder Wohltätigkeitsvertrag her, noch von den Institutionen der Nächstenliebe; sie ist dem gegenseitigen und auf Austausch gerichteten Vertrag eigen.« (1963, 260)

Proudhon setzt nicht, wie die »Individualanarchisten« Stirner, Mackay, Warren u. a., das sich selbst regulierende egoistische Gegeneinander der Interessen voraus, sondern versteht vertragliche Vereinbarungen zwischen Individuen vor allem unter dem Aspekt einer solidarischen, wechselseitig vorteilhaften Kooperation, die den Vertragspartner nicht zum bloßen Mittel zur Befriedigung eigener Interessen degradiert.[4]

Obwohl Proudhon seine föderalistische Idealgesellschaft »Anarchie« nennt, verwendet er für die politischen Einheiten die Bezeichnung »Staat«. Er versteht darunter eine über Verträge mit einzelnen und Gruppen zustandegekommene Institution. Ein solcher Staat spielt die »… Rolle des Gesetzgebers, des Einrichtenden, Schöpfenden, Einsetzenden – und am wenigsten die Rolle des Ausführenden… Der Staat ist kein Unternehmer für öffentliche Dienstleistungen,…« (1963, 234) Der Staat solle »Nationalbanken, Kreditinstitute, Versicherungsinstitute«, auch das Schulwesen, Eisenbahnen, die Post und dergleichen initiieren und sich dann von diesen Funktionen zurückziehen. (1963, 235)

Im Gegensatz zu späteren Anarchisten glaubt Proudhon derartige »staatliche« Institutionen im Rahmen eines föderativen Systems mit dem Ideal der Anarchie vereinbaren zu können. Anarchie versteht Proudhon also als einen Zustand, in dem die Herrschaftsgewalt durch Verteilung nivelliert ist, als eine Gesellschaft ohne politische Repression und ohne Zentralstaat, als einen Freiraum, der freie Initiativen, Selbstverwaltung und eine Selbstorganisation der Interessen ermöglicht und unterstützt. Proudhons Staatskritik ist zu differenziert, um ihn, wie dies vielfach bei Bakunin oder auch bei heutigen »Anarchos« geschieht, zum Inbegriff des Bösen zu stilisieren. Proudhon kritisiert vielmehr nur bestimmte, aber wesentliche Funktionen des Staates und entwirft Alternativen. Ihm geht es nicht um eine revolutionäre Zerstörung des Staates, sondern um den sukzessiven Aufbau einer neuen dezentralen Gesellschaft, die durch vielfältige und miteinander verflochtene Beziehungen von einzelnen und Gruppen strukturiert ist.[5]

So ist in bezug auf die Organisation der Gesellschaft das Ziel der Umgestaltung, staatliche Funktionen in gesellschaftliche zu überführen, also zu vergesellschaftlichen. Proudhon spricht davon, »den Staat in die Gesellschaft zu absorbieren«. (Nettlau, o. J., II, 145) Damit deutet sich bereits bei Proudhon ein Gedanke an, der später von Landauer ausgeführt wird: Staat ist nicht primär als »Raumgebilde« oder als handelnde Institution verstanden, sondern als ein herrschaftlich-zentralistisches Ordnungsprinzip, das selbstbestimmte, direkte freie Vereinbarungen zwischen Individuen verhindert und einer dezentral strukturierten und selbstverwalteten Gesellschaft entgegensteht.

Es bleibt festzuhalten, daß Proudhons Zentralismus- und Herrschaftskritik trotz aller sozialer und gemeinschaftlicher Komponenten von individualistisch-liberalistischen Elementen geprägt ist. Primär erfolgt also eine Aufwertung des Individuums und seiner Tauschverträge gegenüber dem Staat und nicht eine Aufwertung der Gesellschaft gegenüber dem Staat, wie bei Landauer, obwohl durchaus Ansätze eines »Gesellschaftsbegriffs« im Sinne Bubers vorhanden sind.

> »Staat ist ein Verhältnis, ist eine Beziehung
> zwischen Menschen, ist eine Art, wie
> die Menschen sich zueinander verhalten.«
>
> *Gustav Landauer*

## 2. Staat und »geschichtete« Gesellschaft – Landauer

Die Föderalismuskonzepte Proudhons und Landauers divergieren im äußerlichen organisatorischen Aufbau nur darin, daß bei Landauer der Aspekt der Dezentralisierung und Autonomie noch deutlicher in Erscheinung tritt. Auch Landauer versteht Föderation als Vertrag, der auf dem Weg »... des individuellsten Individualismus und der Neuentstehung der kleinsten Körperschaften: der Gemeinden vor allen anderen...« basiert, und sich, ausgehend von den Gemeinden, weltweit ausdehnt: »Das größte Außen, das je auf Erden war, muß geschaffen werden und bahnt sich in den privilegierten Schichten schon an: die Erdmenschheit; (...) Das Umfängliche gilt es zu bauen, und im Kleinen muß der Bau begonnen werden;...« (1978, 116)

Die föderativen Strukturen bilden sich auf der Grundlage kleiner Einheiten und ermöglichen eine Restrukturierung von Gesellschaft: »Gesellschaft ist eine Gesellschaft von Gesellschaften von Gesellschaften; ein Bund von Bünden von Bünden; ein Gemeinwesen von Gemeinschaften von Gemeinden; eine Republik von Republiken von Republiken.« (1978, 131)

Bei weitgehender äußerer Übereinstimmung mit Proudhon basiert das Denken Landauers auf einem Begriff von *Geist und Gemeinschaft*, der sich von Proudhons Prinzip des Mutualismus durch ein Zurücktreten des Aspekts der Gegenseitigkeit des Nutzens und der egoistischen Tauschmotivation unterscheidet. Landauers Staatsablehnung erhält damit eine zusätzliche Komponente: Der Staat ist nicht nur nutzlos, er verhindert eine durch freie Vereinbarung und gemeinschaftlich-dezentrale Verbindungen strukturierte Gesellschaft, sondern er ist darüber hinaus auch der Inbegriff von »Ungeistigkeit« und »Kulturlosigkeit«.

Landauer kennzeichnet den Staat als eine Zwangsanstalt, die mangels verbindenden »Geistes« die »natürlichen« und »gewachsenen« Beziehungen der Menschen untereinander – diese nennt er »Volk« – ersetzt durch die Willkür einer vereinheitlichenden künstlichen Großorganisation, die »Nation« genannt würde. An die Stelle von »Schichtung«, d. h. an die Stelle von »geistvoller« zwischenmenschlicher Beziehung im »Volk«, von Brauchtum und »gewachsenen« und auf Gegenseitigkeit basierenden Institutionen, trete der »geistlose« Staat, der durch Zentralisierung und Hierarchisierung die zuvor dezentral und partnerschaftlich funktionierenden Gesellschaftsorganisationen verdränge. Staatliche Herrschaft trete an die Stelle eines strukturierten Gesellschaftsorganismus. In diesem Sinne unterscheidet Landauer Gesellschaft und Staat, Geist und Geistlosigkeit: »Wo Geist ist, da ist Gesellschaft. Wo Geistlosigkeit ist, ist Staat. Der Staat ist das Surrogat des Geistes.« (1978, 19)

Mit den Begriffen Geist und geschichtete Gesellschaft, Geistlosigkeit und Staat unterscheidet Landauer historische Gesellschaften. Der Staat erstarkt nach Landauer immer dann, wenn der »Geist der Gemeinde« seine gemeinschaftsbindende Kraft verliert. In Zeiten zunehmender »Geistlosigkeit« und staatlicher Repression leben die Menschen atomisiert als entwurzelte und staatlich organisierte Masse. In solchen Epochen fehlenden Gemeinschaftsgeistes – Landauer kennzeichnet so die Neuzeit und das Römische Reich vor dessen Verfall – tritt nach Landauer der Geist als kritischer Individualismus auf und empört sich gegen die geistlose staatliche und kirchliche Autorität, wirkt sich als Kritik destruktiv und zersetzend aus und bereitet so die neue Phase einer durch Gemeinschaftsgeist strukturierten Gesellschaft vor. (1974, 48)

Landauer nennt die Phase der Kritik und Ungebundenheit des Geistes »U-Topie«. Der Utopie ordnet er den Begriff »Revolution« zu und führt als Beispiel einer Epoche die Aufklärung und als Philosophie den Individualanarchismus Stirners an. Dieser Phase setzt er die »Topie« entgegen, in der der Geist als Gemeinschaftsgeist seinen Ort findet.

(1974, 14–17) Im Blick auf die künftige strukturierte Gesellschaft beschreibt Landauer das Mittelalter als »Topie«, also als Epoche, die charakterisiert ist durch eine »... Gesamtheit von Selbständigkeiten, die sich gegenseitig durchdrangen, die sich durcheinander schichteten, ohne daß daraus eine Pyramide oder irgendwelche Gesamtgewalten geworden waren. Die Form des Mittelalters war nicht der Staat, sondern die Gesellschaft, die Gesellschaft von Gesellschaften.« (1974, 43)

Revolution als »materielles« Ereignis ist nach Landauer nur eine kollektive Realisierung der »u-topischen« Kritik in Zeiten, in denen die Tendenz einer »Schichtung« der Gesellschaft einem hierarchischen Staat gegenübersteht, und diese Unvereinbarkeit gesellschaftlicher Strukturen und gewaltsamer staatlicher Eingriffe eskaliert. Eine materielle Revolution ist jedoch in keinem Fall zwingend.

Der Zeit angepaßt und auf anderer ökonomisch-technologischer Ebene als auf das Mittelalter gestellt, solle die Epoche der »Geistlosigkeit« und der staatlichen Gewalt abgelöst werden durch eine entstaatlichende Neuschichtung der Gesellschaft ohne Hierarchie und Zentralismus. Eine derartige künftige Ordnung, bestehend aus der »Synthese von Freiheit und Gebundenheit«, sei, so hebt Landauer hervor, *nicht* als »Wiederbelebung« des Mittelalters möglich.

Zum Verhältnis von Individuum, Staat und Gesellschaft merkt Landauer an: Individualismus, verstanden als Abgrenzung des einzelnen gegenüber der (staatlich organisierten) Gesellschaft, könne nur in Zeiten staatlicher, d. h. geistloser und autoritärer Organisationsformen auftreten. Nur in einer solchen ungeschichteten Gesellschaft könnten sich soziale Organisationen gegen die individuellen Freiheitsbedürfnisse richten.

In »geschichteten«, »geistigen« Gesellschaften seien dagegen die Beziehungen des Individuums zu seinen Institutionen und zu seinen Mitmenschen nicht als Gegeneinander zu denken, sondern als Miteinander; Individuen, die in eine geschichtete Gesellschaft integriert sind, bedürfen keiner Selbstbehauptung gegenüber dieser Gesellschaft. Dementsprechend sieht Landauer in der menschlichen Sozialität nicht nur den Ausgleich des Mangels, nicht allein überleben zu können. Vielmehr versteht Landauer die menschliche Sozialität *positiv* als gegenseitige Bereicherung der Individuen. Dieses Verständnis von menschlicher Sozialität weist wiederum zurück auf den Gesellschaftsbegriff Landauers und auf seine Ablehnung des Staates.

Folgt man Landauer, dann basiert Staat, oder besser: eine politische Theorie, welche staatliche Organisationsstrukturen für notwendig hält, auf der Voraussetzung, daß sich Menschen nur aus dem (»negativen«) Grund zusammenschlössen, um ihr Überleben gegen widrige Naturzustände zu sichern, und daß es einer herrschaftlichen Regulierung dieser Überlebenssicherung bedürfe. Landauer ist hingegen mit anderen Anarchisten der Auffassung, daß eine staatliche Regulierung menschlichen Zusammenlebens nicht nur überflüssig sei, sondern auch eine auf freier Vereinbarung und dezentraler Selbstverwaltung basierende »geschichtete« Gesellschaftsordnung verhindere. Viele Anarchisten, vor allem die sozialistisch oder kommunistisch orientierten, verstehen das Zusammenleben der Menschen und die Bildung von Gesellschaften nicht als etwas, was aus Gründen des individuellen Überlebens erzwungen ist. Vielmehr verstehen sie die menschliche Gesellschaftlichkeit unter dem Aspekt einer quasi »natürlichen« Sozialität des Menschen.

Von anderen Anarchisten unterscheidet sich Landauer, daß er den Staat nicht dem Individuum entgegenstellt, sondern (dem Ideal) der strukturierten Gesellschaft (in der das Individuum integriert ist). Die Konfrontation Individuum – Staat sei lediglich Ausdruck einer fehlenden Integrationskraft der staatlich strukturierten Gesellschaft. Gegenüber dem »individualistischen« Proudhon, bei dem der Zentralstaat und das Individuum die eigentlichen Kontrahenten sind, gewinnt die Gesellschaft bei Landauer eine eigene Qualität. Geschichtete Gesellschaft (oder Sozialismus oder Anarchie) ist nicht die Summe der Einzelhandlungen freier Individuen; ihre Ordnung und Struktur basiert zwar auf Freiwilligkeit, erschöpft sich aber nicht in einzelnen freien Vereinbarungen.

Besonders von Bakunin, aber auch von Kropotkin unterscheidet sich Landauers Staats- und Anarchie-/Sozialismusbegriff dadurch, daß er nicht annimmt, der Staat sei etwas, das man in einer Revolution abschaffen könne. Staat ist ebenso wie Sozialismus eine Art und Weise, wie sich Menschen zueinander verhalten. Staat ist nur in dem Maße zu beseitigen, wie tatsächlich andere (sozialistische, gesellschaftliche) Beziehungen sich zwischen Menschen entfalten. Interessant scheint mir in diesem Zusammenhang, daß auch im äußeren Rahmen einer staatlich dominierten Gesellschaft sozialistische Beziehungen denkbar sind – selbst eine »Absorbierung des Staates in die Gesellschaft« (Proudhon) – durch sukzessive Ersetzung herrschaftlicher Beziehungen durch sozialistische. Landauer dachte eher an eine Entstaatlichung durch Rückzug aus den staatlich organisierten Bereichen der Gesellschaft; jedenfalls plädiert er für einen »Austritt« und ein »Beginnen« mit sozialistischen Beziehungen in Siedlungsgenossenschaften. (vgl. u. a. 1977, 120)

>Selbst wenn er (der Staat – d. Verf.) das Gute
befiehlt, verdirbt und beschmutzt er es,
... weil das Gute, wenn es befohlen wird... das
Übel wird.«

*Micháil Bakunin*

## 3. Rätevertretungen und Föderalismus – Bakunin

Bakunin propagiert im Namen des »Lebens«, der »Freiheit« und auch
des »Geistes«, ohne diese Begriffe inhaltlich zu präzisieren, die radikale
Abschaffung und Zerschlagung des Staates. Der folgende Ausspruch
Bakunins läßt sich so nicht nur als Destruktion durch radikale Kritik
verstehen, sondern durchaus als revolutionäres Prinzip: »Laßt uns also
dem ewigen Geist vertrauen, der nur deshalb zerstört und vernichtet,
weil es der unergründliche und ewig schaffende Quell allen Lebens ist. –
Die Lust der Zerstörung ist zugleich auch eine schaffende Lust!« (Zitiert nach Joll 1969, 42) Das zu Zerstörende ist bei Bakunin vor allem
der Staat als Herrschaftsform und Garant ökonomischer Ausbeutung.
Bakunin scheint sich in einen Haß auf den Staat hineinzusteigern, der
ihn zu keinem analytischen Gedanken mehr kommen läßt.[6]

Diese emotionale Überlastung des Staatsbegriffs führt bei vielen Anarchisten zu einer negativen Staatsfixierung. Gegen derlei Vereinfa-
chungen, die eine differenziertere Staatskritik blockierten, wenden sich
auch Anarchisten, wie hier Malatesta: »Wir stoßen immer auf das Vorurteil, daß die Regierung eine eigene Kraft sei, die von irgendwo entsteht und aus sich selbst etwas zu den vereinigten Kräften und Tätigkeiten jener Menschen hinzufügt, die sie bilden und die ihr gehorchen. Das
ist aber nicht wahr. Im Gegenteil, alles was in der Menschheit geschieht, wird durch die Menschen selbst vollbracht...« (1975, 84)

Bakunins Staatsverständnis scheint, wenn man von seinen zahlreichen epigrammatischen Aussprüchen absieht und sich den fragmenta-
rischen Argumentationen zuwendet, dem Historischen Materialismus
näher als etwa Landauers Staatsverständnis. Staat sei eine notwendige Phase in der Entwicklung der menschlichen Gesellschaft. Er ist
»... ebenso notwendig wie die anfängliche tierische Natur und die theo-
logischen Verwirrungen der Menschen. Der Staat ist aber keineswegs
die Gesellschaft, er ist nur eine ebenso brutale wie abstrakte historische Form der Gesellschaft.« (o. J., 132)

Die jeweilige Gesellschaft, so geht aus Bakunins Äußerungen hervor,
bestimmt alle Individuen, die aus ihr hervorgehen. (o. J., 134 f.) In der
Entschiedenheit dieser Aussage steht Bakunin wiederum seinen marxi-

stischen Konkurrenten ideologisch näher als etwa Landauer, der dem freien Willen und der intellektuellen und emotionalen Einsicht eine größere Bedeutung zuschreibt und den Menschen nicht als ein Wesen versteht, das den Einflüssen seiner Umwelt ausgeliefert ist. Bakunin selbst scheint es nicht zu stören, daß diese Auffassung in einem Widerspruch mit seinem Freiheitspathos steht. Auch lehnt Bakunin sich an das Basis-Überbau-Theorem von Marx/Engels mit seinen erkenntnistheoretischen Implikationen an und scheint dies auch noch undialektisch und mechanistisch zu verstehen: Ideen und Vorstellungen seien »Spiegelungen«, die »ideale Wiedergabe« ihrer materiellen, gesellschaftlichen Grundlage. Dieser Gedanke, daß »... alle religiösen, politischen und juristischen Entwicklungen in der Geschichte nicht Ursachen, sondern Wirkungen der ökonomischen Entwicklungen sind«, ist, wie Bakunin selbst hervorhebt, von Marx übernommen. (1979, 806)

Bei Bakunin vermißt man einen Gesellschaftsbegriff, wie er in Ansätzen bei Proudhon zu finden und schließlich bei Landauer ausgeführt ist. So beschreibt Bakunin denn auch die neue anarchistische Gesellschaft als ein relativ starres und festgefügtes Ordnungssystem. Die Vorstellung, daß sich eine Gesellschaft aus sich selbst heraus strukturiert und daß sich ihre Mitglieder dezentral selbst organisieren und in überregionalen Belangen kooperieren, scheint ihm fremd. Jedenfalls ist Bakunins Föderalismuskonzept »monoform«. Er entwirft ein gigantisches pyramidiales Organisationsmodell, in dem die Kompetenzverteilung zwischen den einzelnen Einheiten festgelegt sind. So konzipiert er, obwohl er häufig sein Vertrauen auf die Spontaneität des Lebens bekundet, einen »Freiheitsbau« (Nettlau, o. J. II, 34), der kaum in der Lage ist, für freiheitliche Organisationsformen und »Gesellschaft« Gelegenheit zu bieten.

So greift Bakunin etwa im »Revolutionären Katechismus«[7] zwar auf das Proudhonsche föderalistische Organisationsprinzip zurück, vernachlässigt jedoch den Aspekt der uneingeschränkten und freien Selbstorganisation der Individuen und Gruppen, zugunsten eines Konzepts einer weltweiten Organisation »von unten nach oben«. Bakunins Vorliebe, detaillierte Organisationspläne für konspirative Geheimgesellschaften zu entwerfen[8], scheint sich auch auf die nicht-konspirativen föderalistischen Organisationsformen ausgewirkt zu haben. Dies würde jedenfalls erklären, weshalb Bakunin im Rahmen des Aufbaus der Föderationen »von unten nach oben« die Kompetenzverteilung derart modifiziert, daß sich die »unteren« Ebenen der Föderation (z. B. die »Provinzen«) in ihren Verfassungen der »oberen« Ebene (z. B. der »Nationalverfassung«) unterwerfen müssen, ebenso wie sich auch das

Provinzgericht der Nationalgerichtsbarkeit zu unterwerfen hat. (1979, 11 ff.)

Bakunin beschreibt – fast so detailliert wie die Organisation der konspirativen Geheimgesellschaften – die hierarchische Struktur einer globalen Föderation, die sich zwar »von unten nach oben« über Räte und Räteversammlungen organisiert, in der aber im Gegensatz zu Proudhon sich die »unteren« Ebenen mit ihren Parlamenten, Verfassungen, Komitees und Gerichten in den zentralen Inhalten ihrer »Verfassungen« und in überregionalen Belangen den Beschlüssen der »oberen« Ebenen bei Androhung eines Ausschlusses aus der Föderation fügen müssen. Mit diesem »Räte-Demokratie-Modell« stellt Bakunin, wie ich meine, den eigenen anarchistischen Ansatz in Frage, der mehr oder weniger deutlich in seinen Theoriefragmenten und Marxismuskritiken zum Ausdruck kommt. Camus geht sogar so weit, zu behaupten: »Bakunin hat ebenso wie sein Gegner Marx Bausteine zur Leninistischen Doktrin geliefert.« (1969, 130)

> »... eine Gesellschaft, die den durch das Gesetz vorgefaßten, erstarrten Formen widersteht, aber die die Harmonie im stetig wechselnden und flüchtigen Gleichgewicht zwischen den vielfachen und verschiedenen Kräften und Einflüssen... sucht...«
>
> *Peter Kropotkin*

## 4. Kommunalismus und Föderalismus – Kropotkin

Auf Kropotkins (»wissenschaftliche«) Ethik bzw. Anthropologie der »gegenseitigen Hilfe« wurde bereits einleitend näher eingegangen. Die darauf basierenden Vorstellungen einer alternativen Ökonomie unterschieden sich, so wurde auch bereits gezeigt, sehr deutlich von denen Bakunins, da Kropotkin eine anarchistische Gesellschaft als eine variable, vielschichtig-vernetzte und sich in ständiger Veränderung befindliche Ordnung dachte, in der es keines festen organisatorischen und institutionellen Rahmens bedarf. Anarchie ist für Kropotkin eine nicht-hierarchische, sich selbst regulierende Ordnung. Da dieses Gesellschaftsmodell bereits einleitend in seinen anthropologischen Grundlagen vorgestellt wurde, kommen wir nun zur Staatskritik Kropotkins und zu seinem Gesellschaftsbegriff.

Kropotkin sah in der Gegenseitigen Hilfe und in der freien Vereinbarung die Prinzipien einer anarchistischen Gesellschaft, in der sich Individualität und Sozialität, Egoismus und Solidarität nicht ausschließen, sondern verbinden. Nur durch das Verfolgen von individuellen und Gruppeninteressen und durch eine solidarische, auf Gegenseitigkeit basierende Kooperation sei es möglich, den vielfältigen Bedürfnissen der Menschen gerecht zu werden. Die organisatorischen Voraussetzungen seien dezentrale Entscheidungsstrukturen und überregionale Föderationen für Angelegenheiten, die einer Kooperation bedürfen.

Der Staat, so Kropotkin, versuche nun partikularistische Tendenzen auszuschalten, er verbiete selbstorganisierte Verbindungen von Arbeitern und Bauern und versuche seine hierarchischen Strukturen in allen gesellschaftlichen Bereichen durchzusetzen: »Kein Staat im Staate!‹ Der Staat allein und die Staatskirche dürfen sich um öffentliche Angelegenheiten kümmern, während die Untertanen lose Haufen von Individuen vorstellen müssen, die keine besondere Verbindung untereinander haben und verpflichtet sind, sich jederzeit, wenn sie eine gemeinsame Not empfinden, an die Regierung zu wenden.« (1975, 208)

Gegen diese Konstellation – hier die Masse der atomisierten Menschen, dort der Staat, dem diese vereinzelt und abhängig gegenüberstehen – würde sich, so die Erwartung Kropotkins, in der Geschichte schließlich eine gegenläufige Tendenz durchsetzen. Der Staat könne den vielfältigen sozialen, materiellen und kulturellen Bedürfnissen der Menschen nicht mehr genügen und habe sich bereits »als Form der menschlichen Organisation überlebt«. (1978, 16) Die Tendenz zur Niederreißung der staatlichen Macht bereitet sich nach Kropotkin in der Herausbildung neuer Formen der Kooperation und Solidarität vor, so daß »nichts« das geschichtliche Zeitalter verhindern könne, in dem das Prinzip der »gegenseitigen Hilfe« in einer aus vielfältigen freien Vereinbarungen bestehenden Gesellschaft realisiert werde. Derartige gesellschaftliche Organisationsformen seien in der Geschichte latent vorhanden, sie bildeten eine von zwei gegenläufigen Tendenzen. In der einen sei das Solidaritätsprinzip der Gegenseitigen Hilfe realisiert in einer föderativen, genossenschaftlichen und auf Gemeinschaftlichkeit basierenden Strukturierung aller Lebensbereiche, während die Gegenströmung gekennzeichnet sei durch Zentralismus, Ausbeutung und Herrschaft:

»Durch die gesamte Geschichte unserer Kultur ziehen sich zwei Traditionen, zwei entgegengesetzte Strömungen; die römische Tradition und die volkstümliche, die kaiserliche Tradition und die eidgenössische, die autoritäre Tradition und die freiheitliche. (...) Wir schließen uns jener Strömung an, welche im zwölften Jahrhundert die Menschen antrieb, sich zu organisieren auf der Grundlage der freien Vereinbarung der freien Initiative des einzelnen, der freien Föderation der Interessenten.« (o. J., 44)

In dieser Geschichtsdeutung ist, im Gegensatz zu autoritären Formen staatlicher Organisationen, der Begriff einer im Sinne von Landauer/Buber gemeinten strukturierten Gesellschaft vorhanden. Das konstruktive Gesellschaftskonzept Kropotkins ist geprägt vom Prinzip der freien Vereinbarung; sein Gesellschaftsbegriff unterscheidet sich jedoch einmal von dem Proudhons, da der Aspekt des individualistisch-liberalistischen (Waren-)Tauschdenkens durch das Prinzip der Gegenseitigen Hilfe eine eher soziale oder sozialistische Komponente erhält. Zum anderen unterscheidet er sich aufgrund der fortschrittsoptimistischen Geschichtsdeutung und deren angeblich naturwissenschaftlichen Grundlegung von dem Landauerschen.

>>Eine Regierung der Mehrheit der von der Mehrheit der Wähler Gewählten.<<

*Errico Malatesta* über die Demokratie

## 5. Zur Kritik von Anarchisten an der parlamentarischen Demokratie

Diejenigen unter den Anarchisten, deren theoretische Bemühungen in der Staatsfrage sich in einer pauschalen Staatsablehnung erschöpften, hatten es leicht, die parlamentarisch-demokratischen Staaten ebenso abzulehnen wie diktatorische oder faschistische. Infolgedessen wurde in der Anarchismusrezeption häufig auch die anarchistische Grundintention einer umfassenden Herrschaftskritik auf eine einfache Negation des Staates reduziert. Ein solches reduziertes Anarchismusverständnis findet sich jedoch nicht bei allen Anarchisten. Eine dogmatische Erstarrung der Staatsablehnung und die unflexible »politische Abstinenz« der Anarchisten war angesichts der Erfolge der Arbeiterparteien in den Parlamenten im Kampf um politische Freiheiten und bessere materielle Lebensbedingungen (innerhalb der Arbeiterbewegung) nur schwer zu vertreten und stellt sicher auch einen Grund dafür dar, daß die Anarchisten in die Isolation getrieben wurden.

Bemerkenswert ist hingegen die Tatsache, daß sich Anarchisten in revolutionären Situationen durchaus kompromißbereit gezeigt haben. Während des Spanischen Bürgerkrieges beteiligten sich Anarchisten an einer Volksfrontregierung in Katalonien; Landauer kandidierte im Zuge der Münchener Räterepublik auf einer Liste der USPD. Anarchisten wußten sich also durchaus den jeweiligen Situationen anzupassen und nutzten in bestimmten Situationen auch politische Wahlen, um ihre Vorstellungen zu realisieren.

Derartige Kompromisse setzten voraus, daß die Staatskritik modifiziert wurde. Bei aller Radikalität seiner Staatskritik verabsolutiert etwa der Anarchist und Syndikalist Rocker den Staat nicht zum Inbegriff allen Bösen. Dies erlaubt ihm, in Hinblick auf verschiedene Formen der Gesellschaftsveränderung zwischen einer bürgerlich-demokratischen Demokratie mit gewissen Freiheitsrechten und autoritären oder gar faschistischen Staaten zu unterscheiden. (1980, Bd. 2, 22ff.)

In Anbetracht der anarchistischen Auffassung, daß durch Propaganda und Aufklärung Gesellschaftsveränderungen initiiert werden können und sich diese keineswegs durch ökonomische Gesetzmäßigkeiten von selbst einstellen, kam den Möglichkeiten der Pressefreiheit und Versammlungsfreiheit in demokratischen Staaten große Bedeutung zu. Umgekehrt wurde auch in der Staatsideologie und im Untertanengeist ein wesentlicher Faktor der staatlichen Herrschaft gesehen. Demokratische Staaten bieten also der Propaganda und Aufklärung einen gewissen Spielraum, benutzen aber die gewährten Freiheiten und partiellen politischen Mitbestimmungsrechte, um sich die notwendige Legitimationsgrundlage zu schaffen für die gegebenenfalls gewaltsame Unterordnung der individuellen Freiheit und der individuellen Interessen unter die des Staates, der für sich beansprucht, das Allgemeininteresse zu vertreten. Anarchisten wenden sich nun gegen den Anspruch der Massendemokratien, zumal der zentralistisch organisierten, optimal die Interessen der Individuen zum Ausdruck bringen zu können.

Auch bei Malatesta und Kropotkin finden sich differenziertere Stellungnahmen, wenn auch für sie Kompromißbereitschaft gegenüber Staat und Parlamentarismus tabu blieben. So lehnt Malatesta die parlamentarische Demokratie ab, weil Demokratie sinnvollerweise nicht Herrschaft des Volkes, sondern nur »Regierung der Mehrheit des Volkes über die Minderheit« (1980, 181) bedeuten könne. Der Begriff »Demokratie« gehe von der falschen Voraussetzung aus, daß Einstimmigkeit aller einzelnen bestünde, die das Volk bildeten. Selbst der Ausdruck »Regierung der Mehrheit des Volkes« über die Minderheit sei falsch, da die Mehrheit des Volkes nicht selbst regiere, sondern deren Vertreter. Eine Demokratie, so Malatesta, sei also eine »... Regierung der Mehrheit der von der Mehrheit der Wähler Gewählten«. (1980, 182)

Malatesta sieht in Folgendem eine Alternative: »Wer also wirklich die ›Regierung des Volkes‹ in dem Sinne will, daß ein jeder seinen Willen, seine Ideen und seine Bedürfnisse geltend machen kann, der muß in einer Weise vorgehen, daß niemand, sei es die Mehrheit oder die Minderheit, über andere herrschen kann; das heißt er muß die Abschaffung der Regierung wollen, einer zwangsmäßigen Organisation und die Einsetzung durch die freie Organisation aller, die gemeinsame Interessen und Ziele haben.« (1980, 182)

Neben der Kritik, daß die parlamentarische Demokratie eine Form der Herrschaft sei, die der Selbstbestimmung und der Verwirklichung der Vielfalt der Bedürfnisse entgegenstehe, kritisieren etwa Landauer und Kropotkin, daß Volksvertretungen im Parlament, wie jede staatliche Regierung, die Tendenz hätten, Bürokratien zu bilden, welche ihre Funktionen ständig erweiterten und die freie Initiative der Individuen und Gruppen erstickten. Eine solche Ausweitung staatlich-bürokratischer Kompetenzen werde schließlich zur Folge haben, daß »von der Wiege bis zum Grabe...« alle Lebensbereiche unter »hochobrigkeitliche Aufsicht« gestellt sein würden, so Kropotkin. (1978, 97) Er prognostiziert: »Je ›revolutionärer‹ sie ist, desto mehr bemächtigt sie sich all dessen, was sie nichts angeht. Über alle Äußerungen der menschlichen Tätigkeiten Gesetze zu machen, sich in die kleinsten Einzelheiten des Lebens ›seiner Untertanen‹ einzumischen, dies ist das Wesen selbst des Staates, der Regierung.« (1978, 97)

Diese Prognose der Ausdehnung des Staates auf gesellschaftliche und individuelle Lebensbereiche und die Kritik Malatestas am parlamentarischen Repräsentativsystem konkretisieren die Staatskritik im Anarchismus. Eine Modifizierung des Staatsbegriffs und der Staatskritik ermöglicht aber vor allem der bei Proudhon und Kropotkin angedeutete und schließlich bei Landauer entwickelte Gesellschaftsbegriff. Ein anderes Verständnis von Gesellschaft ermöglicht es, das Ziel einer freiheitlichen, solidarischen und vielschichtig strukturierten Gesellschaftsordnung zu formulieren, die »negative Staatsfixierung« zugunsten einer generellen Herrschaftskritik aufzugeben und darüber hinaus eine Annäherung an die gegenwärtigen Demokratisierungs- und Entstaatlichungskonzepte zu erleichtern.

»Das alles und noch viel mehr würd' ich machen,
wenn ich König von Deutschland wär'!«

*Rio Reiser* (Schlagertext)

»Nur eine voll strukturierte Gesellschaft wird das
Erbe des Staates antreten können.«

*Martin Buber*

## 6. Libertäre Perspektiven aus dem Anarchismus: Strukturierte Gesellschaft

In diesem und in den folgenden zwei Kapiteln sollen im Anschluß an die
jeweils vorangestellten Konzepte in anarchistischen Theorien einige
heute relevante Perspektiven umrissen werden, die sich aus anarchistischen Vorstellungen entwickeln lassen. Damit wird jedoch nicht das
Ziel verfolgt, detaillierte Gegenentwürfe zur bestehenden kapitalistisch-staatlichen Gesellschaft zu erstellen oder konkrete Transformationskonzepte aufzuzeigen. Vielmehr geht es darum, aus dem anarchistischen Denken heraus und entlang dem programmatischen Titel des
Buches »Weniger Staat – Mehr Gesellschaft« Wege anzudeuten, wie
über eine Entstaatlichung der Gesellschaft und eine Vergesellschaftung
des Staates Herrschaft abgebaut und gleichzeitig persönliche Freiräume erweitert und soziale Gerechtigkeit ermöglicht werden könnte.

### a) Entstaatlichung der Gesellschaft

Die Hauptforderung vieler revolutionärer Anarchisten, nämlich die so-
fortige Zerschlagung des Staatsapparates, ist in den heutigen westlichen und östlichen Industriegesellschaften nicht realisierbar und – wie
ich meine – auch nicht anzustreben. Denn solange sich keine freiheitlichen Strukturen entfaltet haben, die die bestehende herrschaftlich-
staatliche Organisation der Gesellschaft zu ersetzen vermögen, würden
Umstürze – die großen historischen Revolutionen zeigen das – mit großer Wahrscheinlichkeit auf nichts anderes hinauslaufen als auf einen
Wechsel der Machthaber. Der Staat übernimmt in der bestehenden Gesellschaft wichtige Funktionen und ist nicht einfach abzuschaffen.

Das heißt jedoch nicht, daß nicht auch ohne die vorherige Herausbildung herrschaftsfreier (oder -armer) Gesellschaftsstrukturen nicht
auf zahlreiche staatliche Maßnahmen und Gesetze verzichtet werden
könnte. Libertäre Perspektiven stehen dem Weg in den totalitären
»Sicherheitsstaat« mit einer umfassenden Kontrolle und Überwachung

des Bürgers ebenso entgegen wie einem staatlichen Schul- und Bildungssystem, das zur Konformität erzieht. Nicht der »gläserne Mensch« kann Inhalt einer libertären Perspektive sein, sondern »gläserne Verwaltung« und »gläserne Institutionen«; nicht die Sicherheit des Staates vor dem kritischen Bürger, sondern die Sicherheit des Menschen vor staatlichen Zugriffen, nicht die Kontrolle der Menschen durch den Staat, sondern die Entstaatlichung und Vergesellschaftung des Staates, seiner Bürokratien und sozialen Institutionen sowie der Betriebe und Industrieunternehmen durch die jeweils betroffenen Menschen.

»Weniger Staat« bedeutet im Hinblick auf die Perspektive einer Entstaatlichung der Gesellschaft also zunächst die Zurückdrängung staatlicher Eingriffe, Kontrollen und Reglementierungen, nicht zuletzt aber auch den vollständigen Verzicht des Staates auf die Durchsetzung einer bestimmten Gesinnung, der Verzicht auf »geistige Führung«.

Wenn in den zu umreißenden Perspektiven nicht die Grundintention anarchistischen Denkens aufgegeben werden soll, nämlich dem individuellen Menschen die Gestaltung seines Lebens weitestgehend selbst zu überlassen, so gibt es eine Reihe von staatlichen Eingriffen in die individuelle Lebensgestaltung, die im Rahmen der postulierten Entstaatlichung der Gesellschaft zur Disposition stehen müßten. Einen solchen gravierenden Eingriff stellt etwa die Wehr- bzw. Ersatzdienstpflicht dar (ganz zu schweigen vom Recht darauf, Kriege zu erklären und zu führen).

Mit einer Abschaffung der Schulpflicht und einer sukzessiven Reduzierung der staatlichen Regelschule würden größere »gesellschaftliche« Gestaltungsspielräume eröffnet (dazu Kapitel V). So könnte im kritischen Bezug auf die anarchistische Staatsablehnung eine Diskussion ermöglicht werden, die entschiedener auf die Tragweite des staatlichen Zugriffs auf das Leben der einzelnen aufmerksam macht. Zu erörtern sind also die verschiedenen Funktionen des Staates. Inwieweit kann auf staatliche Gewalt verzichtet werden, ohne daß es zu anderer Gewaltausübung kommt?

Doch im Rahmen von libertären Perspektiven ist neben diesem Aspekt der *Zurückdrängung des staatlich-institutionellen Einflußbereichs* zugunsten größerer individuell und kollektiv nutzbarer Freiräume zum Neuaufbau »gesellschaftlicher« Strukturen – also neben dem Postulat »Weniger Staat« – auch die ergänzende Forderung nach »Mehr Gesellschaft« zu stellen, um damit die *Vergesellschaftung des Staates anzustreben.*

## b) Vergesellschaftung des Staates

Proudhons Vorstellung einer Umgestaltung der bestehenden Verhältnisse über eine *»Absorbierung des Staates in die Gesellschaft«* bringt sehr
treffend auch die libertäre Perspektive einer Vergesellschaftung des
Staates zum Ausdruck: Herrschaftlich-staatliche Strukturen sollen in
herrschaftsfreie (oder -arme) aufgelöst werden. Diese »Absorbierung«
des Staates müßte, wie auch bei Proudhon, auf dem Wege einer dezen-
tral-föderalistischen Umorganisation der Gesellschaft geschehen, die es
ermöglicht, weitreichende politische Entscheidungskompetenzen an
die Basis zu verlegen. Damit wiederum könnte das realisiert werden,
was Buber im Anschluß an Landauer eine »strukturierte« Gesellschaft
nannte – nämlich ein vielfältiges, unter- und nebeneinander geschichte-
tes, nicht-hierarchisches System von Beziehungen von Vereinen, Gemeinden, Regionen und überregionaler Föderationen.

Im Sinne einer solchen libertären Perspektive der Vergesellschaftung
des Staates kommt der (Re)Kommunalisierung der Gesellschaft (Bookchin 1985 *b*) entscheidende Bedeutung zu. Nicht nur in der griechischen
Polis, sondern – um nur einige Beispiele (partieller) Selbstverwaltung
zu nennen – auch in der mittelalterlichen Dorfgemeinde und bis zur
Oktoberrevolution auch in der russischen Dorfgemeinde (Mir) sowie in
den Communities in den USA während des 19. Jahrhunderts bestanden
unterschiedliche Formen dezentraler Selbstverwaltung und Selbstbestimmung. (Schibel 1985) Auch Kropotkin weist in seinem Buch »Gegenseitige Hilfe in der Tier- und Menschenwelt« auf solche Formen
praktizierter dezentraler Selbstverwaltung hin.

Einschränkend muß den obengenannten Beispielen jedoch hinzuge-
fügt werden, daß etwa an der Selbstverwaltung der Polis nur die relativ
kleine Anzahl der freien männlichen Vollbürger beteiligt war und daß
in der mittelalterlichen Dorfgemeinde nur Männer stimmberechtigte
Mitglieder waren. Die Kompetenzen dieser gesellschaftlichen Basiseinheiten waren aber teilweise sehr weit gesteckt. Die griechische Polis war
politisch vollkommen autonom. Die mittelalterliche Dorfgemeinde ver-
waltete sich in bestimmten Regionen selbst, verfügte über eine eigene
Gerichtsbarkeit, über eigene soziale Institutionen, wählte ihre Dorfbe-
amten und Pfarrer und war lediglich einem Lehnsherren tributpflichtig,
der zudem oftmals weit entfernt lebte und keinen direkten Einfluß nehmen konnte[11]. Die frühen Communities in den USA waren zunächst
politisch faktisch autonom, doch ihre Kompetenzen wurden gegen
ihren Widerstand nach und nach eingeschränkt. Mit der industriellen
Revolution und der Bildung von zentralistisch strukturierten National-

staaten erhält die schon früher begonnene Tendenz einer Einschränkung der lokalen und auch sozialen und ökonomischen Selbständigkeiten eine Dynamik, die bis heute andauert.

Die Verdrängung der partiellen Selbstverwaltung und Selbstregulation durch immer weitreichendere Staatseingriffe und auch durch den ökonomischen Zentralisationsprozeß zerstörte autonome Kapazitäten und bewirkte eine kulturelle Uniformisierung und Gleichschaltung. (Gorz 1980, 38 f.) Eine Gegentendenz zu dieser Verstaatlichung der Gesellschaft, in deren Verlauf die dezentralen und selbstregulativen Beziehungen durch zentralistische, fremdbestimmte und bürokratische ersetzt und so durch »autoritäre Vermittler« (Landauer) zwangsvermittelt werden, wäre die »Absorbierung des Staates in die Gesellschaft«, also die sukzessive Ersetzung der »autoritären« Vermittler durch direkte freie Vereinbarungen, durch »basisdemokratische« oder sogar frei vereinbarte Vermittler. Ein solcher Prozeß wäre der einer (Re-)Strukturierung einer basisdemokratischen und selbstverwalteten Gesellschaft.

Ein wesentlicher Bestandteil einer solchen Vergesellschaftung des Staates durch eine Restrukturierung der Gesellschaft wäre die Selbstverwaltung der Kommunen[12]. Als gesellschaftliche Basiseinheiten könnten sich Nachbarschaften konstituieren und Nachbarschaftsräte wählen, die die Interessen einer überschaubaren Gruppe vertreten könnten. Sinnvoll wären vor allem in kommunalen und regionalen Bereichen die Einführung direkt-demokratischer Entscheidungsstrukturen und des imperativen Mandats; damit wäre auch die Zurückdrängung des Einflusses der politischen Parteien möglich. Fromm weist etwa auf die Möglichkeit hin, mit Hilfe neuer Kommunikationssysteme relativ kurzfristig und unbürokratisch die Menschen direkt an den sie betreffenden Entscheidungen zu beteiligen[13]. Die hier nur ansatzweise angedeuteten Perspektiven einer »Kommunalisierung« der Gesellschaft müßten ergänzt werden durch eine entschiedene Demokratisierung und Entbürokratisierung der öffentlichen Verwaltungen. Ebenso müssen sie in Zusammenhang gesehen werden zu Demokratisierungsprozessen und Selbstverwaltungsbestrebungen im ökonomischen und sozialen Bereich.

Eine libertäre Perspektive, die auf anarchistische Theorien bezogen bleibt, kann die angestrebte Vergesellschaftung nicht auf den kommunalen Bereich beschränken. In den weitgehend etatistischen westlichen und östlichen Industriegesellschaften muß sich die libertäre Grundforderung eines Herrschaftsabbaus vor allem gegen die zentralstaatlichen Bestrebungen richten, die auch die Reste noch vorhandener autonomer

Kapazitäten zu verstaatlichen versuchen. Zentralisierungstendenzen wirken sich hier als eine Konzentration der Herrschaft in den Händen autoritärer Staaten aus, die ihre »imperialistischen« Ansprüche nach innen und außen durchsetzen können.

So können Weltkriege geführt werden, mißliebige ethnische Minderheiten werden zwangsintegriert und regionale kulturelle Besonderheiten werden »nationalisiert«.

Die Militarisierung der Gesellschaften und Aufrüstungen in bisher noch nicht gekannten Ausmaßen werden in staatlich-zentralistischen Gesellschaften möglich, und Technologien werden entwickelt, die ihrerseits autoritäre Strukturen und Zentralisierungstendenzen stabilisieren (Stichwort: Atomstaat). Die Unterstützung chauvinistischer Tendenzen – selbst in der BRD rühmen sich Politiker mittlerweile wieder ihres Patriotismus' – erzeugt Gemeinschaftsgefühle, um die entfremdenden Auswirkungen der Zentralisierungen ideologisch zu übertünchen.

Seit Proudhon wenden sich Anarchisten gegen Chauvinismus, kritisieren die Bildung zentralistischer Nationalstaaten und stellten diesen Tendenzen die Pflege regionaler Traditionen und Kulturen entgegen, vor allem aber die Vorstellung eines Föderalismus. Obwohl auch von »links« der Begriff »Heimat« und der Regionalismus »entdeckt« und rehabilitiert wurden, blieben auch hier infolge der Konzentration auf den kulturellen und sozialen Bereich die herrschaftskritischen Intentionen regionalistischer und föderalistischer Ideen weitgehend unerkannt. Die Aushöhlung des Föderalismus in der BRD einerseits und die weithin akzeptierte Zielvorstellung der Schaffung eines politisch mächtigen »Vereinigten Europas« andererseits scheinen diese herrschaftskritischen Komponenten eines auf dezentralen Strukturen basierenden Föderalismus vergessen zu machen. In den traditionellen Vorstellungen eines »Demokratischen Zentralismus« sieht man nach wie vor den Inbegriff der politischen Emanzipation. Die vermeintliche Aufwertung dezentraler Strukturen geschieht somit häufig nur, um sie in ihrer Korrektiv- und Integrationsfunktion im Rahmen der bestehenden zentralistischen Strukturen wirksam zu machen; der herrschaftskritische Impuls der Idee des Föderalismus geht verloren.

Die Forderung nach einer Ausdehnung der kommunalen und regionalen Entscheidungskompetenzen und Gestaltungsmöglichkeiten wird also nicht zur Perspektive einer Umstrukturierung der zentralistischen Staatsordnung in eine föderalistische Gesellschaftsordnung erweitert. Die Konsequenz aus der heute so oft erhobenen Forderung nach Dezentralisierung und Basisdemokratie müßte jedoch den Blick auf anarchistische Föderalismuskonzeptionen eröffnen. Unrealistisch ist sicher die Vorstellung einer vollständigen – auch »außenpolitischen« – Autonomie der Gemeinde, wie sie sich einige Anarchisten vorstellten. Im Rahmen einer libertären Perspektive müßten freilich erheblich kleinere gesellschaftliche Einheiten als die bestehenden Staaten politisch autonom sein, da ohne eine solche weitergehende Dezentralisierung über eine »Volks-Mehrheits-« oder »Abstimmungs-Demokratie« kaum hinauszukommen ist und die Perspektive von Basisdemokratie und Selbstverwaltung zur Ideologie werden muß.

Die politisch autonomen Einheiten müßten unter Wahrung ihrer vollständigen Autonomie auf der Basis freier Vereinbarungen kooperieren und zu verschiedenen Zwecken und über festgelegte Zeiträume untereinander Föderationen bilden. Eine Vergesellschaftung herrschaftlich-staatlicher Strukturen könnte auf kommunaler Ebene über die Bildung von Rätevertretungen ermöglicht werden, wobei die Organisation der regionalen und überregionalen politischen Entscheidungen durchaus andere Formen aufweisen könnten als die kommunalen – etwa auch parlamentarisch-demokratische, sofern die Vertreter unter bestimmten Voraussetzungen jederzeit abberufbar sind und Entscheidungen von weitreichenderer Bedeutung über Plebiszite getroffen werden könnten.

Zu bedenken bliebe, ob nicht für die unterschiedlichen Vertretungs- bzw. Entscheidungsebenen unterschiedliche Vertretungssysteme angemessen sind; z. B.: Vollversammlungen entscheiden auf der untersten Ebene der Nachbarschaften und wählen von Fall zu Fall Delegierte, die die getroffenen Entscheidungen zu vertreten haben; für einen bestimmten Zeitraum gewählte Räte vertreten auf kommunaler und regionaler Ebene die Interessen ihrer Wähler, unterliegen aber dem imperativen Mandat; daneben könnten auf überregionaler Ebene – der Ebene der politisch autonomen Einheiten – gewählte Vertreter aus politischen Parteien in Form einer parlamentarischen Demokratie ihre weitergehenden, aber durch Plebiszite eingeschränkte Entscheidungskompetenzen wahrnehmen. Damit wäre eine politische Handlungsfähigkeit möglich, die nicht gegeben wäre, wenn jede politische Entscheidung von den Betroffenen selbst getroffen würde. Auf der Ebene der dezentralen, politisch autonomen Einheiten bedarf es Instanzen mit einem gewissen Handlungsspielraum – nicht zuletzt, um im Rahmen einer Föderation der politisch autonomen Einheiten weitergehende, auch weltweite, Kooperationen zu ermöglichen.

Praktische Ansatzpunkte für eine Vergesellschaftung herrschaftlicher Strukturen bieten jedoch vor allem die Nachbarschaften und Kommunen und hier insbesondere die Verbindungen zu Bürgerinitiativen,

Selbsthilfegruppen und die auf Selbstverwaltung ausgerichteten Alternativbetriebe und deren Vernetzungen. Ein detailliertes Modell für einen sukzessiven Ausbau selbstverwalteter politischer, sozialer und ökonomischer Strukturen von der Basis her entwerfen Morris/Hess. (1980) Für eine föderalistische libertäre Perspektive interessant ist auch der von Roemheld (1977/78) im Anschluß an Proudhon entwickelte »Integrale Föderalismus«, der u. a. überregionale föderalistische Organisationsformen entwirft, allerdings die anarchistische Staatskritik weitgehend vernachlässigt.

Das Postulat »Weniger Staat – Mehr Gesellschaft« zielt, so läßt sich zusammenfassend festhalten, neben einer *Entstaatlichung im Sinne eines Zurückdrängens staatlicher Einflußnahmen* auch auf die *Vergesellschaftung herrschaftlicher Strukturen durch den sukzessiven Ausbau der Selbstverwaltung und Selbstbestimmung, durch Dezentralisierung zentralistischer Strukturen sowie durch die föderalistische Organisation der politisch autonomen Einheiten*. So bedeutet also für den überregionalen Bereich »Vergesellschaftung« einen Ausbau des Föderalismus und damit eine föderalistische Neustrukturierung der überregionalen Organisationsformen bei gleichzeitiger Erweiterung des Bezugsrahmens auf globale Größenordnungen. Das Ziel wäre eine »Gesellschafts«-Politik, die nicht mehr »Handeln für den Bürger«, sondern »Handeln der Menschen« bedeutet. Das »gesellschafts«-politische Ideal hieße nicht mehr »Demokratie« (Herrschaft des Volkes), sondern individuelle Selbstbestimmung und kooperative Selbstverwaltung. In diesem Sinne erhielte der auch häufig ideologisch mißbrauchte Ausspruch von der Demokratie als beste aller schlechten *Staats*formen einen emanzipatorischen Inhalt.

*Anmerkungen*

1 Ideologieverdacht lastet, wie ich meine sehr zu Recht, auf den derzeit wieder stärker in Erscheinung tretenden »Individualanarchisten«, die in einer »natürlichen Wirtschaftsordnung« (ohne Kapital- und Bodenzins und mit »Schwundgeld«) dem kleinkapitalistischen »Egoismus« und einer gerechten Konkurrenz auf dem Markt eine Chance geben wollen. Diese Anhänger von Gesell und Mackay wollen lediglich die gegenwärtigen kapitalistischen Verkehrsformen von ihren Hindernissen und Ungerechtigkeiten befreien, ohne ihre Prinzipien aufzugeben. Sie sitzen damit der Ideologie der Leistungsgerechtigkeit, der gerechten und quasi »natürlichen« Konkurrenz und nicht weniger der »bürgerlichen Produktivitätsideologie« auf. Nichtsdestotrotz ist deren Kritik an »Geldsystem« und »Finanzkapital« bemerkenswert und verdient Aufmerksamkeit.

2 Diese Auflösung des theoretischen Entstehungszusammenhanges läßt sich damit rechtfertigen, daß es mir hier nicht um eine Ideengeschichte des Anarchismus geht, sondern um den Versuch, in Hinblick auf die heutigen Krisenerscheinungen anarchistische Theorien wiederanzueignen und in die Diskussion zu bringen. Zudem nahmen Anarchisten kaum Bezug auf die Schriften anderer Anarchisten. Von einer kontinuierlichen Entwicklung anarchistischer Theorien kann also ebensowenig die Rede sein wie von einer »esoterischen Auseinandersetzung«, wie sie an den Universitäten um den Marxismus stattfanden. Rammstedt schreibt dazu: »Obwohl die anarchistischen Arbeiten literarisch den marxistischen gleichwertig sind und diese in der Analyse von gesellschaftlichen Situationen oft übertreffen, fehlen ihnen der gemeinsame Tenor, die esoterische Auseinandersetzung mit den eigenen Schriften und die Ausrichtung auf ein Ziel hin. So wird in fast allen Publikationen zum Anarchismus diesem ein einheitliches Paradigma abgesprochen, wobei nicht berücksichtigt wird, daß diese Nicht-Einheitlichkeit gerade Element des Paradigmas ist.« (1969, 9)

3 Nach Auffassung Bubers in der Schrift »Zwischen Gesellschaft und Staat« sei in diesem Sinne in der politischen Philosophie, besonders in der »sozialistischen« Gesellschaft nicht von Staat unterschieden worden bzw. sei das gesellschaftliche Prinzip dem staatlichen untergeordnet. Der »Ort« des Sozialismus sei nicht der Staat, sondern die Gesellschaft. (Buber 1952)

4 Buber versteht den »Mutualismus« Proudhons unter dem Aspekt eines sozialen, gesellschaftskonstituierenden Prinzips im Sinne der deutschen Übersetzung als »gegenseitige soziale Hilfsbereitschaft« und weniger auf der Basis eines rein individualistischen Verständnisses als gegenseitigen vorteilhaften Tausch. So interpretiert Buber die Staatsablehnung Proudhons in Hinblick auf seinen Gesellschaftsbegriff als Plädoyer für eine strukturierte Gesellschaft bestehend aus vielschichtig föderierten Gemeinschaften und Gesellschaften. Damit treten im Laufe der Entwicklung des Denkens Proudhons der Individualismus »immer mehr zurück gegen eine Anschauung, in der das problematische Verhältnis zwischen Personen und Gesamtheit durch die aus der Kraft der inneren Beziehungen lebendige und weitgehend autonome Gruppe – Gemeinde oder Genossenschaft – ausbalanciert wird«. (Buber 1950, 53)

5 Proudhon lehnt auch nicht die Autorität zugunsten der Freiheit ab, sondern hält ein ausgleichendes Zusammenspiel beider Kräfte für notwendig (1963, 219). In seiner »antinomischen Dialektik« unterscheidet er Autorität und Freiheit als zwei Prinzipien, welche »in der Geschichte in logischer und chronologischer Folge antreten« (1963, 222). Freiheitliche, dezentrale und auf Verträgen beruhende Gesellschaftsstrukturen seien vom Mittelalter an durch autoritäre und zentralistische Staatssysteme verdrängt worden. Im Gegensatz zu Landauer und Kropotkin lehnt Proudhon daher nicht die Autorität zugunsten der Freiheit ab, sondern hält ein ausgleichendes Zusammenspiel beider Kräfte für notwendig: »Autorität setzt zwingend Freiheit voraus, die sie anerkennt oder leugnet; Freiheit wiederum das Wort im politischen Sinne genommen, setzt ebenfalls Autorität voraus, die mit ihr verhan-

delt, sie zügelt oder duldet. Entfernt eine von beiden – und die andere hat keinen Sinn mehr: Die Autorität ist ohne eine Freiheit, die diskutiert, Widerstand leistet oder sich unterwirft, nur ein leeres Wort; die Freiheit ist ohne eine Autorität, die ihr ein Gegengewicht bietet, ein Un-Sinn.« (1963, 193)

Dieser Gedanke, daß das Miteinander zweier entgegengesetzter Prinzipien eine gerechte und freie Gesellschaftsordnung garantiere, liegt dem Vertragsgedanken Proudhons zugrunde.

6 Als Theoretiker verstand sich Bakunin auch selbst nicht. (Brief an Herzen, in: 1979, 736). Bannour schreibt m. E. sehr treffend: »Seine eigenen Widersprüche schockieren ihn keineswegs. Wenn er aber durchaus Philosoph sein will, schreibt er ab, langweilt und wirkt sehr lächerlich. Aber wenn er sich empört, dann läutet die Alarmglocke seiner Sprache.« (1974, 245)

7 Die hier zitierte Schrift »Revolutionärer Katechismus« ist nicht zu verwechseln mit der Schrift »Katechismus eines Revolutionärs«. Den Zweifeln daran, daß der »Katechismus eines Revolutionärs« nicht von Bakunin stamme, kann hier nicht nachgegangen werden. Unklar ist, ob Bakunin der alleinige Autor dieser Schrift ist, ob er sie zusammen mit dem russischen Terroristen Necaev (= Netschajew) zusammen verfaßt hat, oder ob Necaev der alleinige Verfasser ist. Der Stand dieser Debatte ist zusammengefaßt von Lehning. (In: Bakunin 1980, 36ff.) Die Versuche von Anarchisten, die Urheberschaft Bakunins abzustreiten, können auch damit erklärt werden, daß man den vermeintlichen »Vater des Anarchismus« nicht mit der Empfehlung, auch zu terroristischen Methoden zu greifen, in Verbindung bringen möchte. (Dazu: Netschajew, S. (= Necaev), Worte an die Jugend, Einleitung o. A., S. 7)

8 In den »Prinzipien« und Organisation einer Geheimgesellschaft« (1979, 28ff.) läßt Bakunin seiner Liebe zum konspirativen Detail freien Lauf. Bakunins revolutionäre Hierarchie ist gewaltig: Eine internationale Familie solle internationale Familien gründen mit »nationalen revolutionären Brüdern« und Titularbrüdern. Dann beschreibt Bakunin die Zusammensetzung eines internationalen Rats, unterscheidet davon das internationale Direktorium und das Zentraldirektorium. Er hält Zentralräte für notwendig, eine nationale Junta, ein ausführendes Direktorium, Regional- und Provinzialräte, nationale und internationale Konstituanten und Nationalbüros. Bakunin legt genauestens die Kompetenzverteilung fest, was bei dieser Fülle von Instanzen gar nicht so einfach ist, und beschreibt die »Aufgaben der Genossen vom Dienst« im Unterschied zu denen des »dienstfreien Genossen«. Neuaufgenommene Brüder müssen feierlich Eide auf das »Buch der Brüder« schwören. Kennworte, geheime Erkennungszeichen, Geheimtinte etc. beschäftigten Bakunin ebenfalls sehr intensiv.

9 Die Differenzen zwischen dem Denken Bakunins und dem Kropotkins sind markant, da bei Kropotkin ein vom Individuum und Staat qualitativ unterschiedenes Verständnis von Gesellschaft vorliegt. Eine gewisse Übereinstimmung zwischen Bakunin und Kropotkin besteht im gemeinsamen Konzept einer revolutionären Abschaffung des Staates. Doch während bei Kropotkin in einem »Gewaltsamen Umsturze« lediglich die bereits entwickelten Ansät-

ze gesellschaftlicher Organisation vom Staat befreit werden sollen, denkt Bakunin die Staatsabschaffung als Voraussetzung für die noch vorzunehmende generelle Neuorganisation. So trifft m. E. die Kritik Bubers an Kropotkin nicht oder nur erheblich eingeschränkt zu, er verkenne, »wie Bakunin, die grundlegende Tatsache, daß im sozialen Bereich… die Revolution keine schaffende, sondern lediglich auslösende, freimachende und machtverletzende Kraft« habe und daß die Revolution nur das vollständig freimachen könne«, »was sich im Schoße der vorrevolutionären Gesellschaft vorgebildet« habe. Diese Kropotkinkritik scheint mir aufgrund der bereits zitierten Passagen obsolet. (Buber 1950, 79)

10 Der Gesetzestext lautet:»Wer öffentlich oder durch Verbreiten von Schriften den Inhalt des religiösen oder weltanschaulichen Bekenntnisses anderer oder eine im Inland bestehende Kirche oder andere Religionsgemeinschaft oder Weltanschauungsvereinigung, ihre Einrichtungen oder Gebräuche in einer Weise beschimpft, die geeignet ist, den öffentlichen Frieden zu stören, wird mit Freiheitsstrafe bis zu drei Jahren oder mit Geldstrafe bestraft.«

12 Schibel (1985, 49) faßt das Verhältnis von Feudalsystem und Dorfgemeinde wie folgt zusammen: »Quer zu den hierarchischen Bezügen des Feudalsystems bildete sich in der Selbstorganisation und Selbstverwaltung der Dorfbewohner, die als Gleiche ihre Angelegenheiten regelten und verwalteten, die Gemeinde des späten Mittelalters und der frühen Neuzeit als alternatives gesellschaftliches Gestaltungsprinzip heraus.«

13 Auch in ökosozial oder sozialistisch orientierten heutigen Alternativkonzepten werden mit ähnlicher Intention Dezentralisierungsforderungen erhoben. Auch in politisch-gesellschaftsorganisatorischer Hinsicht plädieren etwa Strasser/Traube (1981), Schumacher (1980), Huber (1979) für eine Belebung und einen Ausbau kommunaler Strukturen. In Bahros »Alternative« (1977) ist ausgehend von den Gemeinden (»von unten nach oben«) ein Rätesystem entworfen. Für eine Stärkung der »autonomen Kapazitäten« plädieren neben Gorz (1980) auch Illich (1980) und Robertson (1979). Amery (1980) spricht sich für einen Föderalismus auf der Basis einer weitergehenden Autonomie der Gemeinden und Regionen aus. Morris/Hess entwerfen ein sehr detailliertes Modell, wie über den sukzessiven Ausbau kooperativer Strukturen lokale Selbstverwaltung auch in gesamtgesellschaftlicher Hinsicht föderalistisch-basisdemokratische Strukturen ermöglicht werden können.

14 Nach Fromm (1979, 174f.) sollen die Städte und Gemeinden in etwa 500 Personen umfassende Nachbarschaftsgruppen unterteilt werden, »die sich selbst als permanente Beratungs- und Entscheidungsgremien konstituieren und über Grundsatzfragen auf den Gebieten der Wirtschaft, Außenpolitik, des Gesundheits- und Bildungswesens und den Erfordernissen für das Wohl-Sein entscheiden. Diese Gruppen sind mit allen relevanten Informationen zu versorgen…; sie beraten über diese Informationen… und stimmen über die jeweiligen Sachfragen ab… Die Gesamtheit dieser Gruppen würde das ›Unterhaus‹ bilden, dessen Beschlüsse zusammen mit denen anderer politischer Organe entscheidenden Einfluß auf die Gesetzgebung hätten.«

# IV Ökonomische Alternativen im Anarchismus

Der Erörterung ökonomischer Vorstellungen in anarchistischen Theorien möchte ich vorausschicken, daß die Darlegungen nicht selten den
Charakter einer Rekonstruktion haben; d. h. einige Theoreme werden
aus den Zusammenhängen gelöst, in denen sie entwickelt wurden, um
sie um einen Schwerpunkt zu gruppieren. Zu bedenken ist, daß mit den
teilweise erheblich divergierenden Vorschlägen im Anarchismus keinesfalls einander prinzipiell ausschließende Vorstellungen vertreten
werden. Dem Anspruch vieler Anarchisten entsprechend gibt es nicht
nur *eine* anarchistische Organisationsform.

> »Zwischen dem Eigentum und der
> Gütergemeinschaft werde ich meine Welt
> aufbauen.«
>
> *Pierre Joseph Proudhon*

## 1. Produktionsgenossenschaften und ökonomische Föderation – Proudhon

Proudhon verstand seine Theorien nicht als geschlossenes System und
unterwarf sein Denken ständiger Ergänzungen und Korrekturen. Da er
ferner seine früheren theoretischen Arbeiten seinen praktisch-politi-
schen Tätigkeiten anglich, ohne dabei seine Grundsätze aufzugeben,
werde ich mich auf die m. E. konstitutiven Bestandteile seiner Schriften
stützen und so vermutlich in der Darstellung den Eindruck einer Geschlossenheit vermitteln, die bei Proudhon nicht vorliegt.

In seiner Schrift »Was ist Eigentum?« stellt sich Proudhon zunächst
in die Tradition der Französischen Revolution, würdigt die Werte »Freiheit, Gleichheit, Brüderlichkeit«, weist jedoch auf die Notwendigkeit
einer ergänzenden Veränderung hin, nämlich die, dieser Trias durch die
ökonomische Gerechtigkeit eine neue Basis zu verschaffen. Erst wenn
die ökonomische Unfreiheit und Ungleichheit aufgehoben werde, seien
die Forderungen der Französischen Revolution vollständig realisiert.

Dieser Bezug auf die »politischen« Forderungen der Revolution von 1789 und ihre »ökonomischen« Ergänzungen macht bereits deutlich, daß Proudhons Anarchismus als Fortsetzung und Radikalisierung des Liberalismus und Individualismus zu verstehen ist. (Salomon 1920, 40)

Proudhon ist, wie alle Anarchisten, ein entschiedener Gegner jeder Form von Staatssozialismus: Der Staat solle weder Eigentümer oder Verwalter der Produktionsmittel sein noch solle er, wie dies sein »frühsozialistischer« Opponent Louis Blanc anstrebte, Produktionsgenossenschaften gründen oder in irgendeiner anderen Form das Wirtschaftsleben organisieren. Damit ist Proudhon keineswegs ein Befürworter des Privateigentums.

Die Frage »Was ist Eigentum?« beantwortet Proudhon eindeutig: »Eigentum ist Diebstahl.« *Eigentums*-Recht sei das »Herrschafts- und Herrenrecht über die Sache« (1963, 27), mit der der Eigentümer nicht arbeitet«; »*Besitz*-Recht« hingegen bedeute Recht »auf das, was uns für unsere Arbeit und unseren Verbrauch ausreicht...« (1963, 37). Mit dieser Differenzierung – hier knüpft er an eine Unterscheidung im römischen Recht an – sind »arbeitsloses Einkommen« wie Erbe, Einkünfte aus Kreditgeschäften, Haus-, Boden- und Kapitaleigentum usw. vom »Besitz« als »Nutzbrauch« der Produktionsmittel zu unterscheiden, mit denen der Mensch arbeitet. »Besitz« ist also an den Gebrauch des Individuums gebunden: »Das Feld, ... das ich bestelle, auf dem ich mein Haus gebaut habe, das mich, meine Familie und mein Vieh ernährt, kann ich besitzen.« (1963, 52) Kann ein Mensch diesen Besitz nicht mehr nutzen, fällt dieser zurück in die Hände der Gesellschaft, die eine neue Verteilung vornimmt. Mit der Forderung des Rechts auf den vollen Ertrag der Arbeit schließt Proudhon aus, daß Unternehmer oder auch der Staat den Mehrwert oder das Mehrprodukt einstreichen bzw. darüber ohne Einflußmöglichkeit des Arbeiters verfügen.

Arbeitslosigkeit und Armut will Proudhon begegnen, indem ein »freier Tausch« auf der Ebene der solidarischen Gegenseitigkeit, genannt »Mutualismus«, organisiert werden soll. Tauschbeziehungen nach dem Prinzip des Mutualismus kommen zustande – so konkretisiert Proudhon in seiner Schrift »Was ist Eigentum?« –, indem die in das Produkt eingegangene Arbeitszeit die Bemessungsgrundlage des Tausches darstellt. So entspricht einer Menge des Produktes A, für das zwei Stunden Arbeitszeit verausgabt wurden, dem Produkt B, dessen Herstellung ebenfalls zwei Stunden Arbeitszeit in Anspruch nahm.

Um solche Tauschbeziehungen organisieren zu können, bedarf es der Gründung von »Tauschbanken«, die Produkte gegen »Arbeitszeitverschreibungen« eintauschen, und es bedarf angeschlossener eigens zu organisierender »Warenhäuser«, die gegen Arbeitszeitverschreibungen Produkte ausgeben. Die Konsumenten brauchen so die Gewinne des Handels nicht zu finanzieren. In der Form von Arbeitszeitverschreibungen sollten gegen eine geringe Bearbeitungsgebühr zinslose Kredite vergeben werden, um die Zinsgewinne der Banken zu umgehen.

In einigen Schriften entwickelt Proudhon Pläne, wonach die Tauschbanken Häuser, Boden, Fabriken u. a. von Eigentümern zurückkaufen sollen (gegen Arbeitszeitverschreibungen), um sie den Benutzern zur Verfügung zu stellen, wobei die normalen Mieten, Pachten usw. gesenkt würden und als Abzahlung dienten. Auch über eine Abschaffung des Erbrechts solle langfristig das Privateigentum an Produktionsmitteln zugunsten von Assoziationen und Gemeinden beseitigt werden.

Nachdem Proudhon im Jahre 1848 vergeblich staatliche Stellen anregte, solche Tauschbanken ins Leben zu rufen, versuchte er, über eine Kandidatur für das Parlament seine Pläne zu verwirklichen – eine von ihm selbst und vor allem von Anarchisten gerügte Maßnahme –; da auch dies nicht gelang, gründete er »alternativ« zu den Privatbanken selbst eine solche Genossenschaftsbank. Dieses Experiment scheiterte schließlich daran, daß Proudhon Paris verlassen mußte, um einer mehrjährigen Gefängnisstrafe auszuweichen. Nach Proudhons Flucht nach Belgien mußte auch dieser Versuch als gescheitert angesehen werden, obwohl die »Tauschbank« bereits 20 000 eingeschriebene Mitglieder hatte.

Das erklärte Ziel Proudhons war es, in diesem Tauschbankprojekt über eine Umstrukturierung der Zirkulationssphäre auch ohne staatliche Eingriffe einen Sozialismus ins Leben zu rufen. Zunächst sollten sich eine möglichst große Anzahl von Produzenten und Anbietern von Dienstleistungen vom »kapitalistischen Markt« abkoppeln, Nachfrage und Angebot über die Tauschbank koordinieren, sich gegenseitig zinslose Kredite gewähren und sich auf diesem Wege vernetzen. Kurz: es sollte eine Gegen- oder Alternativökonomie initiiert werden, um schließlich mit der kapitalistischen Ökonomie zu konkurrieren. Innerhalb von 50 Jahren, so prognostizierte Proudhon, könne die »Alternativökonomie« über ihre kapitalistische Konkurrenz gesiegt haben: »Binnen eines halben Jahrhunderts wird das ganze National-Kapital beweglich gemacht und jeder angelegte Wert, welcher der Produktion als Werkzeug dient, unter irgendeiner Gesellschaftsfirma eingeschrieben sein...«. (Proudhon zitiert nach Mühlberger 1979, 173)

Außer den regulierenden und planenden Funktionen der Tauschbank und den Vereinbarungen über den »Tauschwert« eines Produktes gemäß der durchschnittlich verausgabten Arbeitszeit sollen Versicherungssysteme organisiert werden, die Schäden durch Natureinflüsse und sonstige Benachteiligungen wie z. B. Qualitätsunterschiede des Bodens in der Landwirtschaft ausgleichen. Seine Grundidee faßte Proudhon so zusammen:

»Indem die Zirkulation der Werte zum Ausgangspunkte für die ökonomische Reform genommen wurde…, beruhte die ganze Frage darauf, ein zirkulatorisches Zentrum zu schaffen, wo die gewöhnlichen Handelswerte, mit bestimmten Namen, bestimmten Verfallsterminen, persönlicher Unterschrift, unter den gewöhnlichen Sicherheitsbedingungen und Garantien gegen allgemeine Papiere von sozialem Charakter zum Austausch kommen könnten, welche, von Hand zu Hand gehend, wie übertragene Wechsel, ohne gebucht zu werden, die Wirkung eines Rechnungsverhältnisses unter allen Klienten der Bank hervorbrächten, mochten diese so zahlreich sein, wie sie sollten.« (1969, 155)

Die neuen Tauschbeziehungen auf der Grundlage verausgabter Arbeitszeit sollen sich jedoch nicht auf die tatsächlich verausgabte Arbeitszeit beziehen, sondern auf die, die zuvor für die entsprechenden Arbeiten veranschlagt wurde. In der früheren Schrift »Was ist Eigentum?« entwickelt nun Proudhon über die Begrenzung der Arbeitszeit, die Konzeption des gleichen Tauschwertes der Arbeit und über die genossenschaftliche Festlegung der Arbeitszeit pro Produkt ein Konzept, die Einkommen zu legalisieren: »Hat nun der Arbeiter, der seine Aufgabe in sechs Stunden erfüllen kann, das Recht, unter dem Vorwand seiner größeren Kraft und Tätigkeit die Arbeit des weniger geschickten Arbeiters zu ursupieren und ihm so Arbeit und Brot zu nehmen? … Wer früher als der andere fertig ist, mag sich ausruhen, wenn er will.« (1963, 96 f.)

Diesen über die »Mutualität des Arbeitslohns« wirksam werdenden Aspekt sozialistischer Egalisierung der Einkommen verbindet Proudhon mit der bereits erläuterten »Mutualität im Handel«, die auf der Basis einer Koordination der Produktion und von Absprachen über Qualität der Waren und deren Preise erfolgt[1].

Das Prinzip des Mutualismus soll auch in der Organisation der Produktion selbst realisiert werden, durch »Mutualität in der Assoziation«. (Diehl 1968, 122 f.) Die Assoziation, also die Verbindung und der Zusammenschluß der Produzenten zu selbstverwalteten Produktionsgenossenschaften ist elementarer Bestandteil der Proudhonschen Vorstellung von Sozialismus. In seiner »Philosophie der Staatsökonomie« betont er: »… wir behaupten, gegen die Sozialisten… nicht, daß man die Arbeit organisieren muß, nicht, daß sie organisiert ist, sondern daß sie sich organisiert.« (1966, Bd. 1, 13)

Da ein Eigentum an Produktionsmitteln durch »Besitz« der Produktionsmittel durch die jeweiligen Produzenten ersetzt werden soll und da Proudhon eine staatliche Gütergemeinschaft (Kommunismus) ausschließt, ist für Betriebe mit mehreren Arbeitern keine andere »Eigentumsform« mehr denkbar als der genossenschaftliche »Besitz«. Damit plädiert Proudhon für eine Neustrukturierung der Wirtschaft auf der Basis von selbstverwalteten Produktionsgenossenschaften, die ihre Produktion am jeweiligen Bedarf orientieren und aufeinander abstimmen.

Proudhon wendet sich in aller Entschiedenheit gegen eine gewaltsame und staatliche Oktroyierung des Sozialismus. Freiheit, so meint Proudhon, sei die Bedingung und das Mittel der von ihm angestrebten gesellschaftsverändernden Reform. Der Kapitalismus könnte mit seinen eigenen Waffen und ohne »Staatseroberung« geschlagen werden: »Was also den Sozialismus, zu dem sich die Tauschbank bekannte, von vornherein von dem der anderen Schulen unterschied… ist dies, daß er als Bedingung und als Mittel der Verwirklichung nur die Freiheit zuläßt.« (1969, 152)

Mit der Gründung von Tauschbanken verfolgte Proudhon nicht nur das Ziel einer ökonomischen Umstrukturierung, sondern verstand sie als Vorbereitung für eine alle gesellschaftlichen Bereiche erfassende Veränderung. Formen der dezentralen Selbstorganisation und Autonomie und notwendige überregionale Kooperation sollen sich ergänzen. Das Ziel des Umstrukturierungsprozesses sei eine »… zugleich divergente und konvergente Gesellschaft, (um) die wahre Solidarität unter den Menschen zu begründen«. (1969, 150)

Über die Sicherung von Arbeit und Wohlstand hinaus sollte »die Sucht, regiert zu werden« durch das Beispiel »von freiwilliger, unabhängiger und besonderer Zentralisation« angegriffen werden. (1969, 148) Proudhons Perspektive, die auch später in großen Teilen der Arbeiterbewegung vor allem der romanischen Länder vertreten wurde, war die, daß durch die Produktionsgenossenschaften und deren Koordinationsstellen auch außerökonomische, also vor allem politisch-gesellschaftsorganisatorische Belange organisiert würden, um den Staat damit überflüssig zu machen. Die Nationalversammlung sollte sich nicht mehr auf der Basis einer Vertretung territorialer Bezirke zusammensetzen, sondern aus den Vertretern der einzelnen Produzentengruppen.

Das Prinzip des Mutualismus entwickelt Proudhon in seinen späteren Schriften zu einem umfassenden Föderalismus, in dem der politisch-gesellschaftliche Bereich und der ökonomische Bereich sich gegenseitig kontrollieren und ergänzen: Die »landwirtschaftlich-industrielle Föderation« und die Föderation von dezentralisierten und demokratisierten Staaten sollen also nebeneinander existieren und kooperieren. Bemerkenswert scheint mir, daß Proudhon, obwohl er sich »Anarchist« nannte, auch in seinen konzeptionellen Ansätzen dem Staat durchaus Funktionen beimaß.

Proudhon konzentrierte sich in seinen Theorien nicht, wie Bakunin, auf die Zerschlagung des Staates, sondern auf den *Abbau von Herrschaft* durch die Veränderung von Herrschaftsstrukturen. Diese angestrebte Umstrukturierung soll auch den zentralistischen Staat erfassen. Der dezentrale Staat soll nach Auffassung Proudhons auch in den Bereich der Ökonomie eingreifen, um die angestrebte auf Selbstverwaltung, Dezentralität und Solidarität basierende Gesellschaftsordnung zu initiieren. Herrschaftliche und ausbeuterische politische und ökonomische Organisationen sollen sukzessive ersetzt werden durch Föderationen dezentraler Staaten, durch die Gründung von Zollvereinen, von Tauschbanken und Versicherungen und durch die Gegenseitigkeit des Kredits auch zwischen den »Staaten«.

Dieses umfassende Föderalismuskonzept Proudhons beruht auf einem System »freier Arbeit«, »ehrlichen Tausches« und auf freier Assoziation und Föderation in allen gesellschaftlichen Bereichen. »... das föderative Prinzip, das vor allem freiheitlich ist, (hat – d. Verf.) als ersten Folgesatz die Unabhängigkeit der Verwaltung der zusammengefaßten Orte, als zweiten die Gewaltenteilung in jedem souveränen Staat und als dritten die landwirtschaftlich-industrielle Föderation.« (1963, 262)

Die von Proudhon angestrebte Gesellschaftsstruktur bildet sich aus einem vernetzten System landwirtschaftlich-industrieller (Produktionsgenossenschaften, Genossenschaftsbanken, Tauschbanken u. a.) und politischer Föderation (Verwaltung, Schlichtung, Gesetzgebung). Die politischen und ökonomischen Föderationen bleiben getrennt und üben wechselseitige Kontrollfunktionen aus, um Übergriffe zu verhindern.

»Anarchie ist nur ein anderer in seiner Negativität und besonders starken Mißverständlichkeit weniger guter Name für Sozialismus.«

*Gustav Landauer*

»Sozialismus ist... Verbindung des Getrennten.«

*Gustav Landauer*

## 2. Sozialismus – Verbindung des Getrennten – Landauer

Mehr als fünfzig Jahre nachdem Proudhon seine Konzepte zum Mutualismus im politischen und ökonomischen Bereich auf der Basis einer umfassenden Dezentralisierung entwarf, greift Landauer einige Vorschläge Proudhons auf und stellt sie in den Zusammenhang seiner Vorstellungen von Sozialismus, die den zu Beginn dieses Jahrhunderts dominierenden marxistisch-etatistischen und geschichtsdeterministisch geprägten Sozialismusvorstellungen konträr gegenüberstanden: »Sozialismus ist eine Kulturbewegung, ist Kampf um Schönheit, Größe, Fülle der Völker.« (1978, 22)

Sozialismus oder Anarchie – diese Begriffe bezeichnen bei Landauer ein und dieselbe gesellschaftliche Ordnung – bedeutet direkte, auf solidarischer Gegenseitigkeit beruhende herrschafts- und ausbeutungsfreie Verbindungen zwischen Menschen. Im Sozialismus bzw. der Anarchie produzieren die Menschen füreinander und leben miteinander in dörflichen Gemeinschaften, die die organisatorische Basis für eine dezentral strukturierte Gesellschaft bilden.

»Staat« ist bei Landauer der Gegenbegriff zu »Gesellschaft«; Staat ist der Gegensatz zu einem System frei vereinbarter Beziehungen zwischen Individuen und Gruppen. Staat blockiere direkte Beziehungen und Vereinbarungen zwischen den Menschen und setze herrschaftliche Institutionen und Reglementierungen an ihre Stelle. Eine solche staatlich organisierte Ordnung verhindere die Ordnung des verbindenden »Geistes«. Der Geist-Begriff ist bei Landauer von zentraler Bedeutung. Er steht für Verbindung, Zusammenhang, strukturierte Gesellschaft, auch für Liebe, Gemeinschaft: »Geist ist Erfassen des Ganzen in lebendig Allgemeinen. Geist ist Verbindung des Getrennten, der Sachen, der Begriffe wie der Menschen; ... Geist ist ein Tun und ein Bauen.« (1978, 23) An anderer Stelle: »Dieser Geist heißt mit anderem Namen: Bund; und was wir dichten, schön machen wollen ist Praktik, ist Sozialismus, ist Bund der arbeitenden Menschen.« (1978, 35)

Geist ist Bund, und Bund arbeitender Menschen ist Sozialismus. Der hier zum Ausdruck kommende Assoziationsgedanke entspricht äußerlich dem Proudhonschen Mutualismus, also der freien Vereinbarung zwischen Menschen und Genossenschaften. Dieser »Mystische Sozialismus« (Linse, 1974, 17 ff.) oder »Kultursozialismus« (Kalz 1967) und die Vorstellung der »Geist-Revolution« (Linse 1973, 35 f.) bei Landauer steht in seiner Orientierung an Gemeinschafts- und Genossenschaftsvorstellungen in der Tradition der Wilhelminischen Siedlungs- und Genossenschaftsbewegung und der Lebensreformbewegung. (Linse 1973, 8–34)[2]

Die Herkunft des Landauerschen Denkens aus diesen Bewegungen führte ihn zu einer Sozialismusvorstellung, die sich mit den eher praktischen Konzepten Proudhons verbinden ließ, aber andere Grundintentionen verfolgte. So kann sich Landauer in einem Brief gegen die Feststellung wenden, sein Denken stehe in der Tradition Proudhons: »Du stutzest, aber versteh mich recht: mit der Herkunft meiner Anschauungen und Tendenzen hat Proudhon nichts zu tun. Ich habe ihn, als ich fertig war, kennengelernt und habe mich freilich gefreut, daß da ein so total anderer zu so ähnlichen Resultaten gekommen war.« (1929, Bd. 2, 283)

Sozialismus versteht Landauer als direkte Verbindung zwischen Menschen in allen Lebensbereichen ohne ein »Dazwischentreten« von herrschaftlichen Institutionen oder Vermittlern. Er plädiert in konzeptionell-organisatorischer Hinsicht ähnlich wie Proudhon für menschliche Beziehungen auf der Basis der Gegenseitigkeit und freien Assoziation. Diese Gegenseitigkeit wird verhindert durch alles, was nicht auf freier Vereinbarung beruht: Banken, Staat, Kapital u. a.

Landauer interpretiert Proudhons Zielvorstellungen unter der Prämisse seines eigenen Verständnisses von Sozialismus als (direkter) Bund der arbeitenden Menschen und als »Geist« und Verbindung: »Ihr Franzosen, sagt er, ... (habt – d. Verf.) Könige und Beamten gebraucht, um zueinander zu kommen und euch gegeneinander zu wahren; den König des Staates habt ihr 1793 abgeschafft; ... Räumt mit den autoritären Vermittlern auf; schafft die Schmarotzer ab; sorgt für die unmittelbare Verbindung eurer Interessen; ...« (1978, 103)

An der unmittelbaren Verbindung im wirtschaftlichen Bereich hindere Menschen das Kapital, das »Dazwischentreten des ausbeuterischen Vermittlers« (1978, 104). Wie folgt, setzt Landauer seine Interpretation – oder besser: – Adaption von Proudhon fort: »Muß denn die Reihenfolge immer sein: Not – Sklaverei – Arbeit – Produkt – Lohn – Konsum? Könnt ihr denn nicht mit dem beginnen, was der natürliche Beginn ist? So daß dann die Reihenfolge heißt: Auftrag – Kredit oder

Geld – Konsum – Arbeit – Produkt? Die Gegenseitigkeit äußert den Lauf der Dinge; ...« (1978, 105)

Landauer stimmt Proudhon in seinem Verständnis von Gegenseitigkeit (Mutualismus) und in seiner Tauschbankkonzeption in seinen Kernpunkten zu, ergänzt diese Vorstellungen jedoch um zwei wichtige Aspekte – den der Dezentralisierung der ökonomischen Beziehungen (also nicht nur der politischen Entscheidungskompetenzen) und den einer engen Verbindung von Arbeit und Leben, von »politischer« und wirtschaftlicher Organisation durch die Schaffung von sozialistischen Gemeinden. Die Menschen sollten »aus dem Kapitalismus austreten« und zunächst in ländlichen Siedlungen die Idee des Mutualismus realisieren. Es sollte unmittelbar für den Konsum produziert werden, indem die Produkte auf dem »sozialistischen Markt« unter Umgehung des Geldes als Vermittler »getauscht« werden.

Wie Proudhon unterscheidet Landauer zwischen Besitz und Eigentum. Er wendet sich nicht gegen den Besitz, sondern gegen die Besitz*losigkeit*. Im Aufbau gemeinschaftlicher Lebensformen als sozialistische Inseln könne es ohne eine vorhergehende revolutionäre Umwälzung der kapitalistischen Gesellschaft im »hier und jetzt« zu neuen sozialen und menschlichen Beziehungen kommen. Die vor Landauer schon von Kropotkin angestrebte Verbindung von Landwirtschaft, Industrie und Handwerk in der Form ländlicher Siedlungen soll weitgehend autarke Gemeinschaften entstehen lassen, in denen die Atomisierung der staatlich strukturierten Ordnung aufgehoben ist und in denen solidarische und gemeinschaftliche Lebens- und Arbeitsformen entwickelt werden.

Landauer weist auf alte Genossenschaftstraditionen hin, an die eine solche sozialistische Siedlung anknüpfen kann und in dessen Tradition sie zu stellen wäre: »Vieles ist da, woran wir anschließen können, was auch an äußeren Gestalten lebendigen Geistes noch Leben bringt. Dorfgemeinden mit Resten alten Gemeinbesitzes, mit den Erinnerungen der Bauern und Landarbeiter...; Einrichtungen der Gemeinschaft für Feldarbeit und Handwerk.« (1978, 145)

Wie viele seiner Zeitgenossen schlug Landauer die Gründung von Siedlungen vor und wirkte selbst an einem solchen Versuch mit[3]. Während Proudhon mit seinem Tauschbankmodell gleich in Konkurrenz treten wollte zum Kapitalismus, plädiert Landauer dafür, »klein anzufangen«, um den Sozialismus »zu lernen« und Geist sich entwickeln zu lassen (1977, 101). »Alles müssen wir erst wieder lernen: die Freude der Arbeit, der Gemeinsamkeit, der gegenseitigen Schonung... Sozialismus als Wirklichkeit kann nur erlernt werden; der Sozialismus ist wie jedes Leben ein Versuch.« (1978, 147 f.) Das große Ziel dieses »kleinen Beginnens« ist die Errichtung einer »Alternativökonomie« durch einen, wie Landauer sagt, »aktiven Generalstreik«: »... die Weigerung, für andere, für den Reichen, für den Götzen und das Unding zu arbeiten. Generalstreik – aber freilich ein anderer, als der passive Generalstreik mit verschränkten Armen... Der aktive Generalstreik wird erst dann kommen und siegen, wenn die arbeitenden Menschen sich in den Stand gesetzt haben, nicht einen Deut ihrer Aktivität, ihrer Arbeit anderen zu geben, sondern nur noch für ihren Bedarf, ihren wirklichen Bedarf zu arbeiten.« (1978, 145 f.)

Gruppen von Menschen, so die Vorstellung Landauers, sollen also durch den sukzessiven Ausbau selbstverwalteter, sozialistischer Gemeinden Produktions- und Konsumgenossenschaften dem Staat und Kapitalismus ihre Kooperation entziehen und die staatlich kapitalistische Gesellschaft durch einen »Gesellschaftssozialismus« ersetzen.

Das sehr deutliche Plädoyer Landauers, »den Staat sein zu lassen« und mit dem Sozialismus im kleinen zu beginnen, hielt ihn nicht davon ab, die revolutionäre Situation um die »Münchener Räterepublik« zu nutzen und daran mitzuwirken, gleichsam »von oben« (also nicht als Rätevertreter »von unten« deligiert) den Sozialismus zu ermöglichen.

> »Wenn die freien Produktivassoziationen...
> eine ungeheuere ökonomische Föderation bilden
> werden..., dann wird die menschliche Arbeit...
> die Welt regenerieren.«
>
> *Michail Bakunin*

## 3. Rätevertretungen und Organisationen der Weltindustrie – Bakunin

Bakunin, obwohl häufig als »Vater des Anarchismus« bezeichnet, ist wohl der am wenigsten »anarchistische« unter den erklärten Anarchisten. Dieser Eindruck drängt sich jedenfalls auf, wenn man seine Aussagen zur Organisation einer anarchistischen Gesellschaft ernst nimmt – oder ernster nimmt, als seine Polemiken gegen Staatsherrschaft und Staatssozialismus und seine ständig wiederholten Bekenntnisse zur »absoluten Freiheit«.

Wie viele Frühsozialisten in Frankreich und auch die führenden Vertreter der frühen deutschen Arbeiterbewegung plädierte auch Bakunin für Arbeiterassoziationen, also für Produktionsgenossenschaften. Eine staatliche Leitung und Kontrolle der Produktivgenossenschaften schloß er ebenso aus wie eine staatliche Planung der Produktion und Verteilung der Produkte, da er dies mit dem Grundsatz der Selbstverwaltung für unvereinbar hielt und nicht zuletzt auch deshalb, weil Bakunin in seiner »negativen Staatsfixierung« den Staat zum Inbegriff alles Bösen verklärte. Da also der Staat als Koordinator der Produktion ausgeschlossen ist, Bakunin aber eine weltweite Planung von Industrie und Wirtschaft für notwendig hält, entwickelt er den Gedanken eines weltweiten Rätesystems, das diese Aufgaben erfüllen soll.

Eine Abstimmung von Konsum und Produktion und eine Koordination, wie Proudhon sie über eine mutualistische Tauschbank für möglich hielt, zog Bakunin nicht in Erwägung. Von Proudhon hielt Bakunin auch als Ökonomen weniger als von Marx, dessen ökonomische Analysen er derart schätzte, daß er beabsichtigte, »Das Kapital« ins Russische zu übersetzen. Von Landauers Vorstellung einer dezentralen »Organisation des Konsums« ist Bakunins »industrialistischer« und zentralistisch ausgerichteter Entwurf einer Neustrukturierung der Wirtschaft und Gesellschaft noch weiter entfernt als von den Vorstellungen Proudhons.

Bakunin betont, die Verschiedenheit der historischen, geographischen und ökonomischen Bedingungen erlaube es nicht, »... ein Organisationsmuster aufzustellen, das für alle gleich gut und annehmbar wäre. Ein solches absolut jedes praktischen Nutzens entbehrende Unternehmen wäre übrigens Eingriff in den Reichtum und die Spontaneität des Lebens, das sich in der unendlichen Verschiedenheit gefällt, und, was noch mehr bedeutet, es wäre dem Prinzip der Freiheit entgegen.« (1975, 5) Diese Einsicht hindert Bakunin nicht daran, in direktem Anschluß an diese Bemerkung, ein detailliertes Organisationskonzept zu entwerfen.

Verglichen mit Bakunins theoretischen oder philosophischen Schriften, in denen nur wenige zusammenhängende Argumentationen zu finden sind, die häufig in losen Assoziationen münden und Fragmente bleiben, wirken seine Schriften zur Organisation der angestrebten freien Gesellschaft etwa im »Revolutionären Katechismus« bemerkenswert strukturiert. Auch über Einzelprobleme (z. B. Erziehung) läßt er sich, wenn auch widersprüchlich, so doch sehr detailliert aus.[4]

Aus Bakunins Kritik am (Staats-)Kommunismus der Marxisten einerseits und an Proudhons, wie Bakunin meint, fehlender Einsicht in ökonomische Zusammenhänge andererseits, können die Grundlagen seiner Alternativen aufgezeigt werden. Bakunin lehnt den Kommunismus ab: »Ich verabscheue den Kommunismus, weil er die Negation der

Freiheit ist, und weil ich mir nicht menschliches ohne Freiheit vorstellen kann. Ich bin kein Kommunist, weil der Kommunismus alle Kräfte der Gesellschaft auf den Staat lenkt und in diesem absorbiert; ...« (zitiert nach Joll 1969, 77)

Einen Kommunismus auf Gemeindeebene, wie ihn später Kropotkin propagiert, zieht Bakunin nicht in Erwägung. Auch Proudhons Unterscheidung von »Besitz« und »Eigentum« und dessen Vorstellung freier Besitzer, die auf der Basis der Gegenseitigkeit ihre Produkte austauschen, lehnte er entschieden ab.

Schon bei Proudhon in seiner Schrift »Was ist Eigentum?« und später auch bei Landauer finden sich Hinweise darauf, daß der »Besitz« an Produktionsmitteln nur als Nutzungsrecht zu verstehen sei, das mit dem Tod oder der Arbeitsunfähigkeit des Nutzers an die Gemeinde zurückfallen soll. Aus Bakunins Forderung der Abschaffung des Erbrechts (auf Produktionsmittel und Kapital) zugunsten eines von der Gemeinde verwalteten Erziehungsfonds, bzw. unspezifisch zugunsten der Gemeinde, ist nun zu entnehmen, daß die Gemeinde als kleinste politische Einheit Eigentümerin aller Produktionsmittel sein solle und diese den Produzenten oder deren Assoziationen zur Nutzung überträgt.

Die überregionale ökonomische Kooperation, so ist Bakunins »Revolutionäre(m) Katechismus« zu entnehmen, ermöglicht eine »alle Grenzen überschreiten(de)«, »ungeheure ökonomische Föderation« von Vertretungsorganen der »Produktivassoziationen«, an deren Spitze »von unten nach oben organisiert« ein Parlament steht, das durch die ebenso umfassenden wie genauen und detaillierten Daten einer Weltstatistik, wie sie heute noch nicht existieren kann, informiert, Angebot und Nachfrage kombinierend, die Produktion der Weltindustrie leiten, bestimmen und zwischen den verschiedenen Ländern verteilen kann, »... dann wird die menschliche Arbeit, die Befreiung eines Jeden und Aller, die Welt regenerieren.« (1979, 21)

Trotz Bakunins oft bekundetem Vertrauen auf die »Spontaneität des Lebens« und seines Ressentiments gegen »wissenschaftliche Planung« scheint aus dieser Textstelle, wie aus anderen Schriften Bakunins, ein beinahe unbegrenztes Vertrauen in den Fortschritt der Wissenschaft zu sprechen. Eine ökonomische Zentralisation soll also aus einem System von Föderationen hervorgehen, das, wie Bakunin ständig betont, bei »absoluter Freiheit« aller Individuen und Kollektive sich »von unten nach oben« oder »von der Peripherie zum Zentrum« hin aufbaut. Im Gegensatz zur Hierarchie der politischen Föderation verzichtet Bakunin hier auf die Darlegung der Kompetenzverteilung innerhalb dieses weltweiten ökonomischen Koordinationssystems. Aus Bakunins Ausführungen geht bereits hervor, daß sich eine zentrale Planungs-, Verteilungs- und Leitungsinstitution kaum mit einer »absoluten Freiheit« der »freien Produktivassoziationen« vereinbaren läßt. (1979, 9)

Bakunin selbst schränkt die (»absolute«) Assoziationsfreiheit dadurch ein, daß Assoziationen, deren »Statuten« den Grundprinzipien der politischen Verfassung zuwiderlaufen, »juridisch« nicht anerkannt würden, d. h. daß ihnen von den Gemeinden kein Rechtsschutz vor Übergriffen gewährt würde. Bakunin stimmt mit Marx darin überein, und unterscheidet sich insofern von Proudhon und Landauer, daß er großindustrielle Produktionsformen und eine ökonomische Zentralisation ausdrücklich bejaht. Nicht die Assoziationen selbständiger Handwerker und Bauern dienen ihm als Leitbild, sondern industrielle Produktionsassoziationen. Die Arbeit selbst soll gemeinschaftlich, kollektiv sein und nicht individuell: »Die intelligente und freie Arbeit wird notwendigerweise assoziierte Arbeit sein ... in allen industriellen und selbst wissenschaftlichen und künstlerischen Unternehmungen, deren Natur assoziierte Arbeit zuläßt, (werden – d. Verf.) alle die Assoziationen vorziehen ...« (1979, 20)

Assoziierte Arbeit, so Bakunin, steigere die Produktivität, verkürze die Arbeitszeit, erleichtere die Arbeit und vergrößere den Verdienst. Einkommensgleichheit sieht Bakunin nicht vor; die Entlohnung erfolgt nach Leistung. An anderer Stelle empfiehlt er Arbeiterassoziationen auch deshalb, weil nur durch die gemeinsame Tätigkeit mit anderen Menschen sich individuelle Freiheit realisieren könne. Zu Bakunins ökonomischen Vorstellungen läßt sich folgendes festhalten: Genossenschaftliche Produktion, Ausschaltung des Privateigentums an Produktionsmitteln, freie Vereinbarung zwischen den Produzenten – und, damit kaum vereinbar: zentrale Planung und Leitung der Weltproduktion durch ein Parlament (von der Peripherie zum Zentrum, von unten nach oben aufgebaut) als Spitze einer gewaltigen, pyramidenartig aufgebauten Organisation. Parallel zu dieser pyramidal und sogar hierarchischen Organisation der Produktion scheint Bakunin ein ähnlich strukturiertes Rätesystem vorzusehen, das auf territorialer Basis (»von unten«, d. h. der Gemeinde, »nach oben«, d. h. die Welt) politisch-soziale Belange regelt. Vieles bleibt bei Bakunin allerdings unklar und widersprüchlich. Dieses vermutlich von Bakunin angestrebte doppelte Rätesystem vertraten später auch Anarcho-Syndikalisten. Sie statteten in ihren Gesellschaftsentwürfen die überregionalen Rätevertretungen jedoch mit weniger Kompetenzen aus.

Nettlau, der den Anarchismus und das Leben und Wirken Bakunins wohl am gründlichsten historisch aufgearbeitet hat und selbst mit dem Anarchismus sympathisierte, wandte gegen Bakunin ein: »Diese Vergleichsworte unten – oben, Peripherie – Zeitraum, gebrauchte Bakunin unzählige Male. Sie widersprechen dem heutigen anarchistischen Empfinden, das kein Oben und kein Zentrum zu erkennen wünscht.« (o. J., Bd. II, 37 f.)

Das »moderne anarchistische Empfinden« ist nach Nettlau dadurch zu charakterisieren, daß ein »friedliches, amorphes Nebeneinander« angestrebt werde, ohne pyramidiale Organisationsstrukturen. Diese Vorstellungen tauchten bei Kropotkin und ansatzweise bei Landauer auf. Anarchisten, die innerhalb der Gewerkschaften und in engerem Kontakt mit der Arbeiterbewegung standen als Kropotkin und Landauer, sprachen sich häufig für fester gefügte Organisationsformen aus. Im Syndikalismus und Anarcho-Syndikalismus wiederholten sich Elemente des Denkens Bakunins und der antiautoritären Fraktion der Internationale und richteten sich gegen autoritär-zentralistische Organisationsformen und gegen die sozialdemokratischen und marxistischen Vorstellungen der Übernahme staatlicher Herrschaft durch Arbeiterparteien. Anarchisten und revolutionäre Syndikalisten lehnten zwar gemeinsam eine Eroberung der Staatsmacht ab und ebenso eine Beteiligung am Parlamentarismus, sie weisen in Fragen der Mittel des Klassenkampfes und in ihren Zielsetzungen Ähnlichkeiten auf, unterscheiden sich jedoch in verschiedenen Punkten und sind deshalb keinesfalls gleichzusetzen.

> »Die Emanzipation der Arbeiter muß das Werk der Arbeiter selbst sein!«
>
> *Grundsatz von Anarchisten und Syndikalisten*

## 4. Anarchismus und Syndikalismus

In seinen verschiedenen historischen und regionalen Ausprägungen war und ist der Syndikalismus (von frz. syndicat = Gewerkschaft) als eine bestimmte Organisationsform der Arbeiterbewegung mit bestimmten Zielsetzungen überwiegend in romanischen Ländern vertreten. Die syndikalistische Arbeiterbewegung erstarkte vor allem in Frankreich gegen Ende des 19. Jahrhunderts. Sie organisierte sich in zwei Strängen: Einmal bildeten sich auf der Basis einzelner Betriebe und Industriezweige Rätevertretungen und Föderationen – alle »von unten nach oben« –; zum anderen entstanden auf kommunaler Basis »Arbeiterbörsen«, denen zunächst die Aufgabe zukam, Arbeitsplätze zu vermitteln, die aber schließlich vor allem kulturelle und soziale Funktionen übernahmen.

Viele Syndikalisten bezogen sich auf Proudhon und die von ihm vorgeschlagenen föderalistischen Organisationsstrukturen. Die Affinitäten des Syndikalismus zum Anarchismus sind nicht nur über die Person Proudhons erklärbar. Der Anarchist und Syndikalist Rudolf Rocker (1873–1958) sah im Syndikalismus die »natürliche Fortsetzung« der freiheitlichen Strömung der alten Internationale. (1980, Bd. 1, 54f.) Wie die autoritäre Fraktion um Bakunin lehnten die Syndikalisten die Konzeption einer Staatseroberung auf parlamentarischem oder revolutionärem Wege ab und ebenso die staatssozialistisch-marxistischen Strategien einer Organisation der Arbeiter in politischen Parteien. Syndikalisten beschränkten sich vielmehr auf den »ökonomischen Kampf«, organisierten sich »basisdemokratisch« »von unten nach oben« und setzten sich zum Ziel, durch Generalstreiks die politische und wirtschaftliche Macht auszuschalten, um schließlich die gesamte Gesellschaft durch Gewerkschaften und Gewerkschaftsföderationen zu verwalten.

Rocker legt in seiner »Prinzipienerklärung des Syndikalismus« im Jahre 1919 (1973) die Organisationsformen des Syndikalismus dar und verbindet sie mit der Perspektive einer Umgestaltung der kapitalistisch-staatlichen Gesellschaft in eine kommunistisch-staatslose. Dieses Ziel, so Rocker, sei zu realisieren »... durch die Übernahme der Verwaltung jedes einzelnen Betriebes durch die Produzenten selbst und zwar in der Form, daß die einzelnen Gruppen, Betriebe und Produktionszweige selbständige Glieder des allgemeinen Wirtschaftsorganismus sind, die aufgrund gegenseitiger und freier Vereinbarung die Gesamtproduktion und die allgemeine Verteilung planmäßig gestalten im Dienst der Allgemeinheit.« (1973, 11)

In dieser Prinzipienerklärung versucht Rocker, Vorstellungen des (»amorphen«) Anarchismus, wie sie bei Kropotkin zu finden sind, mit denen, die eher auf festere (antiautoritäre) Organisationsformen abzielen, zu verbinden und vernachlässigt die bestehenden Differenzen zwischen Anarchisten und Syndikalisten. Rocker betont die Gemeinsamkeiten. Er sieht in den (syndikalistischen) Gewerkschaften die »Keimzelle der künftigen Gesellschaft«. Wie in der vorhandenen syndikalistischen Arbeiterbewegung in Frankreich soll die Organisation, wie Rocker sie in der »Prinzipienerklärung« darlegt, zwei Stränge aufweisen. Der eine bildet eine Föderation auf der Basis der Betriebe und Industriezweige, der andere – auf territorialer Basis – bildet »von unten nach oben« eine Föderation der Gemeinden, deren Mittelpunkt die lokalen »Arbeiterbörsen« darstellen sollen. Letztere Arbeiterbörse soll in der zukünftigen Gesellschaft u. a. den Bedarf feststellen und somit den »Verbraucherstandpunkt« vertreten.

Diese von Rocker unterstellte Übereinstimmung von Syndikalismus und Anarchismus wurde keinesfalls von allen Anarchisten und Syndikalisten geteilt. Innerhalb des Syndikalismus entwickelten sich reformistische Strömungen, die sich von Forderungen nach der Zerschlagung des Staatsapparates und der Perspektive einer Organisation aller gesellschaftlichen Bereiche durch die Gewerkschaften zunehmend distanzierten und sich damit auch von anarchistischen Zielsetzungen entfernten. Revolutionäre Syndikalisten hingegen distanzierten sich von der Organisationsfeindlichkeit der Anarchisten und beklagten deren sektiererische Flucht in die »philosophische Spekulation« und den fehlenden Kontakt zur Arbeiterbewegung. (Monatte, 1973) Den Anarchisten waren die strafferen Organisationsformen der Syndikalisten zu autoritär; sie lehnten etwa bezahlte Berufsfunktionäre mit weitergehenden Entscheidungskompetenzen entschieden ab.

Hinzu kommt, daß, obwohl die revolutionären Syndikalisten durchaus revolutionäre Zielsetzungen verfolgten und neben dem Mittel des Generalstreiks auch Sabotage in den Betrieben befürworteten, sich Anarchisten nicht auf diese Aktionsformen beschränken lassen wollten, sondern revolutionäre bewaffnete Revolten und Volkserhebungen für notwendig hielten, wie sie sich etwa Ende des Jahrhunderts in Italien ereigneten. So kritisierte der Anarchist Malatesta unter dem Schlagwort »der Syndikalismus genügt sich selbst« die syndikalistische Bewegung als »reformistisch« und betonte, es sei die Aufgabe der Anarchisten, innerhalb der syndikalistischen Bewegung zu agitieren, um sie zu radikalisieren und die Arbeiter für gewaltsame Aktionen zu gewinnen. (Malatesta 1977, 162 und Monatte, Malatesta 1972)[5]

Auch Bertrand Russell, der die verschiedenen Strömungen innerhalb der Arbeiterbewegung sehr genau kannte, grenzt den Syndikalismus nicht nur vom marxistischen Sozialismus, sondern auch vom Anarchismus ab und zwar, indem er die Verankerung der syndikalistischen Vorstellungen in der Basis der Arbeiterbewegung hervorhob:

»Der kollektivistische oder marxistische Sozialismus wollte uns glauben machen, daß er eine charakteristische Arbeiterbewegung sei; doch er ist es nicht. Auch der Anarchismus ist es nicht. Jener ist überwiegend bourgeois, dieser aristokratisch, wobei in beiden Fällen ein Schuß Büchergelehrsamkeit hinzukommt. Der Syndikalismus dagegen ist

116

unzweifelhaft in seinem Ursprung und in seinen Zielen eine Arbeiterbewegung, er verdankt den ›oberen Klassen‹ fast nichts und ist wirklich
entschlossen sie zu vernichten.« (Russell 1977, 65)

Monatte, ein Vertreter des revolutionären Syndikalismus, betonte in
einer Debatte im Jahre 1907 mit Malatesta hingegen die Gemeinsamkeiten von Anarchismus und Syndikalismus: Beide erstrebten die Ausschaltung des Kapitalismus, beide lehnten den »politischen« (parlamentarischen) Weg ab und ebenso die Bildung sozialistischer Parteien;
beide seien weder zentralistisch noch autoritär. (1972, 325 ff.) Der
Anarchistenkongreß in Amsterdam 1907, auf dem diese Debatte zwischen Malatesta und Monatte geführt wurde, endete mit der Empfehlung, daß Anarchisten in die Syndikate eintreten sollten, um diese zu
radikalisieren und in ihren revolutionären Elementen zu stärken. Im
Syndikalismus sahen Anarchisten die Chance, mit ihren Ideen wieder
Anschluß an die Arbeiterbewegung zu gewinnen nach einer Phase, in
der ihre Theorien allenfalls bei Intellektuellen auf Resonanz stießen
und anarchistisch legitimierte Terrorakte die Anarchisten weitgehend
isolierten.

Auf seiten der Anarchisten setzten Rocker, Souchy u. a. weniger auf
Abgrenzung und plädierten auch später, als sich die eher gemäßigten
Kräfte im Syndikalismus durchzusetzen begannen, dafür, in die Syndi-
kate einzutreten und sie in folgender Doppelfunktion zu unterstützen:
Einerseits: Verbesserung der Arbeitsbedingungen, Durchsetzung von
Lohnerhöhungen und Arbeitszeitverkürzungen; andererseits: Aufbau
einer Organisation, die die Revolution herbeiführen und die Produktion
und Verteilung nach der Revolution sicherstellen könne. (Rocker 1980,
Bd. 1, 57)

Die Syndikalisten vor allem in Frankreich und Belgien erzwangen
innerbetriebliche Reformen, höhere Löhne und bessere Arbeits- und
Lebensbedingungen, gaben zunehmend frühere »systemüberwindende«
Positionen und ihre revolutionären Zielsetzungen auf. Dies war der
Grund, weshalb Anarchisten eigene anarcho-syndikalistische Arbeiterorganisationen ins Leben riefen, um eine Alternative zu bieten zu den
»reformistischen« Syndikalisten und den mit der sozialdemokratischen
Partei verbundenen deutschen Gewerkschaften. Die Anarcho-Syndikalisten sahen jedoch in den Gewerkschaften nur ein Mittel zu einer
radikalen gesellschaftlichen Umgestaltung und verfolgten in den föderalistischen über Räte organisierten Gewerkschaften neben der Durchsetzung der aktuellen Interessen der Arbeiter den Zweck der Vorbereitung der neuen Gesellschaft. »Denn nur in der vom revolutionären
Geist erfüllten Wirtschaftsorganisation der Arbeiter kann sich die Reor-

117

ganisation der Gesellschaft vorbereiten und im gegebenen Moment feste Gestalt annehmen.« (Rocker 1980, Bd. 1, 55)

Nachdem sich im Nachkriegsdeutschland Gewerkschaften mit wenig (basis-)demokratischen Strukturen und mit starren und teilweise verselbständigten Bürokratien durchgesetzt haben, die zu den entschiedensten Apologaten des Industrialismus gehören und sich vielfach einer ökologischen Umstrukturierung der Gesellschaft in den Weg stellen, scheint es mir lohnend, sich den von (Anarcho-)Syndikalisten propagierten dezentralen und föderalistischen Organisationsmodellen zuzuwenden. Diese sollen gewährleisten, daß die Arbeiter sich in ihren konkreten Interessen und Bedürfnissen zusammenschließen und verschiedene Aktionen koordinieren, ohne Entscheidungskompetenzen an übergeordnete Führungsgremien abzugeben. Rocker betont: »Die innere Einheit der Arbeiterklasse bedeutet daher kein willkürliches Zusammenkoppeln sich widerstrebender Elemente unter dem Zwange einer toten Disziplin, sie muß vielmehr den Gemeinschaftsbedürfnissen der gemeinschaftlichen Interessen und Bestrebungen entspringen und in diesen ihre natürliche Basis finden.« (1980, Bd. 1, 55)

Wenn die Interessen nicht von den Arbeitern selbst über deren Räte vertreten werden, so Rocker weiter, bestehe die Gefahr, daß sich eine Funktionärsschicht etabliere, die, wie jede Bürokratie, schließlich Eigeninteressen entwickele und sich verselbständige. Verbunden mit staatssozialistischen politischen Parteien würden derart organisierte Gewerkschaften »äußere Staffage für den Ehrgeiz der Parteien und Werkzeug für bestimmte Sonderinteressen« sein. (1980, Bd. 1, 55) Deshalb müsse der Arbeiter »persönlicher Träger, Kämpfer und Verteidiger seiner Interessen« bleiben.

Diese Hervorhebung der direkten Interessenvertretung gegenüber einer verordneten Einheit und einer Zurückstellung konkreter Interessen zugunsten eines vermeintlichen Gesamtinteresses greift ein zentrales Motiv im Denken Proudhons und anderer Anarchisten auf. Dieser Aspekt einer Selbstorganisation der Interessen korrespondiert mit dem Ziel einer genossenschaftlich strukturierten und auf dem Prinzip der Gegenseitigen Hilfe basierenden Ökonomie und eines *Selbstverwaltungssozialismus* und macht die Ablehnung staatssozialistischer Vorstellungen ebenso verständlich wie den Widerstand gegen autoritär-zentralistische Organisationsformen in der Arbeiterbewegung.

Der Zustand der hiesigen Gewerkschaften bestätigt sehr eindrucksvoll die Kritik der Anarchisten und Syndikalisten. Die Verflechtung gewerkschaftlicher mit parteipolitischen und unternehmerischen Interessen und nicht zuletzt die Herausbildung starrer Bürokratien stehen einer effektiven Vertretung von Arbeiterinteressen ebenso im Wege wie einer Emanzipation der Arbeiter. Will man in Anbetracht dieser Tendenzen heute noch glaubhaft Forderungen nach erweiterter Partizipation der Arbeiter an den Entscheidungsprozessen der Unternehmen und Betriebe und nach einer Demokratisierung der Arbeitswelt vertreten, so kann man die Alternativen der Syndikalisten und Anarchisten nicht weiterhin ignorieren. Jedenfalls sind weitergehende Demokratisierungskonzepte mit den Organisationsmodellen der (Anarcho-)Syndikalisten eher zu vereinbaren als mit den traditionell staatssozialistisch-etatistischen. Dies gilt in noch höherem Maße für den Genossenschafts- und Selbsthilfegedanken, dem sich selbst die SPD auf der Suche nach neuen ergänzenden programmatischen Inhalten zuwendet.

>... die Harmonie in stetig wechselndem und
flüchtigen Gleichgewicht zwischen den vielfachen
und verschiedenen Kräften und Einflüssen...<

*Peter Kropotkin*

## 5. *Vollgenossenschaften und amorphe Verbindungen – Kropotkin*

Die alternativen Gesellschaftsmodelle der Anarchisten sind äußerst vielfältig – darauf noch einmal hinzuweisen ist geboten, bevor wir zu Kropotkins ökonomischen Vorstellungen kommen, die sich von denen der Anarcho-Syndikalisten und vor allem von Bakunin erheblich unterscheiden. Wie gezeigt wurde, stellte sich Bakunin eine selbstverwaltete Gesellschaft als eine pyramidal und »von unten nach oben« aufgebaute vor. Viele Anarcho-Syndikalisten und auch Bakunin und seine Anhänger verstanden sich nicht als Kommunisten gemäß des Grundsatzes »Jeder nach seinen Fähigkeiten, jedem nach seinen Bedürfnissen«. Doch genau in diesem Sinne ist der Anarchist Kropotkin auch Kommunist. Sein Anarcho-Kommunismus richtet sich gegen jegliche Tauschwirtschaft, gegen Besitzindividualismus und Kollektivismus. Von Bakunin unterscheidet sich Kropotkin nicht nur durch den Dezentralisierungsaspekt, sondern vor allem dadurch, daß er überregionale Beziehungen politischer, ökonomischer, kultureller und sonstiger Art nicht als »von unten nach oben strukturierte«, sondern als *amorphe* Verbindungen aus freien Vereinbarungen versteht; die Assoziationen und ökonomischen Kooperationen in einer anarchistischen Gesellschaft sind bei Kropotkin also keinesfalls einheitlich »von unten nach oben« strukturiert.

Mit seinem Anarcho-Kommunismus wendet sich Kropotkin gegen autoritär-staatskommunistische Vorstellungen, wie sie auch einige Frühsozialisten vertraten. Er entwirft einen Kommunismus, der seine gesellschaftliche Basis in autonomen Kommunen haben soll. Buber weist aus diesem Grunde darauf hin, daß Kropotkin eher als Kommunalist denn als Kommunist zu verstehen sei. (1950, 68ff.) In Unterscheidung von bloßen Produktionsgenossenschaften bilden die Menschen im Modell Kropotkins »Vollgenossenschaften«, d. h. sie leben und arbeiten gemeinschaftlich. Israelischen Kibbuzim kommen diese Vorstellungen sehr nahe.[6]

Mit seinem Vollgenossenschaftskonzept wendet sich Kropotkin gegen die von den an Bakunin orientierten »kollektivistischen« Anarchisten verfochtenen Vorstellungen, nach denen das individuelle Einkommen oder die privaten Konsummöglichkeiten an der Arbeitsleistung zu bemessen seien. Einen solchen »Teilkommunismus«, in dem die »Konkurrenz zwischen den einzelnen und Gruppen betreffs des Brotes, der Wohnung, der Kleidung« erhalten und soziale Korrekturmaßnahmen notwendig blieben, lehnt er ab. (1983, 76) Mögliche Einwände vorwegnehmend, räumt Kropotkin ein, daß gegebenenfalls »Lässigkeit« bei der Arbeit mit sozialer Isolation oder mit Ausschluß aus der Genossenschaft sanktioniert werden könne. (o. J., 173)

Kropotkin stellt sich die Kooperation innerhalb der Kommunen und zwischen ihnen derart vor, daß neben dem Solidaritätsgrundsatz der »Gegenseitigen Hilfe« auch dem Prinzip der freien Vereinbarung über eventuelle Gegenleistungen, also tauschähnlichen Beziehungen, konstitutive Bedeutung zukommt: »Freie Entfaltung«, »freie Initiative« und »freie Vereinbarung« sollen eine Erstarrung und Vereinheitlichung der kommunistischen Gemeinschaften verhindern. »Sie (die anarchistische Gesellschaft – d. Verf.) sucht die vollständige Entwicklung der Individualität, verbunden mit der höchsten Entwicklung der unter allen Gesichtspunkten freiwilligen Verbindung für alle möglichen Stufen, für alle denkbaren Ziele: eine stets wandelbare Verbindung, die in sich selbst die Grundlagen für die Dauer trägt und die Formen annimmt, die in jedem Augenblick am besten den mannigfachen Bestrebungen aller entsprechen.« (1983, 68)

Kropotkins Vertrauen auf die spontanen, frei vereinbarten Verbindungen läßt den Aspekt vernachlässigt, daß im makro-ökonomischen Bereich Planungen der Produktion und Konsumtion sowie auch der Verteilung an ökonomisch weniger effiziente Kommunen notwendig werden könnten. Auch dem Problem einer Organisation der Umverteilung des gesellschaftlichen Reichtums etwa zugunsten klimatisch benachteiligter Gebiete stellte sich Kropotkin nicht.

In seinen Büchern (vor allem: 1976a) versucht Kropotkin eine Dezentralisierungstendenz zu belegen (weltweite Ausbreitung neuer Technologien, Verbreitung von zuvor nur in wenigen Ländern betriebener Industrien). So soll der Nachweis erbracht werden, daß einer bedürfnisgerechten Produktion nur der Kapitalismus und der Staat im Wege stünden und daß eine ökonomische Koordination zweckmäßiger dezentral und durch freie Vereinbarung zwischen Produktionsgenossenschaften durchgeführt werden könnte.

Eine hochtechnisierte Kleinindustrie in Verbindung mit Landwirtschaft lasse dezentrale selbstbestimmte Kommunen möglich werden; technische Kommunikationssysteme verhinderten eine Isolierung der autonomen Gemeinden und ermöglichten es, Verträge, etwa über Rohstofflieferungen, zeitsparend zu organisieren. Die geschichtliche Tendenz begünstige also die Dezentralisierung. »Industrien aller Art dezentralisieren sich und verbreiten sich über die ganze Erde; überall entsteht eine Mannigfaltigkeit von Gewerben. Nicht Arbeitsteilung, sondern Arbeitsvereinigung ist der kennzeichnende Zug der Zeit, in der wir leben.« (1976a, 58)

Nicht Urbanisierung der Bevölkerung sei anzustreben, sondern Industrien, die in ländlicher Umgebung». . . in Gestalt einer sozial organisierten industriellen Produktion mit voller Hilfe der Maschinen und technischen Wissens in die Dörfer kommen.« (1976a, 47) Kropotkin befürwortet eine überschaubare Industrie und Handwerksbetriebe auf technisch hohem Niveau, welche in dörfliche Gemeinschaften zu integrieren seien, um ein kommunistisches Gemeinschaftsleben zu ermöglichen und humane Arbeitsbedingungen einzuführen: »Habet Fabrik und Werkstätten dicht neben euren Feldern und Gärten und arbeitet in ihnen! Natürlich nicht jene großen Betriebe. . . sondern die zahllose Mannigfaltigkeit von Werkstätten und Fabriken, die notwendig sind, die unendliche Verschiedenartigkeit des Geschmacks zivilisierter Menschen zu befriedigen.« (1976a, 196)

Kropotkin plädiert für Technologien und Industrien, die eine »Vereinigung von Industrie und Landwirtschaft« ermöglichen. Großindustrien wie die Eisenerzeugung, Bergwerksbetriebe und Werften hält er zwar in begrenzter Anzahl für notwendig, doch fügt er einschränkend hinzu: »Aber viele unserer großen Fabriken sind nichts anderes als Ansammlungen verschiedener besonderer Industrien unter gemeinsamer Leitung, und wieder andere sind nur Hunderte von Wiederholungen der gleichen Maschine.« (1976a, 197) Derlei überflüssige Zentralisation empfiehlt Kropotkin rückgängig zu machen und Großindustrien, wenn möglich, zu dezentralisieren, da sie Lebens- und Arbeitsbedingungen zur Folge hätten, die der menschlichen Sozialität zuwiderliefen.

Für industrielle Gesellschaften seien freie Assoziationen – ausgehend von kommunistischen Gemeinschaften – die angemessene Form einer realisierten Gegenseitigen Hilfe. Anfänglich würden sich einzelne autarke Kommunen organisieren, die schließlich Föderationen eingehen. Doch die menschlichen Bedürfnisse machten weitere Kooperationen nötig:

»Unsere Bedürfnisse sind so verschiedenartig, sie vermehren sich so schnell, daß eine einzige Föderation bald nicht mehr genügen wird, um sie alle zu befriedigen. Die Kommune wird also das Bedürfnis fühlen, noch andere Bündnisse zu schließen, sich anderen Föderationen beizugesellen. (...) Ebenso werden die Föderationen der Kommunen, wenn sie nichts in ihrer freien Entwicklung mindert, einander kreuzen, umgeben und decken, und auf solche Art zu einem festen Geflechte auswachsen.« (1978, 73)

In der hier angedeuteten Entwicklung von einzelnen weitgehend autarken Kommunen bis hin zu einer komplexen Vernetzung vielfältiger Beziehungen ist keinesfalls einer Dezentralisierung um ihrer selbst Willen das Wort geredet. Aus Kropotkins Schriften ist vielmehr zu entnehmen, daß seine Vorstellungen durchaus im Sinne des Subsidiaritätsprinzips zu verstehen sind: Die Aufgaben, die dezentral von den einzelnen Kommunen zu erledigen sind, sollen diese auch wahrnehmen. Darüber hinaus regeln Föderationen von Kommunen oder Produktionsgenossenschaften überregionale, aufwendigere Aufgaben, die die Basiseinheiten nicht allein bewältigen können.

Den kommunalistisch-kommunistischen Anarchismus Kropotkins prägt nicht ausschließlich das Bemühen um ökonomische Effektivität und Produktivität, sondern vor allem das Interesse, andere soziale Beziehungen zwischen Menschen möglich zu machen. Die Unterordnung vermeintlicher ökonomischer Zwänge unter ethisch-soziale Zielsetzungen kennzeichnen die Vorstellungen Kropotkins und werden häufig am anarchistischen Denken kritisiert: »In dieser Argumentation liegt wieder der alte Fehler, daß ethisches Denken an die Stelle ökonomischer Überlegung getreten ist.« (1926, 43)

Doch m. E. zeichnet gerade diese ethische Grundorientierung und das damit verbundene Ziel einer vollständigen Emanzipation des Menschen den Anarchismus vor Theorien aus, die von der Entfaltung der Produktivkräfte den Sozialismus erhoffen und den ökonomischen Notwendigkeiten vertrauen. Wenn nun heute wiederum »prophetisch« dazu aufgerufen wird, »Kommune zu wagen« (Bahro 1985, 100ff.), schwingt allerdings ein Gedanke mit, der eher an Landauer als an Kropotkin erinnert: Kommune soll der Ort des »Beginnens« im kleinen sein oder sogar der Ort der »Reinigung«. Davon abgesehen bleibt, wie ich meine, der Kommunegedanke aktuell, da er auch unabhängig von gesamtgesellschaftlichen Umwälzungen ansatzweise zu praktizieren ist.

> »Man sagt, daß die Arbeit den Menschen
> gut mache; doch ich habe immer das Gegenteil
> beobachtet.«
>
> *Leo Tolstoi*

## 6. Zur Bedeutung der Arbeit

Der ausschließlich an der ökonomischen Entwicklung orientierte Fortschrittsbegriff und die – trotz des vermeintlichen postmaterialistischen Wertewandels – heute immer noch dominierende Orientierung an Beruf und Leistung drücken sich in einem Arbeitsethos aus, das die westlichen Industriegesellschaften entscheidend prägt. Folgt man Max Weber, so wurde dieses Arbeitsethos wesentlich beeinflußt von der »protestantischen Ethik«, nach der die Erfolge der Arbeit und des Gelderwerbs Indikatoren darstellten, ob ein Mensch in göttlicher Gnade stehe und zu den wenigen gehöre, deren ewige Seligkeit prädestiniert sei. Der Arbeit kam im Protestantismus damit nicht nur die Bedeutung zu, den Lebensunterhalt zu sichern und schon gar nicht Genuß zu ermöglichen, sondern wurde zur Tugend schlechthin. (Weber 1975, 43)

Dieses »protestantische« Arbeitsethos geht als ein konstitutives Element in einen Fortschrittsbegriff ein, in dem der Fortschritt der Produktivkraftentwicklung zum Fortschritt schlechthin verkürzt wird. Auch Marx – darauf wurde anfangs bereits hingewiesen – löste sich nicht von diesem bürgerlichen und »eindimensionalen« Fortschrittsbegriff. Dies kommt auch darin zum Ausdruck, daß der Fortschritt in der Organisation der menschlichen Arbeit auch Erkenntnisfortschritt bedeutet. Die materielle Aneignung der Welt in der gesellschaftlichen Arbeit ist bei Marx und Engels auch als Erkenntnisprozeß gedacht. Erkenntnis wird im Arbeitsprozeß gewonnen.[7]

Bei den meisten Anarchisten war das Verständnis von Arbeit weniger belastet von Leistungs- und Arbeitseuphorie, wie es etwa heute in Forderungen nach einem »Recht auf Arbeit« zum Ausdruck kommt. Der Anarchismus war weitgehend unbelastet von erkenntnistheoretischen und geschichtsphilosophischen Überlegungen und anderen Mystifizierungen der Arbeit.[8] Emanzipation setzen Anarchisten nicht gleich mit einer Befreiung der Arbeit und einer revolutionären Umwälzung der Produktionsverhältnisse. Ebenso sehen sie nicht in der Arbeiterklasse das alleinige revolutionäre Potential. Arbeit ist nur ein, wenn auch sehr wichtiger Lebensbereich neben anderen, und Herrschaft wird in allen Lebensbereichen ausgeübt.

Anarchisten plädieren sowohl für eine Befreiung *der* Arbeit als auch für eine Befreiung *von der* Arbeit. Im Vordergrund stehen Forderungen nach einer gerechten Verteilung der unbefriedigenden aber notwendigen Arbeiten, nach einer Verkürzung der Arbeitszeit durch den Einsatz von Maschinen, nach einer Humanisierung der Arbeit und Diversifizierung der Tätigkeiten der einzelnen und nicht zuletzt nach einer Aufhebung der Trennung von Kopf- und Handarbeit. Schon aus dieser Aufzählung geht hervor, daß es ihnen sowohl darum geht, aus der Arbeit eine selbstorganisierte, kreative und sinnvolle Lebensäußerung zu machen als auch darum, ungeliebte Arbeiten zu reduzieren.

Die einzelnen Anarchisten nehmen unterschiedliche Schwerpunktsetzungen vor und betrachten die Arbeit unter verschiedenen Aspekten. Landauer etwa plädiert für eine Befreiung *der* Arbeit und kritisiert eine Trennung von Arbeit und Genuß: »Wir Sozialisten können nicht dafür kämpfen wollen, die Arbeit zu verkürzen, um den Genuß zu verlängern. Wir haben vielmehr für die Schaffung von Zuständen, für die Umschaffung von uns selbst dergestalt zu wirken, daß die Arbeit wieder Spiel der Kräfte, daß die Arbeit wieder Freude wird.« (1978, 57)

Kropotkin hingegen, obwohl auch er ein entschiedener Gegner einer Zerstückelung der Arbeit in monotone mechanische Tätigkeiten ist, plädiert entschieden für eine bessere Verteilung der notwendigen unangenehmen Arbeiten auf alle Arbeitsfähigen und für eine dadurch mögliche Verkürzung der Arbeitszeit auf fünf Stunden täglich: »Zunächst erledigt er auf dem Feld oder in der Fabrik die Arbeit, die er der Gesellschaft als seinen Beitrag zur gesamten Produktion schuldig ist. Die andere Hälfte des Tages, der Woche, des Jahres benutzt er, um seine künstlerischen oder wissenschaftlichen Bedürfnisse (oder seine Hobbies) zu befriedigen.« (o. J., 119f.)

Landauer setzt in seinem Plädoyer für eine Vereinigung von Industrie- und Landarbeit deutlich andere Akzente als Kropotkin. Zwar betont auch er, daß ländliche Siedlungen mit Landwirtschaft und Fabriken die Selbständigkeit und Unabhängigkeit der Gemeinden garantiere, doch der Aspekt, daß Landarbeit eine naturnahe Arbeit ist, die mit einem neuen Naturverständnis auch gemeinschaftliche Traditionen wachrufe, dominiert bei Landauer. (1977, 105–108)

Sehr pointiert stellt Lafargue, der zeitweise mit Anarchisten sympathisierte, den Forderungen nach einem »Recht auf Arbeit« eine polemische Schrift mit dem Titel »Recht auf Faulheit« entgegen, in der er die »ekelerregenden Loblieder auf den Gott Fortschritt« in Zusammenhang stellt mit dem »Pathos der Arbeit«. (1978, 14) Lafargue fordert, die Arbeitszeit drastisch herabzusetzen und die Arbeit von Maschinen ausführen zu lassen. Lafargue beendet seine Polemik, nachdem er für eine Einschränkung des Konsums zugunsten der Freizeit plädiert, mit dem Ausruf: »O Faulheit, erbarme Du Dich des unendlichen Elends! O Faulheit, Mutter der Künste und aller edlen Tugenden, sei Du der Balsam für die Schmerzen der Menschheit!« (1978, 38)

> »In der Tat: der Partizipationsgedanke ist ein
> naher Verwandter des anarchistischen Räte- und
> Kommunegedankens, aber das kann ihn nur
> in den Augen derjenigen disqualifizieren, für die
> entweder im Marxschen System der Weltgeist
> wieder zu sich selbst gekommen ist oder die
> Anarchismus mit Bombenterror gleichsetzen.«
>
> *Arnold Künzli*

## 7. Libertäre Perspektiven aus dem Anarchismus: Gesellschaftssozialismus

Die Darlegung einiger libertärer Perspektiven im ökonomischen Bereich erfolgt auch in Hinblick auf Diskussionen um Alternativprojekte, um die Möglichkeiten einer Alternativökonomie und eine Wiederbelebung des Genossenschaftsgedankens.[9] Der Diskussionsstand kann im engen Rahmen dieses Buches nicht eingehend erläutert werden. Es soll in diesem Zusammenhang lediglich versucht werden, diese aktuellen Diskussionen mit begrifflichen Bestimmungen und Zielsetzungen zu vergleichen, die aus dem anarchistischen Denken zu entnehmen sind.

## a) »Austritt aus dem Kapitalismus«

Landauer plädiert dafür, dem Kapitalismus die Arbeit zu entziehen – aus dem Kapitalismus »auszutreten« –, um alternativ zur kapitalistischen Wirtschaft und vor allem in sozialistischen Siedlungen mit genossenschaftlichen Formen des Lebens und Arbeitens zu beginnen. Konsum und Produktion sollen unter Umgehung des kapitalistischen Marktes dezentral, kooperativ und solidarisch aufeinander abgestimmt werden. Wie Landauer sieht auch Proudhon die Möglichkeit, ohne einen revolutionären Umsturz freiheitlich-sozialistische Organisationsformen neben den herrschaftlich-sozialistischen zu etablieren; Proudhon plädierte allerdings nicht für sozialistische Siedlungen, sondern primär für den Aufbau alternativer Wirtschaftsstrukturen in den Städten. Ziel ist es, den Kapitalismus mit eigenen Waffen und auf dem eigenen Feld zu schlagen: Er soll »niederkonkurriert« werden.

Dieser Weg, die neue Gesellschaft sukzessive zu realisieren, unterscheidet sich von dem marxistisch-staatssozialistischen durch einen wesentlichen Aspekt: Auf dem Weg zum Ziel des herrschaftslosen Sozialismus sollen bereits die Prinzipien realisiert werden, auf denen auch die angestrebte Zukunftsgesellschaft basieren soll, nämlich Selbstbestimmung, dezentrale Selbstorganisation, Solidarität und Selbstverwaltung. Die Verbesserung der individuellen Arbeits- und Lebensbedingungen in der bestehenden Gesellschaft soll mit den Fernzielen übereinstimmen. Um der fernen Zukunft willen sollen die Menschen der Gegenwart keinen Verzicht leisten müssen. Die Grundsätze und Prinzipien sollen nicht zugunsten einer ungewissen Zukunft außer Kraft gesetzt werden. Mit der neuen Qualität des Lebens und Arbeitens sollte, so vor allem Landauer, sofort begonnen werden – nicht zuletzt, um den bestehenden Strukturen exemplarisch Alternativen entgegenzustellen.

In den letzten Jahren entstand in Westeuropa und den USA eine sehr vielschichtige Bewegung, in der neben den herrschaftlich-kapitalistischen Strukturen – »in den Nischen des Systems« – die im Anarchismus konstitutiven Prinzipien der dezentralen Selbstorganisation und Selbstverwaltung in quantitativ und qualitativ bemerkenswerter Weise realisiert wurden. Landkommunen, Konsumgenossenschaften und selbstverwaltete Betriebe wurden gegründet. Allerdings nahm man, von einigen Ausnahmen abgesehen, kaum Bezug auf anarchistische Theorien und Perspektiven. Es gab nach Schätzungen in den USA Mitte der siebziger Jahre 6000 Landkommunen.[11] Landkommunen und die zahlreichen Selbsthilfeprojekte und Alternativbetriebe organisierten sich nach Vorstellungen, die oftmals den genannten anarchistischen Prinzipien sehr nahe kamen. Doch der Anarchismus wurde bislang primär als linksradikales Korrektiv des Marxismus diskutiert.

Im Umkreis der alternativen Betriebe und Projekte wird eher pragmatisch verfahren. Das Fehlen weitergehender Perspektiven wird oft begleitet von einer Abneigung gegenüber theoretischen Erörterungen. So stößt man häufig dort auf politische Orientierungslosigkeit, wo nicht immer noch die alten marxistisch-staatssozialistischen Konzepte der Gesellschaftsveränderung dominieren.

Die wenigen – bisweilen sehr naiven – Versuche, eine Perspektive zu entwickeln, wie man über eine schrittweise Ausdehnung der Alternativökonomie, über die Herausbildung einer Gegenkultur und über die Ausweitung und Vernetzung von Selbsthilfeaktivitäten »dem System« wirksam Konkurrenz machen könnte, um es schließlich überflüssig werden zu lassen, wurden schon vor einer ernsthaften Diskussion so massiv kritisiert, daß es kaum noch zu den notwendigen Modifikationen und Einschränkungen kommen konnte.[12] Vor allem die mit diesen Vorstellungen verbundenen Perspektiven einer dezentral organisierten Gesellschaft und Ökonomie blieben weitgehend unbeachtet. Diskutiert wird hingegen über die Alternativ- und Selbsthilfeökonomie in ihrer eingeschränkten Bedeutung als »Schattenwirtschaft« innerhalb des staatlich-kapitalistischen Rahmens.[13] Betont wird der genossenschaftliche Charakter solcher Alternativbetriebe, die Einkommensgleichheit, das Fehlen einer innerbetrieblichen Hierarchie und die Versuche, die Trennung von Kopf- und Handarbeit sowie von Arbeit und Privatleben aufzuheben oder einzuschränken. Ebenso positiv wird häufig auch vermerkt, daß ökologisch sinnvolle Produkte hergestellt werden.

Bei vielen solcher wohlmeinenden Untersuchungen zur Alternativökonomie und zur Selbsthilfebewegung wird vor allem die sozialpsychologische Dimension dieser Formen der Selbstorganisation gewürdigt: Es werde die Isolation und Anonymität abgebaut, Arbeitslose erhielten Beschäftigung, Minderheiten und sozial Benachteiligte könnten ihr lädiertes Selbstbewußtsein in der Gruppe aufpolieren. Neben dieser psychischen Korrekturfunktion werden auch die Aspekte der Erziehung zur Demokratie, zur (unternehmerischen) Selbständigkeit und zur Mitbestimmung und Eigeninitiative genannt. Weder aus den zuvor genannten Wertungen noch aus dem Selbstverständnis vieler Beteiligter geht hervor, daß in den bereits praktizierten Ansätzen der Selbstverwaltung und solidarischen Kooperation etwas qualitativ Neues steckt, das in seinen Prinzipien erkannt und über die vorhandenen Ansätze hinaus erweitert eine gesellschaftliche Strukturveränderung zur Folge haben könnte.

Ansätze für eine solche qualitative Veränderung, wie sie der Anarchist Landauer mit seinen Aufrufen zum Austritt aus dem Kapitalismus verfolgte, finden sich in der Alternativökonomie vor allem im mikroökonomischen Bereich; auch die von Landauer propagierte Vernetzung gibt es bereits. So werden Produktion und Distribution dezentral organisiert. Es entstehen neue Konsumgenossenschaften. Die Schwierigkeiten bei der Kapitalbeschaffung sollen über alternative Banken (»Ökobank«) und über verschiedene Formen privater Kreditvermittlung gelöst werden. So werden heute Selbstverwaltung, Selbstbestimmung und solidarische Kooperationsformen nicht mehr nur gefordert, sondern »in den Nischen des Systems« in bedeutsamen Ansätzen realisiert.

Die pragmatische Orientierung im Umfeld der Alternativ-Projekte läßt häufig die Chance ungenutzt, mit der eigenen Praxis von Selbstverwaltung und Vernetzung auch die bestehenden ökonomischen Strukturen in Frage zu stellen und aus diesen Praxisansätzen weitergehende Perspektiven zu entwickeln.

Dieses Fehlen der von Anarchisten propagierten Perspektive eines dezentral strukturierten Selbstverwaltungs- oder Gesellschaftssozialismus droht bei zunehmender Professionalisierung, beim Zwang zur Anpassung an den kapitalistischen Markt oder an staatliche Subventionsauflagen den »alternativen« Anspruch zurückzudrängen. Die Bemühungen um die notwendige ökonomische Effizienz lassen oft einen perspektivlosen Pragmatismus überhand nehmen, bei dem die ursprünglichen Ziele, sofern es solche gab, ihre systemsprengenden Konsequenzen erst gar nicht entfalten können. Die Angleichung der alternativen Betriebe an die etablierten herrschaftlich-kapitalistischen Strukturen ist nur noch eine Frage der Zeit. Ähnliche Anpassungsprozesse gab es bereits in der Genossenschaftsbewegung vor allem zu Beginn dieses Jahrhunderts.

Die fehlende Perspektive und theoretische Alternative zur staatlichen Planwirtschaft und kapitalistischen Marktwirtschaft begünstigt aber nicht nur solche Anpassungsprozesse, sondern führt auch dazu, daß bestehende Veränderungspotentiale in ihrer Bedeutung verkannt bleiben oder erst gar nicht zur Kenntnis genommen werden. Das zeigen die obengenannten Versuche, in diesen Bewegungen lediglich ein sozialpsychologisches Korrektiv zu sehen. Eine kritische Neuorientierung an anarchistischen Theorien könnte die Staats- und Kapitalismuskritik von den traditionell dominierenden »linken« Perspektiven und Interpretationsmustern lösen.

Der von Marxisten erhobene Vorwurf der reaktionären Kleinbürgerlichkeit kann zweifellos nicht auf die Vertreter einer Alternativökonomie angewandt werden, obwohl hier vorwiegend die Menschen tätig sind, die Bestimmungselemente der Gruppe aufweisen, gegen die dieser Vorwurf erhoben wurde und die auch einige Anarchisten für ihre Ideen gewinnen konnten. Es sind die auf ihre Selbstbestimmung bedachten »Selbständigen« mit einem ausgeprägten Individualismus und einer Distanz sowohl gegenüber der Zentralisierung und Industrialisierung als auch gegenüber einengenden staatlichen Beschränkungen und Eingriffen. Eine aus anarchistischen Theorien entwickelte Perspektive stellt die bestehenden Ansätze einer Alternativökonomie in einen gesamtgesellschaftlichen Zusammenhang und kann den Betroffenen ein Selbstverständnis eröffnen, das sich einerseits gegenüber der vermeintlichen »linken« Kritik der Kleinbürgerlichkeit und andererseits gegenüber dem Anpassungsdruck der kapitalistischen Wirtschaft behaupten könnte.

Eine Tendenz zu weniger Staat und mehr gesellschaftlicher Selbstorganisation und Selbstbestimmung kommt in den Konzepten einer »besser balancierten Dualwirtschaft« zum Ausdruck. Der Begriff »Dualwirtschaft« ist bereits sehr verbreitet. Er bezeichnet die faktische Doppelung der Volkswirtschaft in einen formellen Bereich (d. h. die mit Steuern belegte Arbeit vor allem in Industrie und Verwaltung gegen Lohn) und in einen informellen Bereich (d. h. die verschiedenen Formen der Eigenarbeit, Nachbarschaftshilfe, Hausarbeit, Eigenversorgung usw.). In den verschiedenen Konzepten einer »besser balancierten Dualwirtschaft« wird dafür plädiert, den informellen Sektor unter Zurückdrängung des formellen zu erweitern. (Huber 1979; Robertson 1979; Gorz 1980) Die Menschen sollten verstärkt Produkte durch selbstbestimmte, unentfremdete und dezentral-selbstorganisierte Eigenarbeit erwirtschaften und Dienstleistungen in Kooperation und Selbstorganisation erbringen.

Auf die möglichen positiven ökologischen, sozialen und ökonomischen Folgewirkungen einer solchen Ausweitung der Eigentätigkeit wird hingewiesen: Die Menschen könnten gemeinschaftliche Lebensformen entwickeln, Konsum- und Leistungsorientierung würden als grundlegende Wertvorstellungen in Frage gestellt, auf ökologisch bedenkliches Wirtschaftswachstum könnte verzichtet und bei einer entsprechenden gesellschaftlichen Arbeitszeitverkürzung im formellen Sektor und einer Arbeitsumverteilung könnte der Arbeitslosigkeit entgegengewirkt werden. Mit dieser Vorstellung einer »besser balancierten Dualwirtschaft« wird die Erweiterung von Freiräumen und von gemeinschaftlich-kooperativen Formen des Lebens und Arbeitens angestrebt.

Diese Konzepte einer *Begrenzung* des formellen kapitalistisch-industrialistischen Bereichs könne so etwas wie einen partiellen »Austritt aus dem Kapitalismus« bedeuten – aber eben nur einen partiellen. Das Dualwirtschaftskonzept von Gorz geht davon aus, daß der formelle Sektor, worunter im erweiterten Sinne auch der staatlich-administrative Bereich fällt, nur quantitativ zu reduzieren sei. Innerhalb dieses zurückzudrängenden formellen Bereichs müsse er aber seine herrschaftlichen und entfremdenden Strukturen bewahren, um effektiv arbeiten zu können. So sei es lediglich möglich, die Grenzen dieses formellen Sektors zu verschieben. Eine Umstrukturierung des formellen Sektors selbst hält Gorz jedoch nicht für möglich und sinnvoll. Damit ist das sozialistische Ziel einer vergesellschafteten Ökonomie ebenso aufgegeben wie die Perspektive einer selbstverwalteten Gesellschaft. Es sollen lediglich Freiräume geschaffen werden, die dann individuell zu nutzen sind. Im formellen Bereich bleiben herrschaftliche Strukturen weiterhin in Kraft.

In einem solchen nur partiellen »Austritt« aus herrschaftlichen Strukturen und dem Aufbau dezentral-selbstorganisierter Strukturen *neben* dem zentralistischen und fremdbestimmten formellen Sektor kann sich eine aus dem Anarchismus herzuleitende libertäre Perspektive nicht erschöpfen. Eine »besser balancierte Dualwirtschaft« könnte ebenso, wie die Versuche, eine Alternativökonomie zu etablieren, eine Teilstrategie darstellen, die zu ergänzen wäre durch eine *Vergesellschaftung kapitalistischer Strukturen* auch innerhalb des formellen Sektors.


b) Vergesellschaftung des Kapitalismus

Die Herausbildung einer dezentralen, genossenschaftlichen und auf solidarischer Kooperation basierenden Gegen- oder Alternativökonomie »jenseits von Markt und Staat« ist in ihrem Modellcharakter zwar sehr bedeutsam und vermag den Diskussionen um dezentrale Selbstverwaltung, um gemeinschaftliche Formen des Lebens und Arbeitens und um eine Einschränkung der Arbeitsteilung wichtige Impulse zu geben; doch die Perspektive einer selbstverwalteten Gesellschaft ist auf dem Wege einer bloßen Ausdehnung dieser Alternativökonomie und der Zurückdrängung der staatlich-kapitalistischen Gesellschafts- und Wirtschaftsordnung kaum zu realisieren. So kann im Rahmen libertärer ökonomischer Perspektiven derlei »Austrittskonzepten« nur eingeschränkte Bedeutung zukommen. Großindustrien, multinationale Konzerne und auch die auf staatliche Subventionen angewiesene Landwirtschaft – um nur einige Bereiche zu nennen – lassen sich durch einen sukzessiven Ausbau einer Alternativökonomie nicht einfach »niederkonkurrieren«. Die Ausweitung des informellen Sektors ist auch deshalb eng begrenzt, da die zentralisierte ökonomische und politische Macht im formellen Sektor gestützt wird durch starre und hierarchisch strukturierte Bürokratien. Er ist somit kaum »von außen« zu begrenzen, sondern vor allem durch Entflechtung und einen Herrschaftsabbau »von innen«.

Wenn man aus Einsicht in die gegenwärtigen Verhältnisse und in Kenntnis der Verläufe der bisherigen revolutionären Umstürze die Hoffnung auf den plötzlichen – womöglich durch bewaffnete Volksaufstände herbeizuführenden revolutionären Bruch mit der staatlich-kapitalistischen Gesellschaft aufgibt, so stellt sich im Hinblick auf eine libertäre Perspektive die Frage, wie eine solche Vergesellschaftung des formellen Sektors und insbesondere die Vergesellschaftung des Kapitalismus aussehen könnte. Die traditionellen Formen der Verstaatlichung, also des bloßen Wechsels des Eigentümers unter Beibehaltung bestehender hierarchisch-autoritärer Strukturen innerhalb der Betriebe und Unternehmen, sind im Rahmen einer libertären Perspektive auszuschließen.

Neuerdings wird auch von »links«, vor allem bei den Umweltparteien unter der immer lauter werdenden Kritik am Staatssozialismus und Etatismus die Frage »Markt oder Plan« gestellt. Sie wird immer öfter zugunsten des Marktes entschieden, so als hätte es die Kritik der Politischen Ökonomie, als hätte es Diskussionen um einen ökologisch orientierten Demokratischen Sozialismus und um einen »Dritten Weg« zwischen Staatssozialismus und Kapitalismus nie gegeben.[15]

Im Hinblick auf das Postulat »Weniger Staat – Mehr Gesellschaft« ist bei aller Kritik am Etatismus »mehr Gesellschaft« nicht mit »mehr Markt« gleichzusetzen, da damit die verschiedenen Formen ökonomisch bedingter Herrschaft und die dadurch mitverursachten sozialen Mißstände unangetastet blieben; zudem steht der kapitalistische Markt mit seinen konkurrenzhaften unsolidarischen Verkehrsformen einer Neustrukturierung der Gesellschaft durch den Aufbau von dezentralen und kooperativen Ordnungsstrukturen im Wege. Der angestrebte, auf dezentraler Selbstorganisation und Selbstverwaltung basierende »Gesellschaftssozialismus« ist nicht über eine Ausweitung des Marktes und über eine Verstaatlichung zu erreichen, ebensowenig allein über einen »Austritt aus dem Kapitalismus« und die Neuorganisation einer Alternativökonomie.

Daher werden die in demokratisch-sozialistischen Theorien entwikkelten wirtschaftsdemokratischen Vorstellungen keineswegs überflüssig. Sie bedürfen allerdings entscheidender Korrekturen und Ergänzungen: Die vorwiegend etatistischen Transformationskonzepte sind durch »mehrdimensionale« zu ersetzen.[14] Die Perspektive einer Partizipation der Arbeitnehmer (-vertreter) an betrieblichen und unternehmenspolitischen Entscheidungen sind zu der einer genossenschaftlichen Selbstverwaltung zu erweitern; die Einführung wirtschaftsplanerischer Elemente muß auf basisdemokratischer Grundlage und nicht durch die ihrerseits hierarchisch strukturierten Gewerkschaften oder die parteipolitischen Entscheidungsträger vorgenommen werden.

Eine wirkliche Vergesellschaftung der Ökonomie und damit die angestrebte Selbstverwaltung sind nur möglich, wenn die bestehenden Großindustrien in ihrer Anzahl sukzessive reduziert und entflechtet werden. Auch im makro-ökonomischen Bereich sind Dezentralisierungen notwendig, damit eine Koordination und Kontrolle demokratisch durchzuführen ist und die (selbstverwalteten) Betriebe einbezogen werden können. Derartige Dezentralisierungskonzepte wurden, um nur einige zu nennen, von Schumacher (1980), Illich (1980), Fromm (1979) vertreten.

Im Anarchismus und Syndikalismus stellte die Dezentralisierung und (dezentrale) Selbstverwaltung und Selbstorganisation immer einen konstitutiven Bestandteil einer freien »strukturierten« Gesellschaft dar. Bei Landauer, Proudhon und Kropotkin galt die Maxime, auf möglichst dezentraler Ebene die notwendigen Güter herzustellen und zu verteilen, was allerdings bei diesen Anarchisten eine überregionale und selbst weltweite Kooperation nicht ausschließt. Auf der Basis dieser Maxime sowie der Annahme, daß die Möglichkeiten zur Selbstverwaltung und Selbstbestimmung eine Vielfalt von sozialistisch-freiheitlichen Organisationsformen ausbilden könnten, sind nach Auffassung vieler Anarchisten auch *verschiedene* Eigentumsformen und verschiedene Formen der Produktion und Distribution denkbar.

Aus dieser Hervorhebung einer möglichen Vielfalt von Organisationsformen innerhalb einer anarchistischen Gesellschaft ist der Schluß zu ziehen, daß mit einer libertären Perspektive keine geschlossene, einheitlich strukturierte Gesellschaft angestrebt werden kann. So ist es vorstellbar, daß kleine genossenschaftliche Handwerksbetriebe oder Dienstleistungserbringer, die sich vernetzen und über Tauschbanken kooperieren, sich in freien Vereinbarungen verpflichten, sich gegenseitig und zu einem zuvor vereinbarten Preis mit Produkten und Dienstleistungen zu versorgen. Daneben könnten kommunistische Großkommunen existieren, in denen die Menschen ähnlich wie in israelischen

Kibbuzim zusammen leben und arbeiten. Miteinander kooperieren könnten auch Produktionsgenossenschaften, die auf höchstem technologischem Niveau industriell produzieren, und selbständige Handwerker oder Konsumgenossenschaften, die einzelne Haushalte mit bestimmten Produkten versorgen. So könnten für bestimmte Produkte entsprechende Mittel entstehen.

Die hier kurz umrissene Vielfalt der Formen im Rahmen einer libertären Perspektive zielt auf die Infragestellung der Vorstellung ab, daß die gesamte Wirtschaft nach einem einzigen Organisationsmuster geordnet sein muß. Rosanvallon entwickelt hierzu einige Perspektiven, die modifiziert auch für libertäre Zielsetzungen interessant sein können: »Der Verzicht auf Universalität muß geleistet werden, damit es möglich wird, sich verschiedene Organisations- und Autonomieebenen in der Gesellschaft vorzustellen und um nicht weiterhin in Abhängigkeit von einer einzigen Organisationsebene zu verharren.« (1979, 219)

Das heißt in Hinblick auf ökonomische Zusammenhänge: Die Wirtschaft soll nicht nur nach einem Organisationsprinzip geordnet werden. Die Vorstellung vom »homogenen Wirtschaftsraum« ist nach Auffassung von Rosanvallon und auch nach Auffassung einiger Anarchisten aufzugeben. So könnte etwa der Markt regional und/oder auf bestimmte Produkte und Rohstoffe begrenzt werden, während überregional oder für die Distribution anderer Produkte und Rohstoffe Planungen sinnvoll sein können. Im Rahmen solcher vielfältigen Organisationsformen müßte der Grundsatz der Dezentralität und einer möglichst weitgehenden Selbstversorgung kleinerer Einheiten aufrechterhalten bleiben. Anders ist eine demokratische Kontrolle und Planung und anders ist das Anwachsen von bürokratischen Apparaten sowie die Ballung von Macht in den Händen weniger kaum zu verhindern.

Trotz weitgehender Dezentralisierung wird man auf überregionale Wirtschaftskontakte nicht verzichten wollen und können. Eine kooperative Planung und Kontrolle der Produktion und vor allem der (ökologischen) Beschaffenheit der Produkte bleibt notwendig. Hier könnten die anarchistischen und syndikalistischen Rätekonzepte herangezogen werden. »Von unten nach oben« könnten die Rätevertretungen der industriellen Genossenschaftsbetriebe, die Vertretungen der Handwerker und kleineren Betriebe zusammen mit den Vertretern der Kommunen, die das Verbraucherinteresse zum Ausdruck bringen könnten, für bestimmte Produkte und Rohstoffe und für bestimmte »Wirtschaftsräume« Pläne erstellen und zudem Kontrollfunktionen wahrnehmen.

Mit einer engeren Kopplung der Unternehmen und Betriebe an die Kommunen könnten jenseits von Kommunismus und Kapitalismus so etwas wie finanzielle Anreize zugelassen werden bei gleichzeitiger Verhinderung von Kapitalbildung. Dies wäre zu erreichen, wie Meyer u. a. (1979) in ihrem Modell darlegen, wenn ein Großteil der Gewinne nicht den einzelnen zufielen, sondern den Unternehmen, die diese zweckgebunden für soziale und kulturelle Maßnahmen ausgeben dürften. Voraussetzung wäre, daß auch den Gemeinden und der jeweiligen Belegschaft Mitspracherechte bei der Unternehmensführung zukommen. Fonds zur Unterstützung klimatisch oder geographisch benachteiligter Unternehmen und Gemeinden müßten eingerichtet werden. Überregionale, aus den gewählten Vertretern der Gemeinden und genossenschaftlichen Unternehmungen gebildete Vertretungsorgane mit größeren Handlungs- und Entscheidungsspielräumen wären notwendig.

Diese Überlegungen, die freilich unvollständig sind und im Rahmen dieses Buches nicht ausgeführt werden können, richten sich darauf, einerseits betriebliche Selbstverwaltung, eine Einbeziehung der Betriebe in die Gemeinden und ihre (basisdemokratische) Kontrolle zu ermöglichen, andererseits aber auch im Rahmen von föderalistischen Wirtschaftsstrukturen (d. h. »von unten nach oben« organisiert) überregionale Planungen und Kontrollen zu gewährleisten. Derartige Vorstellungen lehnen sich an anarchistische und syndikalistische Rätekonzepte an. Sie müßten aber dahingehend modifiziert werden, daß durch eine weitgehende Dezentralisierung und eine Einschränkung der Planung auf bestimmte Produkte und Wirtschaftsräume die Kompetenzen und Aufgaben der überregionalen Rätevertretungen beschränkt werden können und daß auch außerhalb des »von unten nach oben« organisierten Rätesystems die Möglichkeit verschiedener freier Vereinbarungen – etwa auch über einen Markt, über Angebot und Nachfrage – bestehen blieben. Damit würde den Vorstellungen Kropotkins entsprochen, der gegenüber dem pyramidalen Räteaufbau, wie es sich Bakunin vorstellte, für flexible heterogene Strukturen plädiert. Beide Komponenten, die der Planung und die der spontanen, flexiblen freien Vereinbarung könnten ökonomische Machtanballungen verhindern, Freiräume schaffen für die verschiedenen Formen dezentraler Selbstorganisation und entsprächen mit der Perspektive eines Gesellschaftssozialismus dem Postulat »Weniger Staat – Mehr Gesellschaft«.

Die Frage nach dem Träger einer solchen ökonomischen Umstrukturierung ist nicht mit dem Hinweis auf Klassenkampf und Arbeiterklasse zu beantworten. Nach den vollzogenen Anpassungsprozessen allein im Proletariat den Träger einer Veränderung der westlichen Industriegesellschaften zu sehen, wäre anachronistisch. Ökonomische Veränderungen müssen »mehrdimensional« angelegt sein und können nur über ein breites Zusammenwirken von (basisdemokratisch umzustrukturierenden) Gewerkschaften, politischen Gruppierungen, gesellschaftlichen Randgruppen und anderen gesellschaftlichen Gruppierungen und Verbänden realisiert werden.

Die ökonomische Veränderung ist verbunden mit der gesellschaftsorganisatorisch-politischen und mit der sozialen sowie mit der Änderung des konkreten zwischenmenschlichen Verhaltens. Entscheidende Impulse für eine bis zur dezentralen Selbstverwaltung erweiterte Partizipation und Demokratisierung ist von den etablierten Arbeitnehmerorganisationen und den traditionellen Arbeiterparteien wohl nicht zu erwarten, nicht zuletzt, weil diese immer noch den industrialistischen Fortschrittskonzepten anhängen und diesen Vorstellungen die Perspektive einer politisch-sozialen Emanzipation unterordnen. Die entscheidenden Impulse zur Änderung der Zielsetzungen und der autoritären und bürokratischen innerorganisatorischen Zusammenhänge müßten also »von außen« oder »von der Basis« kommen.

Analog zu den libertären Perspektiven im gesellschaftsorganisatorisch-politischen Bereich wurden die libertären Perspektiven im ökonomischen Bereich unter zwei Aspekten skizziert: unter dem des Austritts und des Neuaufbaus einer genossenschaftlichen Organisation der Produktion und unter dem der Vergesellschaftung im Sinne einer *sukzessiven Umstrukturierung* der herrschaftlich-kapitalistischen oder staatssozialistischen Produktionsweisen mit dem Ziel der Selbstbestimmung und kooperativen Selbstverwaltung auf dem Wege der Dezentralisierung, Entbürokratisierung sowie der Erweiterung der Partizipationsmöglichkeiten.

*Anmerkungen*

1 An Proudhons Kritik der politischen Ökonomie, wie er sie in seinem Werk »Philosophie der Staatsökonomie« von 1846 unter Rückgriff auf die (völlig unverstandene) Hegel'sche Dialektik versucht, ist zweifellos einiges auszusetzen.

Nach anfänglicher Zustimmung zu den Schriften Proudhons richtet sich Marx 1847 mit einer außerordentlich scharfen und auf Ausgrenzung abzielenden Polemik gegen Proudhon, die als »erstes Zeugnis Marxscher Hinrichtungskunst« bezeichnet wurde. (Bartsch 1983, 24) Aus der Vorrede sei kurz zitiert: »Herr Proudhon genießt das Unglück, auf eigentümliche Art verkannt zu werden. In Frankreich hat er das Recht, ein schlechter Ökonom zu sein, weil man ihn für einen tüchtigen deutschen Philosophen hält; in Deutschland dagegen darf er ein schlechter Philosoph sein, weil er für einen der stärksten französischen Ökonomen gilt. In unserer Doppeleigenschaft als Deutscher und Ökonom sehen wir uns veranlaßt, gegen diesen doppelten Irrtum Protest einzulegen.« (1973, 7)

Marx kritisierte an Proudhons ökonomischer Alternative, er berücksichtige nur den Tauschwertaspekt, vernachlässige dagegen den Gebrauchswertaspekt, und es sei ihm unmöglich zu denken, wie der gesellschaftliche Bedarf zu decken sei, denn die Menschen würden unabhängig vom tatsächlichen Bedarf produzieren, da jede verausgabte Arbeitszeit gleich vergolten werde. Eine solche Kritik trifft zwar auf Proudhons »Philosophie der Staatsökonomie« zu, nicht aber auf spätere Schriften, in denen er etwa der Tauschbank das Recht vorbehält, die Annahme nicht benötigter und qualitativ minderwertiger Produkte abzulehnen, um so die Produzenten gegeneinander konkurrieren zu lassen, bzw. nach Absprache mit der Tauschbank das zu produzieren, was auch benötigt wird.

Im »Kommunistischen Manifest« (1848) wird Proudhon schließlich unter der Rubrik »Der konservative oder Bourgeoissozialismus« dem utopischen Sozialismus zugeordnet und ausgegrenzt. Die Proudhonisten mit ihren »syndikalistischen« Organisationsformen, die wie Proudhon nicht auf die Eroberung des Staates setzten, hatten bis in die 90er Jahre des letzten Jahrhunderts in der Arbeiterbewegung Frankreichs und Spaniens größeren Einfluß als Marx und seine Anhänger.

2 Linse versucht das Denken Landauers in seinen sozialgeschichtlichen und ideengeschichtlichen Kontext einzuordnen. Die Bezüge zum Vitalismus, zu Nietzsche und selbst zu Mauthner scheinen mir jedoch weniger eng gewesen zu sein, als Linse sie darstellt. Doch vor allem seine an der gängigen marxistischen Ideologiekritik angelehnte (dazu vor allem: Helms 1966) Analyse und Wertung wird m. E. Landauer nicht gerecht. Linse beklagt beim »Geist-Sozialisten« Landauer und anderen Vertretern des linken Bildungsbürgertums die Arroganz, sich als »Führungselite« dem Proletariat anzubiedern (1973, 65) oder aber er vermißt, daß sich Landauer nicht in die Arbeitereinheitsfront einreiht: »An Stelle der gesellschaftlichen Revolution des Proletariats tritt so in der linksbürgerlichen Jugendbewegung (der Linse auch das Landauersche Denken zuordnet – d. Verf.) als ihr bürgerliches Äquivalent die Bewußtseins-Revolution, welche die bestehenden gesellschaftlichen Unterschiede zwischen Bourgeoisie und Arbeiterklasse faktisch weiterbestehen läßt.« (1973, 66)

Das Denken Landauers scheint mir vor allem deshalb interessant und aktuell, weil der Zusammenhang von Gesellschaftsveränderung vom traditionellen Klassenkampfdenken und den damit verbundenen geschichtsphilosophischen Spekulationen gelöst wird.

3 Die Bezüge zum Genossenschaftsgedanken und zur Siedlungsbewegung werden bei Landauer sehr deutlich. Doch sind ihm Raiffeisen und Schreber, Damaschke und Oppenheimer zu wenig entschieden. Landauers Staats- und Kapitalismuskritik und sein anarchistisches Grundverständnis distanzierten ihn von diesen Bewegungen und Theorien. Dazu Landauer über Oppenheimer 1978, 154ff., über Damaschke 1978, 180ff.

4 Daß auch in der Frage der Erziehung sich Bakunin als Autoritärer entpuppt, wird im folgenden Kapitel gezeigt.

5 Neben den Anarchisten grenzen sich auch die revolutionären Syndikalisten von den eher gemäßigten und »reformistischen« Syndikalisten ab. Sorel, der die gewaltsamen Aktionsformen der in die syndikalistischen Organisationen eingetretenen Anarchisten ausdrücklich begrüßte (1981, 49), plädierte dafür, gewaltsame Aktionen und vor allem den Generalstreik gleichsam zum Mythos zu stilisieren.

Nach Sorel vermögen derartige Mythen mehr als jede rationale Einsicht in die Struktur von Unterdrückung und Ausbeutung die Arbeiter zum Umsturz der gesellschaftlichen Verhältnisse zu motivieren. Proletarische Gewalt ist für Sorel nicht nur moralisch gerechtfertigt, sondern sogar geboten.

6 Martin Buber betont in seiner Bestimmung des Begriffs »Vollgenossenschaft« den sozialen Aspekt einer »Restrukturierung der Gesellschaft« und einer »Reduktion des Staates«: »Eine echte und zu dauern bestimmte Neuordnung der Gesellschaft von innen her wird nur durch die Vereinigung der Produzenten mit den Konsumenten, jeder von beiden Partnern in selbständigen und wesenseigenen kooperativen Einheiten konstituiert, geraten können – eine Vereinigung deren sozialistische Kraft und Lebendigkeit nur durch eine Fülle zusammenwirkender Vollgenossenschaften verbürgt werden kann, ...« (Buber 1950, 135)

7 Habermas weist auf diese Beschränkung hin und zeigt auf, daß Marx selbst die reduzierende Erkenntnissituation durch Arbeit nicht durchhalten konnte, da politische Praxis damit undenkbar werde. Marx vernachlässige die Dimension der Interaktion, der Ideen, der Kritik und Wissenschaft als menschliche Erkenntnisquelle, als revolutionäre Kraft und als Möglichkeit der Veränderung: »Die Selbstkonstitution durch gesellschaftliche Arbeit wird auf kategorialer Ebene als Produktionsprozeß begriffen; und instrumentelles Handeln, Arbeit im Sinne der produktiven Tätigkeit, bezeichnet die Dimension, in der sich die Naturgeschichte bewegt. Auf der Ebene seiner materiellen Untersuchungen rechnet Marx hingegen stets mit der gesellschaftlichen Praxis, die Arbeit und Interaktion umfaßt; ...« (Habermas 1977, 71)

8 Bei Bakunin korreliert die Ablehnung der Ausbeutung mit einem, wie er selbst hervorhebt, »Kult der Arbeit«. (1979, 22) Kollektive Arbeit versteht er als Sozialisationsmittel zwecks Gemeinschaftsbildung. (vgl. 1979, 183) Arbeitsverweigerung wird mit einer Aberkennung der Menschenrechte geahndet: »Die Arbeit ist die Grundlage der Menschenwürde und des Menschenrechts. Denn nur durch eine freie und intelligente Arbeit schafft der Mensch, seinerseits Schöpfer der äußeren Welt und seiner eigenen Bestialität sein Menschsein und sein Recht abgewinnend, die zivilisierte Welt.« (1979, 16f.) Da der Mensch entwicklungsgeschichtlich durch Arbeit der »äußeren Welt« sein Menschsein »abgewinnt«, sei es gerechtfertigt – so der merkwürdige Umkehrschluß Bakunins – ihm das Menschsein abzuerkennen, wenn er sich weigert, sich seinen Lebensunterhalt zu erarbeiten. Ähnlich rigoros äußert sich Bakunin zum Verhältnis von Muße und Arbeit. Mu-

ße, so meint er, müsse verdient sein, »sie muß der gesunden Ermüdung durch tägliche Arbeit folgen«. Mit solchen Vorstellungen reproduziert Bakunin lediglich das »protestantische« Arbeitsethos des Bürgertums.

9 Um die Wiederbelebung der Genossenschaften, die als »Dritte Säule der Arbeiterbewegung« lange Zeit vernachlässigt wurde, bemüht sich derzeit auch die SPD – nicht zuletzt, um den Brückenschlag zu der Alternativbewegung zu versuchen. Die Perspektive einer gesamtgesellschaftlichen dezentralen Selbstverwaltung tritt jedoch hinter dem sozialen und psychischen Aspekt des Abbaus der Entfremdung und der Anonymität zurück (vgl.: H. J. Vogel, Der Gedanke der Selbsthilfe usw., in: *Frankfurter Rundschau* 20. 1. 1976; vgl.: Beiträge der SPD-Politiker in: *Neue Gesellschaft* 4/1986). Die nahezu ausschließliche Konzentration auf den sozial-integrativen Aspekt ist aufgegeben im Bericht der vom Parteivorstand der SPD unter Vorsitz von Michael Müller und Hans Ulrich Klose eingesetzten Arbeitsgruppe »Genossenschaftswesen/Genossenschaftsrecht«.

10 In den USA umfaßte die community-Bewegung 1975 neben städtischen Kommunen ca. 6000 Landkommunen (Vollmar 1975). Zur Struktur der verschiedenen Alternativprojekte und zur Größenordnung siehe Goergens. (1980)

11 Schwendter vertritt die Vorstellung, über einen Ausstieg aus der kapitalistischen Wirtschaft und den Aufbau einer selbstverwalteten und genossenschaftlichen Alternativökonomie die gesamte Gesellschaft zu verändern. Im Laufe der Zeit, so legt Schwendter nahe, würde die Alternativökonomie sich ausdehnen und die heute bestehende Ökonomie verdrängen (1979).

12 Etwa bei Gretschmann (1983).

13 Zu diesem Schluß kommt Vilmar nach kritischer Durchsicht einiger programmatischer Schriften und theoretischer Positionen von Autoren im Umfeld der GRÜNEN. (1986)

14 Ein Transformationskonzept, das auf eine »Gesamtdemokratisierung« abzielt, entwirft Vilmar: »Anstelle eines parlamentarischen ›Sozialismus‹ zu ermäßigten Preisen, anstelle auch eines imaginären Sozialismus, eingeführt durch einmalige revolutionäre Haupt- und Staatsaktion, exekutiert von revolutionären Kadern (Randgruppen, Avantgarden) – in beiden Fällen bleibt die Masse unpolitisch, apathisch, daher ängstlich, reaktionsanfällig gegenüber einer nicht selbst erarbeiteten und erkämpften Freiheit – an die Stelle dieser traditionellen, unglaubwürdig gewordenen Transformationskonzepte tritt die Strategie der Gesamtdemokratisierung:« (1973, 33) Künzli weist in Bezugnahme auf Vilmar auf die nahe Verwandtschaft des Demokratisierungsgedankens mit anarchistischen Zielvorstellungen hin. (1976, 62)

»Mir geht nichts über Mich.«

*Max Stirner*

»Ich will nicht ich sein.
Ich will wir sein.«

*Michail Bakunin*

# V  Soziale Alternativen im Anarchismus

Anarchisten lehnen die Auffassung ab, daß die angestrebte freie Gesellschaft »Resultat« der Produktionskraftentwicklung sei und damit »in letzter Instanz« ökonomische Ursachen habe. So ist nicht nur der zuvor dargestellte Bereich der politischen Organisation der Gesellschaft gegenüber dem ökonomischen aufgewertet in seiner Bedeutung für eine Veränderung der Gesellschaft, sondern auch der – im weitesten Sinne des Wortes verstandene – soziale Bereich. Gesellschaftsverändernde Bedeutung wird damit auch dem konkreten Sich-Zueinander-Verhalten zugesprochen, der Propaganda und Aufklärung, der Bildung und Sozialisation und – so wäre es jedenfalls folgerichtig – auch der (Selbst-)Befreiung der Frauen und Kinder von patriarchalen Gesellschaftsstrukturen und Mentalitäten.

Bei den folgenden Darlegungen der sozialen Vorstellungen im Anarchismus kann nicht mit der zusammenfassenden Analyse der entsprechenden Äußerungen in den Schriften der Anarchisten Proudhon, Landauer, Bakunin und Kropotkin fortgefahren werden. Eine andere Vorgehensweise ist deshalb notwendig, weil diese Anarchisten zwar einiges Bemerkenswerte zur sozialen Neustrukturierung der Gesellschaft und zu gemeinschaftlichen Lebensformen beitragen, jedoch zur Emanzipation der Frau, zur Kultur, Bildung und Schule, zu Ehe und Sexualität nur wenig Interessantes verlauten lassen. In Fragen der Frauenemanzipation erweisen sich Anarchisten oftmals als Patriarchen, die sich in nichts von ihren bürgerlichen (oder staatssozialistischen) Geschlechtsgenossen unterscheiden, sie häufig sogar noch in ihrer bornierten, herrschaftlich-patriarchalen Haltung übertreffen.

So stellt sich die Frage nach der Qualität eines vermeintlich radikalen Denkens, das sich, wenn es sich schon nicht offen frauenfeindlich gebärdet, so doch als ignorant, naiv oder ganz einfach als unreflektiert erweist. Das gleiche betrifft die Einstellung gegenüber Kindern: Dieselben Anarchisten, die sich vehement gegen jegliche Zwangsbefreiung und gegen herrschaftliche Mittel zur »Einführung« einer herrschaftsfreien Gesellschaft wehren, befürworten die erzieherische Manipulation von Kindern, um aus ihnen Anarchisten zu machen.

In der Frage der Selbstbehauptung des Individuums gegenüber nicht-ökonomischen und nicht-staatlichen Formen der Unterdrückung, z. B. durch patriarchale Familienstrukturen, durch eine repressive Sexualmoral, durch Kirche und Aberglauben, kommen im folgenden auch nicht-sozialistische Anarchisten zu Wort, da diese in diesen Fragen oftmals konsequenter waren. Bisher wurde von einer eingehenden Diskussion dieser »individual-anarchistischen« Theorien abgesehen, weil sie auf einer verkürzenden Polarisierung von individueller Freiheit und staatlicher Herrschaft basierten. Die notwendig zu ergänzende Komponente der sozialen Strukturierung der Gesellschaft wurde vernachlässigt, die sich, wie bereits gezeigt, vor allem durch eine Entgegensetzung von Gesellschaft und Staat erschließen läßt.

»Individualanarchisten«, so ist vereinfacht zusammenzufassen, streben, da ihnen ein entsprechender Gesellschaftsbegriff fehlt, eine *»Reprivatisierung«* staatlicher Funktionen an; sozialistisch orientierte Anarchisten hingegen eine *Vergesellschaftung* – jedoch bei Wahrung der individuellen Freiheit. Sozialistische Anarchisten, am deutlichsten Landauer, verbinden mit ihrem Ziel einer »geschichteten« Gesellschaft die (freiwillige) Einbindung des Individuums in eine Gemeinschaft oder Gesellschaft und verstehen den Individualismus vor allem als Form des Widerstandes gegen eine herrschaftliche Gesellschaft, die eine Integration freier Individuen in die Gesellschaft nicht zuläßt. Die sozialistischen Anarchisten sind nicht weniger individualistisch als die Individualanarchisten, sie sehen nur in egoistischen Zweckbündnissen und Geschäftsvereinbarungen freier Individuen kein anarchistisches Ideal, sondern lediglich die Ideologie der bürgerlich-kapitalistischen Gesellschaft. Was jedoch die herrschaftskritische Komponente anbelangt, erweisen sich häufig Individualanarchisten wie Stirner und Mackay als konsequenter; sie bringen die Emanzipation der Frau radikaler zur Sprache und ebenso die Emanzipation des Kindes von der staatlich (quasi-)monopolisierten Schule und von der Schulpflicht.

In der gegenwärtigen Diskussion um den Gemeinschaftsbegriff bleibt neben dem Aspekt der Gemeinschaftlichkeit der individualistisch-kritische Aspekt präsent. Und dies aus gutem Grund: Denn selbst dort, wo der Gemeinschaftsbegriff kritisch auf überschaubare Menschenmengen angewandt wird, haftet ihm ohne individualistisches Korrektiv ein totalitärer Beigeschmack an und erinnert etwa an die repressive Integration des einzelnen in eine Volksgemeinschaft während des Nationalsozialismus. Das Spannungsverhältnis von individualistischer Selbstbehauptung bzw. von individualistischem Widerstand gegen solche Zwangsintegration und den von Anarchisten angestrebten sozial-integrativen, gemeinschaftlichen Strukturen bestimmt die folgende Darlegung der sozialen Alternativen im Anarchismus.

> »Es heben Zeiten an, wo es... keinen
> verbindenden Geist mehr gibt; und damit hören
> ... das Mitleben der Menschen, die Gesellschaft
> und ihre Verbände auf, von der Gemeinsamkeit
> der Individuen her frei und spontan gebildet,
> getragen, belebt zu werden; sie werden starr,
> durch äußere Bande zusammengehalten, oder
> zerfallen.«
>
> *Gustav Landauer*

## 1. Gemeinschaftlichkeit

»Fortschritt«, so wurde bereits dargelegt, bemessen Anarchisten nicht ausschließlich an der fortschreitenden Produktivkraftentwicklung; das Fortschrittskriterium ist die individuelle und soziale Emanzipation, und damit ist auch die soziale Integration, die Gemeinschaft selbstbestimmter Individuen gemeint. Bei den späteren Anarchisten, die sich mit den sozialen Folgewirkungen der Industriellen Revolution auseinandersetzten, gewann die Forderung nach gemeinschaftlichen Lebens- und Arbeitsformen eine zentrale Bedeutung. Auch die Vorstellungen Landauers von einer Neuschichtung der Gesellschaft zielen auf gemeinschaftliche Lebensformen ab. Im heute wieder beklagten »Sozialverfall«, in der Anonymisierung der Gesellschaft und der Auflösung traditioneller sozialer Strukturen sehen Anarchisten die Folgen einer zunehmenden Bürokratisierung, Zentralisierung und Verstaatlichung der Gesellschaft sowie der rücksichtslosen Unterwerfung der Menschen unter die Erfordernisse der kapitalistischen Wirtschaftsform.

Um das Verständnis von Gemeinschaft in anarchistischen Schriften zu ermitteln, bedarf es eines kurzen Hinweises auf das spezifische Verständnis von Gesellschaft: Wie bereits dargelegt, wird »Gesellschaft« als vielfältig strukturierte, nicht-hierarchische und selbstverwaltete freiheitliche Ordnung verstanden und von »Staat« als herrschaftlich-zentralistische Zwangs- oder Unordnung unterschieden. Die gesellschaftlichen Basiseinheiten bezeichnen Anarchisten häufig mit »Gemeinden« oder »Gemeinschaften«. Eine Gegenüberstellung von »Gemeinschaft« und »Gesellschaft«, wie sie etwa bei Tönnies erfolgt, der an einem Gesellschaftsbegriff orientiert bleibt, der zuvor als »liberalistischer« typisiert wurde, treffen Anarchisten aufgrund ihres spezifischen Gesellschaftsbegriffs bezeichnenderweise nicht.

Nach Tönnies unterscheidet sich Gesellschaft von Gemeinschaft dadurch, daß in ihr Menschen zwar »auf friedliche Art nebeneinander leben und wohnen«, einander aber nicht »wesentlich« verbunden oder persönlich verpflichtet seien. (1923, 39) Im Gegensatz zu den »naturgegebenen Verhältnisse(n)« der Gemeinschaft (Verwandtschaft, Familie, Nachbarschaft, Freundschaft) und zum gemeinschaftlichen »Miteinander-Leben und -Wirken« (1923, 14) charakterisiere Gesellschaft das Nebeneinander persönlich nicht verbundener Personen oder sogar ein Gegeneinander: »... hier ist ein jeder für sich allein, und im Zustande der Spannung gegen alle übrigen. Die Gebiete ihrer Tätigkeit und ihrer Macht sind mit Schärfe einander abgegrenzt.« (1923, 39) Gesellschaft sei im Gegensatz zu Gemeinschaft durch das Tauschprinzip (do, ut des) geprägt. (1959, 187)

Ein Vergleich des Gesellschaftsbegriffs von Tönnies mit dem in anarchistischen Schriften weist auf erhebliche Divergenzen: Anarchisten verstehen unter dem Aspekt der Strukturierung die Gesellschaft als System von vielfältigen untereinander verflochtenen Verbindungen; Tönnies hingegen versteht Gesellschaft unter dem Prinzip der Trennung der Individuen und ein In-Kontakt-Treten der Individuen ausschließlich über Tauschinteressen. Der besonders von Kropotkin und Landauer intendierte soziale bzw. sozialistische Gehalt des Gesellschaftsbegriffs steht der Akzentuierung Tönnies (Tausch, Gegen- oder Nebeneinander) entgegen, obwohl auch bei den sozialistischen Anarchisten der Aspekt des Tausches im Prinzip der freien Vereinbarung zur Geltung kommt, allerdings, wie bereits dargelegt, auf der solidarischen Grundlage der Gegenseitigen Hilfe. So dient der Bezug auf Tönnies im folgenden primär dazu, den Gesellschaftsbegriff im Anarchismus durch die bei Tönnies vorgenommene Bestimmung des Begriffs »Gemeinschaft« zu differenzieren, um damit speziell das »Miteinander-Leben und -Wirken« bezeichnen zu können, wie es als Forderung in gegenwärtigen Diskussionen und vor allem in den Konzepten vieler Anarchisten zum Ausdruck kommt.

Im Gegensatz zu Tönnies, der die freie und individuelle Vereinbarung auf der Basis des Tauschprinzips nur für den Bereich der Gesellschaft annimmt und den Aspekt der freien Vereinbarung für die Gemeinschaft ausschließt, um damit das »Neben-« oder »Gegeneinander«

der (bürgerlichen) *Gesellschaft* vom (»privaten«) Miteinander der *Gemeinschaft* zu unterscheiden, erlaubt der Gesellschaftsbegriff der Anarchisten eine solche Trennung nicht. Hier ist in beiden von Tönnies unterschiedenen Sphären der »individualistische« Aspekt des freien Tausches im Theorem der freien Vereinbarung erhalten, also das Moment des Gegeneinanders, und ebenso der Aspekt des Miteinanders und Füreinanders, also das Moment der Solidarität und der Gemeinschaftlichkeit. Damit geht in den anarchistischen Gesellschaftsbegriff sowohl der Aspekt der individualistischen Selbstbehauptung ein als auch der einer sozialen Integration der Individuen in eine Gemeinschaft.

Für eine individualistische Selbstbehauptung gegenüber den verschiedenen Formen autoritärer Zwangsintegration sowie gegenüber herrschaftlichen Ideologien könne, so Landauer, in einer freiheitlichen, dezentral-strukturierten Gesellschaft kein Anlaß bestehen. In einer solchen Gesellschaft entfalle mit dem Widerstand gegen eine herrschaftliche Zwangsintegration auch der Individualismus als Form der Selbstbehauptung. Die Integration des einzelnen in die Gemeinschaft ist das soziale Ziel von Landauers Sozialismuskonzept. Dieses Ziel wiederum hat seinen Rahmen in Landauers »skeptischer Mystik« und der darin zum Ausdruck gebrachten Sehnsucht nach einem ganzheitlichen Welterleben. »Was der Mensch von Haus aus ist, was sein inniges und verborgenstes Eigentum ist, das ist die große Gemeinschaft der Lebendigen in ihm, das ist sein Geblüt und seine Blutgemeinde. Blut ist dicker als Wasser; die Gemeinschaft als die das Individuum sich findet, ist mächtiger und edler und urälter als die dünnen Einflüsse von Staat und Gesellschaft.« (Landauer 1978 *b*, 17)

Sehr deutlich werden in solchen Textstellen die Affinitäten des Landauerschen Denkens mit Auffassungen im Umkreis der damaligen Jugendbewegung, deren emanzipatorische Tendenzen die Nationalsozialisten eliminierten und ihrer autoritär-integrativen Gemeinschaftsideologie zunutze machten. Diese Ideologisierung des Gemeinschaftsgedankens zeigt wieder sehr deutlich die Notwendigkeit eines individualistischen Korrelats. Die Forderung nach »neuer« Gemeinschaftlichkeit kann nur dann emanzipatorische Bedeutung für sich reklamieren, wenn der Weg zu ihr über eine Emanzipation des Individuums führt und die freie Vereinbarung autonomer Individuen meint. Andere Konzeptionen von Gemeinschaft sind totalitär.

»Als Masse wird es (das Volk – d. Verf.)
immer der Vernichter der Individualität, der
freien Initiative, der Originalität sein.«

*Emma Goldman*

## 2. Individualistische Selbstbehauptung

Den ausgeprägten Individualismus im Anarchismus als »kleinbürgerlich« abzutun, schließt die Möglichkeit aus, ihn in seiner Korrektiv-
funktion gegenüber staatlicher Zwangsintegration wirksam zu machen. Mit derartig pauschalen Klassifizierungen machten es sich die
Sympathisanten autoritärer »realsozialistischer« Staatssysteme schon
immer leicht, die antiautoritäre Kritik an der Einschränkung der individuellen Freiheit zu diffamieren. Eine Integration in die staatlich
organisierte Gesellschaft halten auch – oder gerade – Demokraten für
eine Bürgerpflicht, die gegebenenfalls von der Staatsgewalt auch gegen
den Willen der Betroffenen durchgesetzt wird. Man denke an die
Wehr- oder Schulpflicht. Die so oft gegenüber dem »Kommunismus«
hervorgehobenen Freiheiten meinen keinesfalls die individuelle Selbstbestimmung.

Als »Kleinbürgerideologie« beiseite zu schieben ist ebensowenig ein
Individualismus, mit dem sich der einzelne in seiner »Einzigheit« be-
hauptet – gerade in einer kapitalistischen Gesellschaft, in der der einzelne zum auswechselbaren Rädchen im Gesellschaftsgetriebe funktionali-
siert wird. In diesem Ausdruck individualistischer Selbstbehauptung
wird ein Protest laut gegen die vermeintliche »Eindimensionalisierung«
des Menschen durch Massenproduktion, -konsum, -medien etc.

Im Anarchismus richtet sich diese Selbstbehauptung im Namen des
Individuums und seiner jeweiligen individuellen Interessen – bei Stirner »Eigenheit« und »Egoismus« genannt (1979, 77) – gegen jegliche
Vereinnahmung durch Institutionen und auch durch Religionen, Ideale,
»Ismen« und sonstigen »Wahrheiten«, die dem Ich übergeordnet sind.
Stirner schreibt: »Für Mich gibt es keine Wahrheit, denn über Mich
geht nichts!« (1979, 399) Selbst »Freiheit« als Ideal, selbst die Forde-
rung, daß die Menschen emanzipiert werden müssen, ordnet das kon-
krete Ich einer »Wahrheit« unter und läuft nach Stirner dem »Egoismus« und seinem »Selbstgenuß« zuwider und droht in Zwang und
Unfreiheit umzuschlagen: »Bedenkt das wohl und entscheidet Euch, ob
Ihr auf eure Fahnen den Traum der ›Freiheit‹ oder den Entschluß des
›Egoismus‹, der ›Eigenheit‹ stecken wollt. ... die ›Freiheit‹ ist und
bleibt... ein romantischer Klagelaut, eine christliche Hoffnung auf Jen-

seitigkeit und Zukunft; die ›Eigenheit‹ ist eine Wirklichkeit, die von selbst gerade so viel Unfreiheit beseitigt, als Euch hinderlich den eigenen Weg versperrt.« (1979, 180) Diese Vorstellung eines autonomen Ich wirkt in vielen anarchistischen Theorien. Vorgeschlagene Modelle einer freien Gesellschaft entsprechen den Prinzipien der »Eigenheit« und des »Egoismus«.

Solange ein so verstandener Egoismus nicht als Plädoyer für das »bürgerliche Erwerbsstreben« mißverstanden und zum Ideal erhoben wird, u. a. beim »Individualanarchisten« Mackay, sondern – negativ – (Ideologie-)Kritik bleibt, wie bei Stirner, ist ein solcher Individualismus keinesfalls Kleinbürgerideologie. Er wendet sich gegen eine Unterordnung menschlicher Bedürfnisse unter Glaubensdogmen, gegen einen Humanismus, der sich mit seinen spezifischen Vorstellungen einer Befreiung der Menschengattung der individuellen Selbstbestimmung unterordnet, er wendet sich gegen jegliche Vereinnahmung des Individuums zugunsten eines imaginären Gemeinwohls und gegen eine Instrumentalisierung des einzelnen als Mittel zum Zweck der Errichtung einer herrschaftsfreien Gesellschaft: »Auf der Linken... bleibt dieser Individualismus höchst wachsam. Er erinnert an die bedrohte Existenz des Menschen sowohl im kriegshetzerischen Kapitalismus als in der totalitären Bürokratie.« (Bannour 1974, 244)

Das Freiheitspathos, wie es sich in Stirners Diktum »Mir geht nichts über Mich« gegen jeglichen Herrschaftsanspruch wendet, bleibt in nahezu allen anarchistischen Theorien enthalten und führt – überakzentuiert – mitunter zu einer Übersteigerung des Freiheitsanspruchs zu einer dem Individuum zugeschriebenen Omnipotenz. Doch auch diese Reklamation einer uneingeschränkten Freiheitsmöglichkeit gibt ihren kritischen Bezugspunkt nicht auf. Landauer erhebt gegen deterministische Vorstellungen von Sozialismus das Individuum zur zwecksetzenden und diese Zwecke durch freie Handlungen realisierende Instanz. Nichts enthebt das Individuum von der Verantwortung für sein Denken und Handeln – weder dessen Sozialisation noch die materiellen gesellschaftlichen Verhältnisse. So ist das Individuum einerseits belastet mit der Aufgabe einer Organisation lebenswerter gesellschaftlicher Zustände, andererseits trägt es selbst Verantwortung für die erlittene Ausbeutung und die ertragene Herrschaft. In diesem Sinne kommt Emma Goldman zu dem Schluß: »Ich aber behaupte, daß nicht die Handvoll Schmarotzer, sondern die Masse selbst für diese schrecklichen Verhältnisse verantwortlich ist.« (1972, 190)

Goldman gelangt so zu einer Massenverachtung und zu einer entschiedenen Ablehnung des »Märchens von der Tugend der Mehrheit«:

»Jawohl, Autorität, Zwang und Abhängigkeit beruhen auf der Masse, aber nie die Freiheit, nie die freie Entfaltung des Individuums, nie die Geburt einer freien Gesellschaft... das Volk als kompakte Masse... hat die Stimme des Menschen unterdrückt, den Geist des Menschen unterjocht, den Leib des Menschen gefesselt. Als Masse ist sein Ziel immer gewesen, das Leben gleichförmig, grau und eintönig wie die Wüste zu machen. Als Masse wird es immer der Vernichter der Individualität, der freien Initiative, der Originalität sein.« (1972, 190 f.)

Goldman hofft nicht auf Veränderungen, die von der Masse oder von demokratischen Mehrheiten ausgehen, sondern setzt ihr Vertrauen auf »intelligente Minoritäten« und freie Individuen: »Die Zivilisation ist ein ständiger Kampf des Individuums oder von Gruppen von Individuen gegen... die Mehrheit, die durch den Staat und die Staatsverehrung unterdrückt und hypnotisiert wird.« (1977, 65) Die Kritik an der Masse und an der »Mehrheits-Demokratie« vieler Anarchisten ist also durchaus elitär – elitär allerdings nicht im Sinne eines Herrschaftsanspruchs einer Elite über die Mehrheit, sondern im Sinne einer Selbstbehauptung und Weigerung, die Vertretung ihres Anspruchs auf individuelle Selbstbestimmung Mehrheitsentscheidungen zu überlassen.

> »Wenn sie ehrlich sind, sind sie keine Anarchisten;
> wenn sie Anarchisten sind, sind sie nicht ehrlich.«
>
> *Lúcia Sánches Saornil*

## 3. Frauenemanzipation und Anarchismus

Die spanischen Anarchisten »hatten nie etwas übrig für die Emanzipation der Frau«. Zu diesem Schluß gelangte Emilianne Morin, die Frau des wohl bekanntesten Anarchisten der Bürgerkriegszeit Buenaventura Durrutti. (Enzensberger 1981, 96) Eine spanische Anarchistin bestätigt diese Einschätzung und weist auf den Widerspruch hin zwischen dem theoretischen Anspruch der Anarchisten – die vollständige Befreiung von jeglicher Herrschaft – und der konkreten Einstellung der Anarchisten sowie ihrem patriarchalen Verhalten. Sie kommt zu folgendem Urteil: »Wenn sie Anarchisten sind, sind sie nicht ehrlich; wenn sie ehrlich sind, sind sie keine Anarchisten.« (Saornil 1979, 54) Werden die Aussagen zur Frauenbefreiung zum Kriterium dafür genommen, wer nun Anarchist ist und wer nicht, so muß allen anarchistischen Klassikern ihre anarchistische Einstellung bestritten werden.

Bemerkenswert scheint mir auch die vor allem in romanischen Ländern zu beobachtende Verbindung eines ausgeprägten Machismo mit einem militant gewalttätigen Auftreten der Anarchisten. Auch in Südamerika verbanden sich Aktionsformen der Anarchisten mit einem eitelaggressiven »Männlichkeitswahn«. Er legt die Frage nahe, ob nicht der anarchistische Widerstand gegen Staat, Ausbeutung, Kirche etc. weniger von der Idee der Herrschaftslosigkeit als vielmehr von einem Machismo getragen wurde, der sich als (männer-)chauvinistische Grundhaltung jeder Einschränkung der Herrschaft des freien *Mannes* entgegenstellt. Das Ziel der Anarchisten wäre kaum noch die Emanzipation von Mann und Frau von jeglicher Herrschaft, sondern lediglich die Befreiung des Mannes, damit dieser sich gemäß des tradierten Rollenverhaltens uneingeschränkt als freier Mann betätigen kann. Ein chauvinistisch-martialisches Auftreten (im Zusammenhang mit brutalen Vergewaltigungen) wird auch von den anarchistischen Kriegsmännern der Machno-Bewegung in der Ukraine berichtet. Von der Machno- und chauvinistischen Kriegermentalität scheinen sich auch heutige Anarchisten nicht lösen zu können. Dieser Eindruck drängt sich jedenfalls auch, wenn man sich die Illustrationen in heutigen anarchistischen Publikationen ansieht, in denen ein als Supermann drapierter Bakunin Muskeln zeigt oder wildblickende, bärtige Männer mit aufgerichteten Gewehren und gezückten Dolchen präsentiert werden. Die Frauenfreundlichkeit in diesen Publikationen ist der in einschlägigen Frauenmagazinen vergleichbar.

In theoretischer – oder besser: ideologischer – Frauendiskriminierung schoß zweifellos der anarchistische »Klassiker« Proudhon den Vogel ab. Seine dümmlich-patriarchalen Äußerungen fanden neben vereinzelter Kritik innerhalb der anarchistischen Bewegung und in der Arbeiterbewegung keine entschiedene Ablehnung. Simone de Beauvoir lastet es Proudhon an, die »enge Union zwischen Frauenbewegung und Sozialismus« gelöst zu haben, indem er massiv sozialistische Frauen angriff und ihrem politisch-sozialen Engagement und Selbstverständnis das Bild der »wahren« Frau und Mutter entgegenstellte. Proudhon betont, es gäbe nur zwei der Frau angemessene Lebensweisen: Hausfrau und Mutter oder Hure. (de Beauvoir 1981, 125 u. 136, Proudhon 1966, Bd. 2, 329)[1]

In einem Brief wirft Proudhon der Sozialistin und Feministin d'Hericourt vor, sie sei als Frau dem Mann unterlegen, ihr Begriffsvermögen sei minderwertig und es sei ihr als Frau versagt, »... das Wesen der Dinge zu erfassen, sofern nicht wir, die Männer, sie mit der Nase darauf stoßen.« Der Mann müsse die »angeborene Trägheit der Frau« überwinden, »was ihm noch oft genug mißlingt«. (Zitiert nach Dejacque 1980, 91) Doch gibt es auch Widerstand gegen diese, so der Anarchist Dejacque, »reaktionäre Dummheit« Proudhons: »Eure Intelligenz, mannhaft und gegenwärtig in bezug auf den Mann, ist wie kastriert, sobald es um die Frau geht.« Dejacque sieht in der Frage der Emanzipation der Frau und der Emanzipation des Mannes die Frage »der Emanzipation des menschlichen Wesens beider Geschlechter« (1980, 90) und versteht dies als das Ziel des Anarchismus. Proudhon fordert er auf: »Nennt Euch nicht Anarchist oder seid Anarchist bis zum Schluß!« (1980, 98)

Bakunin, Kropotkin und andere Anarchisten sprechen sich für eine Gleichberechtigung und Emanzipation der Frau aus. Doch zeigt sich auch hier in konkreten Beschreibungen, wie patriarchalisch das Denken der Anarchisten blieb. Kropotkin erörtert dieses Problem an der Hausarbeit: »Die Frauen emanzipieren heißt, sie von der entwürdigenden Arbeit in Küche und Waschküche befreien …« (o. J., 141): jedoch nicht durch eine Verteilung der Hausarbeiten auch auf die Männer, sondern durch Maschinen und Großküchen; und diese nicht mit dem Ziel, daß die Frau gleichberechtigt Funktionen wahrnimmt, die zuvor allein Männer ausfüllten, sondern damit es ihr möglich ist, mehr Zeit für die Erziehung ihrer Kinder zu gewinnen. »Die Frau emanzipieren heißt nicht, ihr die Tore der Universitäten, des Gerichts und der Parlamente zu öffnen.« (o. J., 141) Eine vollständige Gleichstellung von Mann und Frau scheint also auch außerhalb der Denkmöglichkeiten Kropotkins gelegen zu haben – und dies, nachdem Frauen in der anarchistischen Bewegung bereits aktiv waren und auch unter den Anarchisten nachdrücklich für eine Emanzipation der Frau warben.

So auch die Anarchistin Louise Michel, die nach Zerschlagung der Pariser Kommune vorrangig eine »Revolution von unten« propagierte, die bei der patriarchalen Familie und der Unterdrückung der Frauen und Kinder ansetzen solle: »Vorurteile, Überlieferungen, Traditionen müssen bekämpft, geschlagen, beseitigt werden, so daß die Frau, innerlich frei und unter veränderten Bedingungen, zusammen mit ihren Kameraden des anderen Geschlechts erst wirklich, den Kampf gegen den äußeren Feind der Knechtschaft und der Unterdrückung weiterführen kann.« (Michel 1976, 15 f)

Der Anarchistin Emma Goldman, die um die Jahrhundertwende vor allem in den USA wirkte, kommt vor allem deshalb Bedeutung zu, weil sie den tabuisierten Bereich der Sexualität innerhalb der Arbeiterbewegung in die Diskussion brachte und der Befreiung der Sexualität ebenso wie der Befreiung der Frau eine eigenständige Aufgabe in der Beseitigung von Herrschaftsstrukturen beimaß. Sie sprach sich in zahlreichen Reden und Aufsätzen für eine freie und an den Bedürfnissen der Menschen orientierte freiheitliche Sexualmoral aus. Goldman setzte die Prüderie in Beziehung zur bürgerlichen Eigentumsmoral und vergleicht die Ehe mit der Prostitution: »Die Prostituierte wird genauso zum Opfer der Moral, wie die verblühte alte Jungfer ihr Opfer ist. Aber die Prostituierte wird noch in anderer Weise mißhandelt, vor allem durch die Eigentumsmoral, die Frauen zwingt, sich selbst in ihrem Geschlecht als Gebrauchsgegenstand zu verkaufen, unehelich für je einen Dollar, für 15 Dollars die Woche im heiligen Pferch der Ehe.« (1977, 59)

Für einen entschiedenen Vertreter der Frauenemanzipation halten viele den Frühsozialisten Fourier (1772–1837). Zusammen mit der menschlichen Sexualität wertet er auch die Frau auf. Im Gegensatz zur Aufklärung versteht er den Menschen nicht ausschließlich als vernunftbestimmt, sondern ganzheitlich als Wesen mit »Trieben« und »Leidenschaften«, die auch seinen sozialen Charakter konstituieren.[2]

Doch diese Anbindung einer Befreiung der Frau an die Aufwertung der Sexualität bedeutet keineswegs die umfassende Emanzipation der Frau als Mensch. In solchen Konstruktionen wird die vermeintlich sinnlichere Frau häufig lediglich in ihrer sexuellen Funktion für den Mann betrachtet. So wertet etwa Fourier zwar mit der Sexualität des Menschen (des Mannes) auch die Frau auf, unterwirft aber die weibliche Sexualität kompliziertesten Regelungen, um sie am günstigsten an den Mann – Fourier spricht von »Besitzer« – und »in Umlauf zu bringen«. (Fourier 1968, 180–198)[3]

Ähnlich zweifelhaft äußert sich der italienische Anarcho-Kommunist Rossi. (1855–1910) Er kritisiert generell die Formen der Familie, Ehe und Sexualität und maß der Aufhebung sexueller Zwänge entscheidende Bedeutung bei: ».. . wie die ökonomischen Beziehungen die Fragen des XIX. Jahrhunderts gewesen« sind, so werden »die Affektbeziehungen vielleicht die brennende Frage des XX. Jahrhunderts bilden.« (1978, 246) Geradezu grotesk ist es, wenn die Argumente einer Aufhebung der monogamen Sexualität auf der (kommunistischen) Prämisse basieren, daß die Besitzverhältnisse revolutioniert werden müssen und so die Frau nicht mehr nur einem Mann gehören solle, sondern – in Gütergemeinschaft – allen Männern. Auch Proudhon versteht in diesem Sinne Forderungen nach »freier Liebe« als »Gemeinschaft der Weiber«, also als kollektive männliche Verfügungsgewalt über die Sexualität der Frau.

Auf diesen problematischen Zusammenhang von Forderungen nach einer Emanzipation der Frau und der nach »freier Liebe« macht die spanische Anarchistin Saornil aufmerksam. Sie wendet sich gegen eine »freie Liebe«, die nicht mit »moralischen« und sozialen Veränderungen einhergehe, denn Männer verhielten sich gegenüber Frauen »im allgemeinen wie ihre Vorfahren« und reduzierten das Sexuelle auf das »Genitale«. (1979, 56) An diese Ausführungen schließt die Überlegung an, daß sich die Frau »autonom« organisieren und emanzipieren müsse.

Der borniert und reaktionäre Sexismus von Anarchisten wie Proudhon und die Ignoranz von sonst so radikalen Denkern wie Bakunin, Kropotkin u. a. wäre eher als Inkonsequenz zu werten und damit weniger skandalös, wenn es nicht schon bereits vor und während der Französischen Revolution eine breit diskutierte Problematisierung einer politisch-sozialen Gleichstellung der Frau gegeben hätte; wenn es nicht schon eine Frauenbewegung gegeben hätte, die sich gegen den (Männer-)Chauvinismus der damaligen »Linken« gewehrt hätte; wenn es nicht schon Männer gegeben hätte, die in der Frauenemanzipation die Chance einer umfassenderen gesellschaftlichen Emanzipation des Menschen sahen; wenn nicht schon Schriften wie die von Mill über »Die Hörigkeit der Frau« (1976) für eine Polarisierung der Befürworter und Gegner einer Frauenemanzipation gesorgt hätten.[4] Skandalös bleibt gleichwohl die ignorante oder offen reaktionäre Haltung der Anarchisten in dieser Frage deshalb, weil sie trotz ihres radikal-emanzipatorischen Ansatzes hinter die frauenemanzipatorischen Forderungen zurückfielen oder sie sogar kritisierten.

Das anarchistische Ideal einer vollständigen Emanzipation des Menschen blieb in den konkreten Forderungen und Analysen uneingelöst, obwohl der Anarchismus als politische Theorie für eine Verbindung von Feminismus und Anarchismus, von individueller Selbstbestimmung von Mann und Frau und Sozialismus prädestiniert scheint. Im Gegensatz zum Marxismus kann mit dem Anarchismus die Frauenemanzipation nicht der ökonomisch-politischen Revolution untergeordnet werden. Haupt- und Nebenwidersprüche lassen sich auf der Basis des marxistischen Ökonomismus konstruieren, nicht aber auf der Basis anarchistischen Denkens.

Aus diesem Grund verstehen sich auch sozialistisch orientierte Feministinnen in den USA häufig als Anarchistinnen. Sie halten Marxismus und Feminismus, hierarchisch-autoritäre Organisationsstrukturen und eine autonome, selbstorganisierte Frauenbewegung für unvereinbar. Sie wollen nicht darauf vertrauen, daß nach einer Sozialisierung der Produktionsmittel auch das Patriarchat zugleich mitbeseitigt würde und kamen zu dem Schluß, »... daß der radikale Feminismus wesentlich besser mit einer Art des Anarchismus harmonisiert als mit den dominiierenden Erscheinungsformen des Sozialismus«. (Ehrlich 1982, 82) So versteht sich die Feministin Chesler auch als Anarchistin. (1977, 272)

»Anarcha-Feministinnen« gehen sogar so weit, zu behaupten, bei Frauen einen »intuitiven Anarchismus« feststellen zu können und plädieren dafür, »die feministische Verbindung zum Anarchismus zu sehen«, damit nicht die Frauenbewegung umgeleitet werde »auf die alte männliche Fahrspur der Politik«. (Kornegger 1982, 54 f.) Feministinnen hingegen, die sich, wie Firestone, immer noch als Marxistinnen verstehen wollen, kommen jedenfalls nicht umhin, den Historischen Materialismus zu »erweitern« (1975, 18) und ihn damit um seine (geschichtsdeterministische) Substanz zu bringen.

> »Erziehung ist die zwangsgemäße, gewaltsame
> Einwirkung einer Person auf die andere...«
>
> *Leo Tolstoi*

> »Ich will... beweisen, daß nämlich
> die Erziehung als ein bewußtes Formen der Menschen nach gewissen Mustern unfruchtbar,
> ungerecht und unmöglich ist. Ein Recht auf
> Erziehung gibt es nicht.«
>
> *Leo Tolstoi*

> »Erziehung ist Herrschaft, ob mit oder ohne
> ›Zwang‹.«
>
> *Ekkehard von Braunmühl*

## 4. Die Emanzipation des Kindes

Die gegenwärtige feministische Kritik des Patriarchats konzentriert sich auf die alltägliche Diskriminierung der Frauen, auf die Gewalt gegen Frauen und auf die männlich-chauvinistischen Bewußtseinsstrukturen und Verhaltensmuster. Analysiert und kritisiert werden also Formen der Herrschaft des Mannes über die Frau. Vernachlässigt wird hingegen eine andere Komponente patriarchaler Herrschaft – die Herrschaft über das Kind. Dies geschieht, obwohl Kinder nicht weniger diskriminiert werden als Frauen, obwohl gegen Kinder nicht weniger brutal Gewalt angewandt wird und auch die herrschaftliche Mentalität der

Erwachsenen nicht weniger unwissend ist als die spezifisch frauenfeindliche. In der patriarchalen Familie ist die Anwendung väterlicher (Entscheidungs-)Gewalt über das unmündige Kind innerhalb eines sehr weit gesteckten Rahmens gestattet. Die grundgesetzlich verbürgten Menschenrechte treffen auf Unmündige nur eingeschränkt zu.

Offensichtlich ist die Inkonsequenz von vermeintlichen Anarchisten, die zwar staatliche Herrschaft entschieden ablehnen, aber an der Herrschaft des Mannes über die Frau keinen Anstoß nehmen, sogar ausdrücklich daran festhalten wollen. Ein derartig ignoranter (Männer-)Chauvinismus stellt den eigenen radikal herrschaftskritischen Anspruch in Frage. Viele Anarchisten fallen hinter das heutige Diskussionsniveau zurück und befinden sich mit ihren (»erziehungs-« und) »erwachsenen-chauvinistischen« Vorstellungen durchaus in Einklang mit dem heutigen Zeitgeist.

Patriarchale Herrschaftsansprüche gegenüber Frauen werden heute nicht mehr offen vertreten. Ansprüche von Erwachsenen, Kindern (und anderen unmündigen Halbmenschen), ob diese wollen oder nicht, zu den jeweils gewünschten Menschen zu erziehen, können heute noch offen vertreten werden. Ganze Berufs- und Wissenschaftszweige machen sich daran, möglichst subtile Herrschaftsmethoden zu entwickeln und dieselben zu legitimieren, um aus Kindern die jeweils gewünschten Menschen formen zu können – oder um erwachsene »asoziale« Individuen zu funktionstüchtigen Staatsbürgern zu erziehen. Gerade in diesem Problemfeld kommt einer radikalen Herrschaftskritik entscheidende Bedeutung zu.

Wie in der Frauenfrage läßt die Herrschaftskritik der Anarchisten – von einigen wichtigen Ausnahmen abgesehen – intellektuelle Konsequenz vermissen. Anarchisten kritisieren zwar häufig, daß Kinder mit Hilfe des faktischen staatlich-kirchlichen Erziehungsmonopols zum folgsamen Untertanen und Bürger erzogen werden, halten es andererseits durchaus für angebracht, daß anarchistische Pädagogen die ihnen zur Verfügung gestellten Zöglinge zu folgsamen Rebellen und Anarchisten erziehen. Die moralische Berechtigung von »Erziehung« bezweifelten sie nicht; das Prinzip »Erziehung« stellten sie nicht in Frage. Anarchisten kritisierten lediglich die verstaatlichte schulische Erziehung und die Verstaatlichung gesellschaftlicher Lebensformen.

Im historischen Prozeß einer Verstaatlichung gesellschaftlicher Lebensformen spielte Erziehung eine zentrale Bedeutung. Erziehung diente der Integration von Abweichlern, einer Uniformierung und Gleichschaltung nonkonformen Verhaltens. Mit der historischen Trennung von Wohnen und Arbeiten, mit der Trennung von Familienleben und Leben »auf der Straße«, von privatem Wohnraum und öffentlichem Raum, gingen gemeinschaftlich-integrative Gesellschaftsstrukturen zunehmend verloren; staatlich-institutionelle Strukturen einerseits und privat-familiäre Strukturen andererseits gewannen an Bedeutung. Der Zugriff des Staates auf den einzelnen wurde mit der Ausschaltung gemeinschaftlicher Lebensformen größer, ebenso wuchs die väterliche Autorität über das Kind.

Vor dieser Auflösung integrativer Strukturen und einer »Institutionalisierung« der Kindheit, so Meyer in dem Buch »Das Kind und die Staatsräson« (1981), habe das Kind »inmitten der städtischen und gesellschaftlichen Vielfalt« gelebt, lernte im direkten Kontakt mit Leben und Arbeiten der Erwachsenen, nahm Anteil an nahezu allen gesellschaftlichen Aktivitäten und hatte »... sich nicht als Mitglied einer besonderen Altersklasse und fast ebensowenig als besonderes Eigentum dieses oder jenen Paares spezifiziert«. (1981, 13 f.) Nach dieser Trennung war das Kind an die patriarchale Kernfamilie gebunden, die ihrerseits ein separates Privatleben und einen geregelten Zeitablauf ermöglichte und damit eher den Notwendigkeiten industrieller Arbeit entsprach als das vielfältige und weniger regelmäßige Gemeinschaftsleben. (Meyer, 11 f.) Im Laufe des 19. Jahrhunderts wurde auch die patriarchale Kernfamilie zunehmend staatlich reglementiert: Die zunächst selbstherrliche patriarchale Autorität über das Kind wurde sukzessive zugunsten staatlicher Einflußnahmen eingeschränkt.

Diese Tendenz zur Verstaatlichung setzte sich fort. Auch von den Resten einer gemeinschaftlich-sozialen Lebensweise wurde die patriarchale Kernfamilie gesäubert, indem sie schließlich als Delegierte des Staates instrumentalisiert und in ihren Funktionen darauf beschränkt wurde, »ihre Nachkommenschaft denjenigen Institutionen zuzuführen, die die Lehre, die Gesundheit, das Spiel etc. monopolisiert«. (Meyer 1981, 22) Die Zerstörung des Gemeinschaftslebens, die »Atomisierung der Gesellschaft« setzt sich in der staatlichen Durchdringung dieser Lebensräume fort. Aus der Herrschaft des Familienvaters über die Kinder wurde die Herrschaft von »Vater Staat«.

Anarchisten wenden sich gegen derartige Verstaatlichungen gemeinschaftlicher Lebensformen. Sie kritisieren die faktische Monopolisierung der Erziehung durch Kirche und Staat. Damit seien diesen Institutionen Instrumente an die Hand gegeben, um jegliche Form kritischer Individualität und eines solidarischen Gemeinschaftslebens bei den Zöglingen zu unterdrücken zugunsten einer Einordnung in die bestehenden Herrschaftsstrukturen. Die erfolgreiche Monopolisierung der »legitimen Gewaltsamkeit« durch den Staat ermögliche durch die

Androhung oder Anwendung staatlicher Gewalt Konformität; die Monopolisierung der Erziehungsinstitutionen ermögliche durch gezielte Manipulationen eine »freiwillige Knechtschaft«; in diesem Sinne argumentieren Anarchisten wie Kropotkin, Bakunin, vor allem aber Tolstoi, Stirner und Landauer.

Landauer hält die Schule für einen »Vorläufer des Militarismus«, die den Geist der Kinder nivelliere, uniformiere und diszipliniere, die Rebellen aussondere und die Kinder an die unsolidarische und rücksichtslose Konkurrenz des kapitalistischen Marktes gewöhne. (1978c, 40) »Das tatsächliche Erziehungsmonopol, das die reaktionären Elemente zu allen Zeiten innehatten, ist die wirkliche Ursache der Fortdauer dieses Systems ›freiwilliger Knechtschaft‹, unter dem wir leiden; denn wäre diese Unterwerfung nicht bei nahezu allen eine freiwillige – ich meine: eine instinktmäßige, durch Erziehung und Gewohnheit erworbene –, dann könnte Gewalt allein nimmer ein System aufrechterhalten, unter dem die Vielen alles entbehren müssen zu Gunsten der Wenigen.« (Landauer 1978c, 41) Landauer empfiehlt alternativ zu den »von Staat und Priesterschaft regierten Schulen«, »Schulgenossenschaften« zu gründen. (1978c, 44)

Die Möglichkeit, durch Erziehung prägenden Einfluß auszuüben, sollten sich nach Landauer auch Anarchisten zunutze machen, denn ohne vorangegangene »wirkliche Erziehung« könne die angestrebte Zukunftsgesellschaft nicht realisiert werden. Auch Landauer will nicht die Abschaffung von Erziehung und begnügt sich nicht mit einer Kritik bestehender Erziehung, sondern plädiert für eine »wirkliche Erziehung« zwecks Internalisierung der »richtigen« Werte und Zielvorstellungen durch die Zöglinge. Die frühe Zerschlagung der Münchener Räterepublik, der Landauer als »Volksbeauftragter für Volksaufklärung« angehörte, verhinderte es, Aufschluß darüber zu geben, welche Erziehungsmittel Landauer für angebracht hielt, um die erwünschten Erfolge bei den Zöglingen zu erzielen.

Ferrer (1859–1909), der neben Tolstoi der wohl bekannteste anarchistische Erziehungspraktiker und -theoretiker, organisierte in Spanien sogenannte »Moderne Schulen«, in denen die Schüler auf der Basis eines positivistischen Ansatzes eine vorwiegend naturwissenschaftliche Ausbildung erhielten, damit sie sich gegenüber jeglichem Aberglauben behaupten könnten. Ferner sollten die Schüler über die Ursachen von staatlicher Herrschaft und ökonomischer Ausbeutung aufgeklärt und zum Widerstand gegen das bestehende System erzogen werden. Die von Ferrer geleiteten »freien Schulen« ließen die Kinder über Lehrinhalte und die Gestaltung des Unterrichts mitbestimmen. Erklärtes pädagogisches Ziel war es, die Kinder zu »freien festbegründeten Geistern« zu erziehen, »die über die Dinge und Erscheinungen des Lebens sich ihre eigene Meinung bilden können«. (Ferrer 1982, 131 f.) Das, so schränkt Ferrer ein, hieße jedoch nicht »... daß wir dem Kinde gleich in Anbeginn seiner Erziehung ausschließlich seine eigenen Ideenbildungen überlassen wollen.« (132) Auch anarchistische Pädagogik hat erklärte Erziehungsziele und kann es nicht dem Kind selbst überlassen, wie und nach welchen Vorstellungen es leben will. Vielmehr sei es »die Aufgabe des Lehrers, dem Kinde Ideenkeime einzupflanzen.« (132) Nach einer derartigen Einpflanzung von Zielen und Wertvorstellungen mit Hilfe seiner anarchistischen Pädagogik kann es Ferrer dann dem Kinde selbst überlassen, »die Richtung seiner Entwicklung selbst zu bestimmen«. (140)[5]

Obwohl der Anarchist Faure betont, daß das Kind »weder der Familie, noch dem Staat, sondern sich selbst« gehört, versucht er diesen Ansatz mit einem Erziehungsbegriff in Übereinstimmung zu bringen, der eindeutig als »Eingriff« des Erziehers und als »Willens- und Bewußtseinslenkung« gekennzeichnet ist: Das Kind soll erzogen werden, »die Wahrheit« zu lieben; man müsse es zum »edlen brüderlichen Menschen« heranbilden. Damit wird das Kind, wie bei Ferrer und Landauer, *dem Erziehungsideal des Erziehers unterworfen*, und zwar aufgrund der unreflektiert akzeptierten Prämisse, daß das Kind »von sich aus«, also unmanipuliert, sich nicht zum »edlen brüderlichen Menschen« entwickelt. (1980, 119–121)

Bakunin äußert sich über Erziehung, Bildung, Ausbildung ähnlich autoritär wie in seinen konkreten Organisationskonzepten. Die Möglichkeit einer Selbstbestimmung von Kindern oder Jugendlichen erwägt er nicht. Herrschaft über diese Unmündigen scheint er für notwendig zu halten. An die Stelle der staatlichen und kirchlichen Herrschaft tritt die der Gesellschaft: Den Eltern räumt er zwar ein »... ihre Kinder bei sich zu behalten und sich mit ihnen zu beschäftigen (, doch nur – d. Verf.) unter Vormundschaft und oberster Kontrolle der Gesellschaft, die stets das Recht und die Pflicht hat...«, Eltern und Kinder bei Verfehlungen der Eltern zu trennen. (1979, 22) Diese Vormundschaft der Gesellschaft erstreckt sich auch auf die Erziehungsziele.

Bakunin schreibt der Schule in der neuen Gesellschaft die Funktion einer ideologischen Anpassung zu und plädiert damit nicht gegen eine »Willensmanipulation« durch Erziehung, sondern lediglich gegen eine vermeintliche falsche: »›Die Schule soll die Kirche ersetzen‹, mit dem ungeheuren Unterschied, daß... Erziehung und Unterricht der

Schule… nur den Zweck der wirklichen Befreiung der Kinder nach Erreichung ihrer Mündigkeit haben.« (1979, 22) Dem Kind wird also zunächst noch keine Freiheit zugestanden, sondern es gilt als ein »unvollständiger Mensch«, welcher zur Freiheit erzogen werden muß. Die Inhalte der schulischen Erziehung zum »vollständigen Menschen« entsprechen der Erziehung zur Konformität mit der anarchistischen Gesellschaft.

Jeder Schüler solle am »theoretisch/wissenschaftlichen« und am »industriell/praktischen« Unterricht teilnehmen, um das Erziehungsziel, den »Arbeiter, der Verständnis und Wissen besitzt«, realisieren zu können. (1979, 202) Der praktische Unterricht müsse Industriearbeit beinhalten und solle mit sämtlichen Industriezweigen vertraut machen; der theoretische solle die Kinder in Form einer Art Geschichts- oder Philosophiegeschichtsunterrichts von der Autorität zur Freiheit führen und damit die Kinder in ihrer Persönlichkeit »sukzessive zur vollständigen Freiheit« führen. (1979, 202)

Es bedarf nach Bakunin also der systematischen Einprägung einer Gesinnung, d. h. also einer Erziehungsmanipulation, um Anarchie zu ermöglichen. Eine freie Berufswahl scheint Bakunin für den minderjährigen, »unvollständigen« Menschen nicht vorzusehen. Für ältere Schüler besteht trotz schulischem Unterricht Arbeitszwang: »Zugleich muß jeder theoretisch und praktisch den ihm am meisten zusagenden Industriezweig studieren und lernen, und er erhält die in seiner Lehrzeit verdiente Summe bei seiner Großjährigkeit.« (1979, 22)

Der Zwang, seine Fähigkeiten der Gemeinde zur Verfügung zu stellen, die Annahme der Unmündigkeit der Jugendlichen und die Anmaßung seitens der Gemeinschaft, eine herrschaftliche Erziehung auszuüben, charakterisiert – dies bleibt abschließend festzuhalten – Bakunins Auffassung von Erziehung. In teilweiser Übereinstimmung mit Bakunin sah auch Kropotkin die Notwendigkeit einer anleitenden Erziehung zur Freiheit. Er empfiehlt einen schulischen Moralunterricht, der zu einem Gemeinschaftsleben im Sinne der Gegenseitigen Hilfe befähigen solle. Trotz Verankerung der Gegenseitigen Hilfe als »anthropologische Konstante« scheint in Kropotkins Denken über Erziehung die Auffassung zu dominieren, daß die natürliche Disposition erst durch Erziehung und Ethik wirksam werden könne. Wie Bakunin plädiert Kropotkin dafür, daß Jungen und Mädchen in gleicher Weise erzogen werden sollten (obgleich er, im nächsten Satz, wie Bakunin, von Knaben und Jünglingen spricht), und zwar auch durch eine handwerkliche und technische Ausbildung neben einer wissenschaftlichen. (1976 a, 216 ff.)

Die Ansichten von Bakunin, Kropotkin, Landauer u. a. über das Verhältnis von Erwachsenen und Kindern bzw. Jugendlichen, über Bildung und Berufsausbildung bestätigen also nicht die so oft reklamierte radikale Herrschaftskritik und widersprechen oftmals dem anarchistischen Ideal der Herrschaftslosigkeit. Dies gilt nicht weniger für die anarchistischen Pädagogen Ferrer und Faure. Kinder werden nicht als vollwertige Menschen mit einem Anspruch auf individuelle Selbstbestimmung akzeptiert. Ihre Instrumentalisierung als Mittel zum Zweck – als Mittel zum Zweck der Einrichtung einer herrschaftsfreien Gesellschaft – bleibt unhinterfragt. Dieselben Anarchisten, die in aller Kompromißlosigkeit eine »Diktatur des Proletariats« ablehnen, da sich in ihr Herrschaftsverhältnisse perpetuieren, befürworten eine mehr oder weniger autoritäre Diktatur der erwachsenen Erzieher, um die Zöglinge, ob sie nun wollen oder nicht, zur Freiheit zu erziehen, oder sogar, um sie durch Erziehungsmanipulationen als anarchistischen Nachwuchs rekrutieren zu können.

Dieser Widerspruch zwischen dem Ideal der Herrschaftslosigkeit und der pädagogischen Theorie und Praxis ist nur aufzulösen, wenn man der *Annahme* vertraut, daß sich auch – oder sogar nur – ohne erzieherische Manipulationen, also spontan und autonom, Kinder zu Erwachsenen entwickeln, denen an ihrer Freiheit und Selbstbestimmung gelegen ist. Zu dieser Annahme entschlossen sich, wenn auch nur in Ansätzen begründet, Stirner und Tolstoi, deren Argumentationen in dieser Frage mit guten Gründen für den Anarchismus reklamiert wurden. Bei Stirner und Tolstoi findet man eine erste Ansatzweise, aber nicht immer durchgehaltene, Infragestellung der Erziehung als solche und erste Hinweise auf den Gedanken einer Emanzipation des Kindes von der Vorherrschaft der Erwachsenen.

Stirners Schulkritik setzt an der staatlich-kirchlichen Erziehung zur Konformität an und endet in der Alternative einer »persönlichen Erziehung«, die darin bestehen soll, »in den Menschen die Idee der Freiheit« zu wecken, damit »die Freien sich auch unabhängig immer wieder selbst befreien« können. (Stirner 1914, 251) Der zentrale Unterschied zu den oben diskutierten anarchistischen Erziehern scheint mir zu sein, daß Stirner kein inhaltlich festgeschriebenes Erziehungsziel vorgibt und ausdrücklich die »Einprägung einer Gesinnung« ablehnt. (1914, 257) Das Verhältnis Erwachsener – Kind solle ein gleichberechtigtes sein und nicht auf Ausübung bzw. Anerkennung einer Autorität basieren. Das Kind solle als freies akzeptiert werden, zu keiner bestimmten Gesinnung, auch nicht zu einer anarchistisch-staatskritischen manipuliert werden.[6]

Eine erste Infragestellung des Erziehungsbegriffs findet man bei Tolstoi: Erziehung sei »… als ein bewußtes Formen der Menschen nach gewissen Mustern unfruchtbar, ungerecht und unmöglich… Ein Recht der Erziehung gibt es nicht.« (1960, 33) Tolstoi versteht Erziehung als »zum Prinzip erhobenes Streben nach Despotismus.« (1960, 32) Er gelangt zu einer Unterscheidung von Erziehung und Bildung: »Erziehung ist die zwangsgemäße, gewaltsame Einwirkung einer Person auf die andere, mit der Absicht, solche Menschen heranzubilden, die uns gut zu sein scheinen; während Bildung ein freies Verhältnis von Menschen untereinander ist, das einerseits das Bedürfnis, Kenntnis zu erwecken, zur Grundlage hat, und andererseits das Verlangen, schon erworbene Kenntnisse mitzuteilen.« (1960, 31)

Auf dieser Basis eines dem Erziehungsbegriff entgegengesetzten Bildungsbegriffs gründete Tolstoi eine Schule »Jasnaja Poljana« (Tolstoi 1980), in der weitgehend das Herrschaftsverhältnis zwischen Schülern und Lehrern aufgehoben werden sollte. Wie wenig diese Skepsis Tolstois gegenüber der Erziehung und die freiheitliche Potenz dieses Gedankens verstanden wurde, zeigt sich u. a. daran, daß auch von heutigen Anarchisten Tolstoi als großer »Erzieher« gefeiert wird.[7]

Eine grundlegende Kritik am Erziehungsbegriff und am Anspruch von Erwachsenen, zum vermeintlichen Wohl der Kinder auf deren Willen und Gesinnung einzuwirken, damit sie bestimmte Werte, Normen und Vorstellungen übernehmen, findet sich in der »Antipädagogik«. *Antipädagogik*, wie dessen Begründer Ekkehard von Braunmühl sie versteht, ist keine alternative Pädagogik, keine antiautoritäre Pädagogik oder sonst eine Variante der »Erziehungsideologie«, sondern – so der eigene Anspruch – »kritische Theorie, also Information über behauptete und geglaubte Unwahrheit«. (1983, 238)

Als kritische Theorie bleibt Antipädagogik negativ, sie ist als Akt der Selbstbehauptung gegen erzieherische Fremdbestimmung interpretierbar und entfaltet kein detailliertes Konzept, wie sich im einzelnen der Umgang von Erwachsenen und Kindern gestalten soll.[8] Die antipädagogische Kritik richtet sich zunächst gegen die begrifflichen Unklarheiten und ideologischen Verzerrungen in der Verwendungsweise des Begriffs »Erziehung« in der Alltagssprache und in den Erziehungswissenschaften, vor allem gegen die mißverständliche Gleichsetzung von Erziehung und Bildung, Erziehung und Lernen sowie von Erziehung und jeglicher Betreuung und Versorgung von Kindern.

Diese Kritik soll die Legitimationsgrundlagen von Kinderfeindlichkeit, Gewalt gegen Kinder und der systematischen Unterdrückung ihrer Freiheit hinterfragen. Ein unreflektierter und undifferenzierter Gebrauch der Begriffe kaschiere den Herrschaftscharakter von Erziehung, der allerdings von einigen Erziehungswissenschaftlern auch zugestanden wird. (Braunmühl 1983, 69–73) »... der Begriff der ›Erziehung‹ (wird – d. Verf.) von fast allen Erziehungswissenschaftlern für die geplante, zielgerichtete, letztlich fremdbestimmte Veranstaltung von Erwachsenen reserviert.« (1983, 17f.) »Erziehung« meint also einerseits nicht jegliche Versorgungs- und Pflegeleistung, »andererseits auch nicht Verhaltensweisen des täglichen Umgangs mit Kindern, die sich von solchen des Umgangs mit Erwachsenen prinzipiell nicht unterscheiden.« (1983, 84)

Bei aller Kritik an der ursprünglichen Wortbedeutung wendet sich Antipädagogik also nicht gegen Pädagogik, sofern damit Probleme der Bildung und des schulischen Unterrichts bezeichnet werden, sondern gegen Pädagogik im Sinne einer »Gebrauchsanweisung« für *Erziehung*, d. h., so die von Braunmühl zitierten Erziehungswissenschaftler, wie Menschen »in ihren Grundstrukturen« zu formen sind, wie ihnen ein »Ziel der Lebensgestaltung« zu oktroyieren ist, wie ihnen beizubringen ist, was als »lebenswert zu betrachten« ist und wie sie zur »Verinnerlichung dominanter Motivationen« zu zwingen sind. (1983, 78)

Die von »progressiven« Erziehungstheoretikern verfolgten Erziehungsziele: Erziehung zur Freiheit, zur Selbstbestimmung, zur Mündigkeit, zur Autonomie, zur Selbstbestimmung u. dgl. laufen nach Braunmühl auf eine Perfektionierung der erzieherischen »Entselbstung« hinaus. Hinter derlei Paradoxien (etwa: »sei spontan!« oder »sei autonom!«) verberge sich die Perfektionierung der »Entselbstung«: Der Zögling solle so vollständig manipuliert werden, daß er das, was er tun soll, glaubt freiwillig, spontan, autonom zu tun. Perfekt sei Erziehung dann, wenn der Wille des Erziehers zu dem des Zöglings werde. Auf dem Hintergrund eines von erzieherischen Ambitionen durchdrungenen Denkens wurde klar, so Braunmühl, wie es zu der Annahme komme, daß »Autonomie ja Anpassung, sittliche Reife Erzogenheit, Selbstbestimmung Fremdbestimmung voraussetze«. (1983, 154)[9] Der Gedanke, daß Kinder von sich aus autonom, selbstbestimmt sind und wissen, was sie wollen, scheint Pädagogen – auch anarchistischen – wohl aus beruflichen Gründen undenkbar. Bestärkt wird der Herrschaftsanspruch der Erzieher auch dadurch, daß der Selbstbestimmungsbegriff an ein Verständnis von Vernunft gekoppelt wird, die Kindern, Negern, Frauen und anderen Unmündigen abgesprochen wird.

Auch heutige Anarchisten halten nach wie vor den Menschen in diesem Sinne für »erziehungsbedürftig« (Blankertz 1980), obwohl im gesellschaftlich-politischen Bereich herrschaftliche Manipulationen oder auf offene Gewalt gestützte Herrschaft zum Aufbau einer freiheitlichen

Lebensform mit der Begründung abgelehnt werden, daß die Mittel (des Aufbaus) nicht dem Ziel (der freien Gesellschaft) widersprechen dürfen. Wie in jeder Erziehung ist auch in der anarchistischen oder libertären Pädagogik dieser Grundsatz außer Kraft gesetzt: Im Gegensatz zum Erwachsenen wird für das Kind nicht angenommen, es sei spontan und von sich aus autonom. Dem Kind wird die Fähigkeit abgesprochen, ohne Fremdbestimmung selbstbestimmt zu handeln (und ohne Zwang ein gläubiger Anarchist zu werden).

Große Einsichten bewiesen die Anarchisten, als sie dem autoritären Sozialismus prognostizierten, daß sich herrschaftliche Übergangsformen zum Selbstzweck und zum Dauerzustand pervertieren würden. Die vermeintlich anarchistischen Patriarchen hielten indessen Herrschaft über Kinder für nötig, um aus ihnen Anarchisten zu machen, hielten eine Verinnerlichung oktroyierter Erziehungsziele sogar für geboten, ohne zu erwägen, daß eine Erziehung zur Freiheit, so Braunmühl sehr treffend, »Betrug« ist: »Denn Freiheit will gelernt sein..., aber Freiheit wird nur gelernt, indem sie gelebt wird...« (Braunmühl 1983, 96) In diesem Sinne hält Braunmühl auch eine »Erziehung zur Demokratie« für »antidemokratisch« (1976, 18 f.) und eine Erziehung zum Anarchismus für antianarchistisch: Wer von einer freien Erziehung zur Freiheit redet »... ohne tausend schwarze Schimmel wiehern zu hören, der hat seine Absage an die Herrschaft von Menschen über Menschen noch nicht konsequent überdacht.« (1984, 34)

Mit der Perspektive einer vollständigen Emanzipation aller Menschen und der Ablehnung jeglicher – auch der als Übergang gedachten Herrschaft läßt sich Erziehung also nicht vereinbaren. Nur die Forderung nach einer Selbstbestimmung des Kindes und Jugendlichen könnte den Anspruch erheben, konsequent anarchistisch zu sein. Die radikale antipädagogische Kritik bietet einen grundlegenden Ansatzpunkt für eine Kritik an der Schulpflicht und am staatlichen bzw. staatlich kontrollierten Schulsystem. Die heute erhobenen Forderungen, verstärkt »Freie Schulen« und nicht-staatliche Bildungseinrichtungen zuzulassen und zu unterstützen, könnte m. E. an Sprengkraft gewinnen, wenn durch eine solche radikale Kritik der staatlich-institutionellen Reglementierung die Legitimationsgrundlage entzogen ist. Der Zweifel an einem »Recht auf Erziehung« könnte ebenfalls z. B. Reformen der Heimerziehung, der Jugendfürsorge und Liberalisierungen des Sexualstrafrechts bezüglich Jugendlicher unterstützen.

>Der verbindende Geist, der Bund… hat
in der Familie eine zu schmale und zu dürftige
Form für das Mitleben.«

*Gustav Landauer*

>Die spontane Zerstörung der Familie
sollte von jetzt an mutig in jedes sozialistische
Programm aufgenommen werden.«

*Giovanni Rossi*

## 5. Familie – »letzter natürlicher Verbund« oder »Keimzelle der Autorität«

Viele Anarchisten kritisieren die patriarchale Familie, die Institution »Ehe« und die bestehende Sexualmoral im Namen einer vollständigen Emanzipation des Individuums. Andere Anarchisten kritisieren hingegen im Namen des Erhalts gemeinschaftlicher Beziehungen zwischen Menschen und Zerstörung oder Instrumentalisierung der Familie und Ehe. Diese verschiedenen Aspekte anarchistischer Kritik an der Familie, an der Ehe und Sexualmoral lassen sich mit Hilfe des bereits eingeführten Begriffspaars »Gemeinschaftlichkeit« und »individualistische Selbstbehauptung« ordnen. Ebenso ermöglichen es diese Begriffe, die verschiedenen Vorstellungen von »privaten« zwischenmenschlichen Beziehungen (Sexualität, Wohnen etc.) in der in anarchistischen Schriften angedeuteten freien Zukunftsgesellschaft zu bewerten. »Gemeinschaftlichkeit« soll (nicht-hierarchische) direkte und freiwillige Beziehungen zwischen Menschen kennzeichnen, die, ein Reich im Reiche (»imperium in imperio«) bildet (1966, Bd. I, 327), d. h. also, einen (teil-)autonomen Raum innerhalb einer größeren Ordnung schafft und damit eine Organisationsform darstellt, in die der einzelne eingebunden ist und an der er aktiv beteiligt ist. Diese Gemeinschaften als Basiseinheiten der Gesellschaft verhinderten es, daß atomisierte Individuen den übergeordneten Organisationsformen isoliert gegenüberstünden und dem (sozial-)staatlichen Zugriff ausgesetzt seien.

Ein Gemeinschaftsverständnis, in dem die Komponente der freien Vereinbarung autonomer Individuen und die Möglichkeit einer individualistischen Selbstbehauptung nicht lebendig bleibt, läuft Gefahr, einer totalitären Zwangsintegration der Individuen nicht mit der notwendigen Skepsis gegenüberzustehen und ideologisch mißbraucht zu werden. Das kann auf die Familienideologie von einigen Konservativen ebenso zutreffen, wie auf die Ideologie der »Volksgemeinschaft« der Nationalsozialisten. Andererseits läuft eine individualistische Selbstbehauptung, in der der konkrete Bezug zu dem fehlt, gegenüber dem es sich zu behaupten gilt, nicht weniger Gefahr, ideologisch zu werden.

Auf eine solche Ideologisierung einer egoistischen Selbstbehauptung von »freien Selbsten« zum Organisationsprinzip einer vermeintlich freien Gesellschaft wurde bereits im Zusammenhang mit der Kritik am Individualanarchisten Mackay hingewiesen.[10] Solidarität sowie soziale Integration ist jedenfalls nicht zu begreifen, wenn die egoistische Selbstbehauptung zum alleinigen Prinzip zwischenmenschlicher Beziehung erhoben wird. Umgekehrt wäre eine auf Freiwilligkeit basierende Gemeinschaftlichkeit und ein solidarischer Ausgleich der Interessen nicht denkbar ohne die Komponente der individualistischen Selbstbehauptung und freien Vereinbarung der Individuen.

Innerhalb des Anarchismus finden sich äußerst kontroverse Stellungnahmen zu Familie, Ehe und Sexualität. Anarchisten wie Stirner, Bakunin, Mühsam, Goldman und Rossi orientieren sich fast ausschließlich an dem, was zuvor mit »individualistischer Selbstbehauptung« gekennzeichnet wurde. Sie kritisieren die Familie, Ehe und die monogame Sexualität als repressive Institutionalisierungen der staatlich kapitalistischen Gesellschaft und betonen deren herrschaftsstabilisierende Funktion. Der Aspekt der Gemeinschaftlichkeit, der Integration des Individuums in freie aber dauerhafte soziale, dezentrale Strukturen kommt in ihrer Behandlung der Frage nicht zur Sprache.

Der Anarchist Mühsam sieht in der Familie vor allem den Ausdruck patriarchalischer Herrschaft, der sich gegen die Emanzipationsbestrebungen der Frauen und gegen ein partnerschaftliches Verhältnis zwischen Erwachsenen und Kindern richte; die Familie stelle die »Keimzelle der Autorität« schlechthin dar und reproduziere in direkt-zwischenmenschlichen Beziehungen die bestehenden staatlich-kapitalistischen Herrschaftsformen: »Die obrigkeitlich geschützte und nach einheitlichen Grundsätzen geregelte Familie ist Muster und Sinnbild der Zentralisation, vollendete Verkörperung des Machtgedankens, im engeren Umkreis Modell von Kirche und Staat, Urform und Inbegriff ausübender und hingebender Autorität.« (Mühsam 1981, 39) Wie Bakunin (1979, 21) spricht sich auch Mühsam nachhaltig für die »volle Freiheit« der Individuen auch im Hinblick auf das Sexualleben aus.

Die Ehe kritisiert Emma Goldman, da sich Frauen in ihr um den Preis der Aufgabe ihrer persönlichen Freiheit ökonomisch sichern und auch damit patriarchale Gesellschaftsstrukturen festigen: »Die Institution Ehe macht aus der Frau einen Parasiten, macht sie völlig abhängig. Sie macht sie unfähig, sich dem Leben zu stellen, vernichtet ihr soziales Bewußtsein, paralysiert ihre Phantasie und bietet ihr wohlwollend Schutz, der in Wirklichkeit eine Falle, ein Zerrbild des menschlichen Charakters ist.« (1977, 25 f.)

Dem für die anarchistische Theorie sonst wenig relevanten Anarcho-Kommunisten Rossi kommt in diesem Zusammenhang größere Bedeutung zu, da er in der Zerstörung von Familienstrukturen und der traditionellen Sexualmoral wesentliche Voraussetzungen für eine vollständige Emanzipation sieht. Zugunsten der »freien Liebe« und anarchistischen Kommunen plädiert er für eine Zerstörung von »privaten« familiären und sexuellen Beziehungen, da diese einer wirklichen Solidarität entgegenstünden.

Rossi argumentiert also ganz traditionell im Rahmen des Dualismus Individuum – Gesellschaft bzw. Einzelinteresse – Gesamtinteresse und fordert eine Zerstörung »privater« Bereiche zugunsten der »politischen« sowie eine Unterordnung individueller Interessen zugunsten der Gemeinschaft oder sogar »Menschheit«. Ein spezifisch libertäres Gemeinschafts- oder Gesellschaftsverständnis findet man also bei Rossi nicht. So wundert es denn nicht, daß Rossi die von ihm befürwortete sexuelle Freiheit in sozialdarwinistischer Manier auch damit begründet, daß die so entstehende »sexuelle Konkurrenz« sich biologisch und genetisch zum Besten der Kommune auswirke: »Die besten Individuen werden aufeinandertreffen, zum Vorteil der Art.« (1978, 244)

Nicht nur die noch uneingeschränkte Orientierung an hierarchischen Denkmustern – Unterordnung unter das Kollektiv – verblüfft; ebenso bleibt unhinterfragt, daß eine Befreiung von sexuellen Zwängen unter dem Aspekt einer Freisetzung von Konkurrenz verstanden wird und nicht unter dem der sozialen Verbindung und Gemeinschaftlichkeit. Der Aspekt der Emanzipation des Individuums ist lediglich als Moment des Widerstands gegen die staatlich-institutionelle Form der Ehe gedacht und nicht als konstitutives Element von Gemeinschaftlichkeit. Auch der Gedanke, daß freiheitliche und dezentrale gemeinschaftliche Gesellschaftsstrukturen der hierarchischen staatlichen Ordnung entgegenwirken können, bleibt bezeichnenderweise außer acht. Diese Aspekte werden oft übersehen.

Proudhon – in dieser Frage ähnlich reaktionär wie in seinen Stellungnahmen zur Emanzipation der Frau – hält an der traditionellen Form der patriarchalischen Familie fest.[11] Auch Kropotkin geht davon aus, daß auch in der Zukunftsgesellschaft frei vereinbarte Ehen und (nicht-autoritäre) Familien fortbestehen, allerdings innerhalb kommunistisch-kommunalistischer Strukturen. (o.J., 135f.) Den Aspekt der »Gemeinschaftlichkeit« als Möglichkeit einer Eindämmung der Atomisierung und Anonymisierung betont vor allem Landauer. Er plädiert für eine dauerhafte, aber »freiwillige Bindung« (1978, 118) zwischen Mann und Frau und versteht die noch bestehenden Familienstrukturen als einen Rest von gemeinschaftlicher Bindung, der sich gegenüber der Verstaatlichung gesellschaftlicher Strukturen hat behaupten können. Er schränkt jedoch ein, daß die gemeinschaftlichen Beziehungen über die Familie hinaus erweitert werden müßten, um dieser Verstaatlichungstendenz Einhalt bieten zu können: »Der verbindende Geist, der Bund mehrerer zu gemeinsamen Werk aus gemeinsamen Grunde, hat in der Familie eine zu schmale und dürftige Form für das Mitleben.« (1978, 131 f.)

Landauer geht es also nicht um eine Ersetzung oder Abschaffung der Familie, sondern um eine Beibehaltung und Erweiterung des Gemeinschaftslebens über die Familie hinaus. Nach Landauer kann es nicht Ziel sein, bestehende »Bünde« zu zerstören, sondern sie von herrschaftlichen Elementen zu befreien und auszudehnen (1978, 131 f.), um den staatlich-hierarchischen Einflüssen und Vereinheitlichungen Widerstand entgegenzusetzen.

Die Bewertung der Familie und Ehe im Anarchismus ist, so läßt sich feststellen, ambivalent: Einerseits werden sie aufgrund ihrer stabilisierenden Funktion für die patriarchale, staatlich-kapitalistische Gesellschaft verworfen, andererseits wird die Familie als eine Gemeinschaft verstanden, an deren sozialintegrativer Funktion anzuknüpfen ist, um damit einer vollständigen Vereinnahmung der Individuen entgegenzuwirken. Diese Ambivalenz prägt auch die abschließende Wertung des Buches »Das Kind und die Staatsräson«, das den bezeichnenden Untertitel »Die Verstaatlichung der Familie« trägt.

Was die anarchistischen »Klassiker« nicht voraussehen konnten, nämlich die Kontrolle, Disziplinierung und Reglementierung der Menschen durch die Verstaatlichung des Sozialen im Zuge der sozialstaatlichen Sicherung, wird an der staatlichen Familienpolitik in ihrer historischen Entwicklung kritisiert: »... die zeitgenössische Familie (erscheint – d. Verf.) als ein Residuum einer konstanten staatlichen Arbeit, eines ständigen Bemühens um die Einschränkung von Möglichkeiten, die Zerstörung des Gemeinschaftslebens und die Atomisierung der Gesellschaft.« (1981, 23) Die noch existierende Kernfamilie, die als Satellit des Staates instrumentalisiert wurde, könnte ihrerseits »zum Hindernis für die totale staatliche Durchdringung der bürgerlichen Gesellschaft« werden.

Dieser Gedanke zielt genau auf das, was Landauer dem Staat und seinen Zentralisations- und Vereinheitlichungstendenzen anlastet und dem er sein Programm einer »Neuschichtung der Gesellschaft« entgegenstellt. Es ist das Programm einer Reorganisierung der Gesellschaft durch eine Wiederbelebung der gesellschaftlichen Basiseinheiten im

Sinne freier Bünde innerhalb und zwischen autonomen Gemeinschaften. So stellt sich folgende Frage: »Die Familie, diese Schlacke eines wie verbrannter Boden ausgelaugten Gemeinschaftslebens, dieser Kern, um den herum die Staatsapparate saubergemacht haben und immer noch sauber machen, um ihn auch noch von den geringsten Anzeichen der Verschwendung, der Üppigkeit und sogar der Nachbarschaftlichkeit zu befreien – repräsentiert diese Familie nicht ihrerseits schon wieder eine Form der Sozialität, die viel zu dicht ist, um der Institutionalisierung aller Lebensformen nicht in die Quere zu kommen?« (1981, 141)

> »Die pervertierte, desintegrierte Gesellschaft unserer Tage mutet uns daher an wie ein Pesttheater, … Nur wenn wir die Logik der Institutionen umkehren, wird es möglich, dieser Bewegung eine andere Richtung zu geben.«
>
> *Ivan Illich*

## 6. Libertäre Perspektiven aus dem Anarchismus: *Individualistische Selbstbehauptung und konkrete Gemeinschaftlichkeit*

Wie in der vorangegangenen Diskussion bleiben für die Skizzierung einer libertären Perspektive im sozialen Bereich (im folgenden primär: Sozialstaat, Bildung, Erziehung) das Verhältnis von konkreter Gemeinschaftlichkeit und individualistischer Selbstbehauptung der Bezugsrahmen, um entlang dem Postulat »Weniger Staat – Mehr Gesellschaft« einige Elemente einer möglichen Entstaatlichung des Sozialen sowie einer Vergesellschaftung des Sozialen aufzuzeigen.

Was heute von Konservativen und Liberalen beklagt wird – die Verstaatlichung des Sozialen – wurde von Anarchisten schon immer kritisiert. Die anarchistische Kritik an dieser Verstaatlichung des Sozialen erfolgt im Hinblick auf die Perspektive einer »gesellschaftlichen«, d. h. einer solidarischen und selbstorganisierten sozialen Sicherung, die die Selbstbestimmung des Individuums nicht verletzt. In diesem Sinne zielt im Rahmen von libertären sozialen Perspektiven das Element der individuellen Selbstbehauptung auf eine Entstaatlichung des Sozialen. Eine Vergesellschaftung des Sozialen zielt hingegen auf die Umstrukturierung der bestehenden etatistischen Formen der sozialen Sicherung und insbesondere auf die Entwicklung konkret gemeinschaftlicher Gestaltung der sozialen Belange.

## a) Entstaatlichung des Sozialen

Ein zentrales Motiv der anarchistischen Staatskritik besteht in der Annahme, daß der Mensch prinzipiell mündig und für sein Tun verantwortlich sei. So bedürfe er ebensowenig der »geistigen Führung« durch irgendwelche Autoritäten noch irgendwelcher Anweisungen, wie er sein privates Leben zu gestalten habe. So wendet sich auch Kropotkin entschieden gegen die Einmischung des Staates in das Leben der Menschen. Er sieht gerade in den autoritären Eingriffen in soziale Lebenszusammenhänge das »Wesen« staatlicher Herrschaft. Der Staat, so Kropotkin, habe sich sukzessive alles dessen bemächtigt, was ihn nichts angehe: »Über alle Äußerungen der menschlichen Tätigkeit Gesetze zu machen, sich in die kleinsten Einzelheiten des Lebens ›seiner Untertanen‹ einzumischen, dies ist das Wesen selbst des Staates...« (1978, I, 97)

Will man in libertären Perspektiven das anarchistische Prinzip der Selbstverantwortlichkeit des Individuums nicht aufgeben, müßte im Rahmen einer *Entstaatlichung* z. B. die Inkriminierung bestimmter Formen der Sexualität aufgehoben werden. Ebenso müßte das Verbot der Verbreitung und des Genusses bestimmter Drogen in Frage gestellt werden. Unvereinbar mit libertären Zielvorstellungen ist die Tatsache, daß auf gesetzlichem Wege mit der Ehe eine bestimmte Form des menschlichen Zusammenlebens u. a. durch finanzielle Vorteile gefördert werden. Durch die in libertären Perspektiven adaptierte antipädagogische Kritik an der erzieherischen Fremdbestimmung des (jungen) Menschen stünde neben der Schulpflicht auch die gesetzliche Festlegung der Mündigkeit zur Disposition; selbst der gesetzliche Jugendschutz, das Verbot der Kinderarbeit u. a. könnte in seiner Ambivalenz – Schutz und Einschränkung der individuellen Freiheit – erkannt werden.

Wie in der patriarchalen Gesellschaft die unmündigen Kinder einer Erziehung unterzogen werden, ist auch der erwachsene Mensch erzieherischen Eingriffen und Manipulationen ausgesetzt. So entscheidet man für den »mündigen Bürger« – teilweise auch mit Hilfe von Gerichten –, was ihre sittlichen Gefühle verletzt; auch wird von Regierungsstellen für den Menschen entschieden, welche Informationen (etwa über die atomare Verseuchung der Umwelt nach Unfällen in Kernkraftwerken) ihnen zuzumuten sind. Gefahr droht, wenn der Bürger verunsichert ist und das Vertrauen gegenüber den Informationsträgern schwindet, also wenn tatsächlich einmal seine Mündigkeit gefragt ist.

Wie bereits in den libertären Perspektiven zum ökonomischen Bereich ausgeführt, ist es auch hier illusorisch, über einen »Austritt« und die sukzessive Neuorganisation von basisdemokratischen und selbstverwalteten Alternativen die Umstrukturierung des Sozialen, der Kultur und Bildung sowie der Medien anstreben zu wollen; denn diese herrschaftlichen Strukturen sind kaum »niederzukonkurrieren«. Eine Vergesellschaftung durch Dezentralisierung, Entbürokratisierung und Demokratisierung bleibt notwendig. Reprivatisierung ist für eine libertäre Perspektive auszuschließen, da dies zwar »weniger Staat«, aber nicht »mehr Gesellschaft« und schon gar nicht weniger Herrschaft bedeutet.

Lediglich um *weniger Staat* scheint es auch den Sozialstaatskritikern aus den Reihen der Konservativen und Umweltparteien zu gehen, die sich für ein garantiertes Mindest-, Grund- oder Sozialeinkommen aussprechen. Durch ein solches jedem Menschen zustehendes existenzsicherndes Grundeinkommen könnten sozialstaatliche Maßnahmen wie Sozialhilfe, Arbeitslosenhilfe, Wohngeld, Kindergeld, Heizkostenzuschüsse, BaFöG, ja sogar die Förderung von Kindergärten, Schulen entfallen. Die Gefahr solcher Konzepte liegt jedoch einerseits darin, daß private und lediglich an Gewinnmaximierung interessierte Dienstleistungsanbieter die sozialstaatlichen Leistungen ersetzen – damit wäre für eine Humanisierung und Vergesellschaftung des Sozialen nichts gewonnen, und der so oft beklagte Sozialverfall wäre nicht aufgehalten –; andererseits hätten die Betroffenen unter der Unsicherheit zu leiden, daß der Gesetzgeber über die Höhe dieses Grundeinkommens zu befinden hätte und es somit abhängig wäre von den jeweils bestehenden Mehrheiten. Repressionen könnten zudem ausgeübt werden, wenn diese Zahlungen wieder an bestimmte Bedingungen geknüpft würden.

Unbestritten ist es aber, daß auf der Basis solcher Konzepte »Einmischungen« des Staates in das Leben der einzelnen reduziert werden könnten, da für den Bezug des Sozialeinkommens die für heutige sozialstaatliche Leistungen notwendigen Auskünfte, Nachweise und demütigende Antragsprozeduren entfielen. Soziale Selbsthilfe, sofern sie mit Hilfe des Sozialeinkommens finanzierbar sind, wäre keineswegs ausgeschlossen. Doch sind einem weitergehenden Herrschafts- und Staatsabbau Grenzen gesetzt. Der Perspektive einer vollständigen Vergesellschaftung des Sozialstaats stehen diese Vorschläge ebenso entgegen, wie die eines dauerhaften und nur schwer rückgängig zu machenden Staats- und Herrschaftsabbaus. Die Abhängigkeit von der staatlichen Versorgung – von »Vater Staat« – bleibt bestehen.

Festzuhalten bleibt: Das Postulat »Weniger Staat« im Rahmen einer libertären sozialen Perspektive richtet sich auf die Infragestellung von »Einmischungen« des Staates, vor allem wendet sich dieses Postulat gegen die Zugriffsmöglichkeiten des Staates auf den einzelnen. Doch sehr viele staatliche Maßnahmen zur sozialen, kulturellen und bildungspolitischen Gestaltung der Gesellschaft können nicht einfach entfallen bzw. reduziert werden, wenn eine rücksichtslose und sozial unverträgliche Reprivatisierung vermieden werden soll. Eine libertäre Perspektive, die sich auf anarchistische Theorien und Staatskritiken bezieht, muß eine Vergesellschaftung anstreben, also vor allem eine Umstrukturierung des Sozialstaats durch Entbürokratisierung, Dezentralisierung und durch eine bis zur vollständigen Selbstverwaltung reichende Partizipation.

## b) Vergesellschaftung des Sozialen

Ähnlich wie sich Ende der 60er Jahre der geschichtsphilosophisch optimistische Begriff des »Spätkapitalismus« in der sozial- und politikwissenschaftlichen Sprache durchsetzte, scheint sich dies heute mit dem Begriff »Postmaterialismus« zu wiederholen. Für die am Marxismus orientierte »linke« Gesellschaftsphilosophie oder -theorie scheint bezeichnend zu sein, daß die Kennzeichnung einer sozio-historischen Struktur intendiert war und zwar unter Bezug auf eine primär ökonomische Kategorie; »Postmaterialismus« hingegen kennzeichnet eine sozial-psychologische Struktur, ein Verhalten oder eine Mentalität – also eine Bezugnahme auf eine sozialpsychologische Kategorie. In solchen Begriffsabbildungen kündigt sich das Plädoyer von Strasser/Traube (1981) für eine Aufgabe des »liberalistisch-marxistischen« Menschenbildes des »homo oeconomicus« an.

Ingelhart, der den sukzessiven Rückgang »materialistischer Werte« des »homo oeconomicus« und einen entsprechenden Anstieg einer Postmaterialistischen Wertorientierung in Jahrzehnte dauernden empirischen Forschung nachweisen zu können glaubte, stellt fest: »Wir glauben, daß die Verschiebung in den Prioritäten einer Gesellschaft von materiellen zu eher nicht-materiellen Zielen einen Wertewandel reflektiert, der in den letzten Jahrzehnten in Deutschland und den meisten anderen westlichen Industrieländern eingesetzt hat.« (1979), 25)

Die Werte der Kriegs- und ersten Nachkriegsgeneration – Leistung, materieller Wohlstand, Konsum – würden von den nachfolgenden Generationen zugunsten von »postmaterialistischen« Werten – Menschlichkeit, Solidarität, Engagement für andere – nur eingeschränkt akzeptiert. Das Verständnis von »Lebensqualität« einer ständig wachsenden Minderheit von Postmaterialisten orientiere sich nicht primär am Einkommen, sondern an Werten, die auch eine andere, vor allem gemeinschaftsorientierte Lebensgestaltung implizieren. Die postmateria-

listischen Werte drücken sich auch in Bestrebungen aus, den »Sozialverfall« in den Industriestaaten durch eine Wiederbelebung und Neu-
entwicklung gemeinschaftlicher Strukturen zu begegnen. Soziale
Dienstleistungen sollen verstärkt – so Huber in seiner Vorstellung von
»Sozialentwicklung« (1981 b) – in gegenseitiger gemeinschaftlicher und
solidarischer Selbsthilfe erbracht werden.

Die heutige »linke« Sozialstaatskritik richtet sich darauf, daß die mit
der Industrialisierung verbundene soziale Verelendung zwar sozialstaatliche Kompensationen notwendig machte. Zugleich zerstöre der
»sozialetatistische« Versorgungsstaat seinerseits autonome Kapazitäten bzw. er verhindere, diese zu beleben und neu zu entwickeln. Eine
soziale Versorgung durch Experten[12], die den Betroffenen jede Eigenverantwortlichkeit abspricht und sie in bürokratischen Institutionen
»verwaltet«, hat eine Entmündigung zur Folge, die die Betroffenen zu
abhängigen und passiven Sozialleistungsempfängern degradiert. Die
Alternative sehen viele Kritiker des autoritären Versorgungsstaates im
Abrücken von einer kompensatorischen Sozialpolitik zugunsten von gesellschaftlichen Präventivmaßnahmen, die solche kompensatorischen
Eingriffe überflüssig machen.

Libertäre Perspektiven richten sich neben einer ökonomisch-politischen Umgestaltung der Gesellschaft vor allem auf die Vergesellschaftung des Sozialstaats. Dies könnte einerseits durch eine Ausweitung der
verschiedenen Formen bereits praktizierter Sozialer Selbsthilfe geschehen. Andererseits würden durch die Vergesellschaftung sozialstaatlicher Institutionen auf dem Wege einer Dezentralisierung, Entbürokratisierung und der Ermöglichung erweiterter Partizipation sowie der
Kontrolle durch die Vertreter der Kommunen und die jeweils Betroffenen. Solche vergesellschafteten Institutionen könnten mit den verschiedenen sozialen Selbsthilfegruppen kooperieren und sie finanziell angemessen unterstützen.

Schon heute gibt es in der Bundesrepublik Deutschland und West-
Berlin ca. 40 000 Selbsthilfegruppen: Selbsthilfegruppen für Benachteiligte und Diskriminierte, Selbsthilfegruppen: im Kultur- und Bildungs-
bereich, in Wohn- und Stadtteilbereichen, selbstverwaltete Kinderläden,
freie Schulen u.v.a.m.[13]. Eine Ausweitung dieser Aktivitäten könnte
bei kritischer Kooperation mit den (zu vergesellschaftenden) sozialen
Institutionen und bei finanzieller Unterstützung vielfältige dezentral-
selbstverwaltete soziale Strukturen so etwas wie eine »Selbsthilfegesell-
schaft« (H. E. Richter) entstehen lassen. Es könnten z. B. an die Stelle
von Altenheimen sukzessive überschaubare Betreuungseinrichtungen
entstehen wie etwa Altenwohngemeinschaften, in denen sich die Betrof-

fenen ihre Betreuer selbst auswählen und mit ihnen vereinbaren, welche pflegerischen Hilfen sie zu leisten haben. An die Stelle staatlicher Kindergärten könnten verstärkt selbstverwaltete Kinderläden treten, in denen die Eltern die Betreuer und Betreuerinnen der Kinder selbst einstellen und sich auch selbst an der Betreuung ihrer Kinder beteiligen, um diese nach ihren Vorstellungen mitzugestalten.

Auf ähnlicher Basis wie die bereits seit Jahren funktionierenden Kinderläden könnten auch Schulen weitgehend selbstverwaltet funktionieren. Eltern, Schüler und Lehrer könnten über Lerninhalte und -methoden selbst entscheiden und kooperieren mit den (zu vergesellschaftenden) Gemeinden.[14] Diese und andere in Ansätzen bereits praktizierte Formen dezentraler Selbstorganisation ließen sich also im kulturellen, sozialen und schulischen Bereich praktizieren. Diese Formen solidarischer Selbsthilfe und Selbstorganisation würden die soziale Integration des einzelnen unterstützen, die Anonymisierung abbauen und bewirken, daß sich soziale Kompetenzen entwickeln. Die libertären Perspektiven einer dezentralen und im ökonomischen sowie gesellschaftsorganisatorischen Bereich weitestgehend selbstverwalteten Gesellschaft findet in einer solchen Vergesellschaftung des Sozialen ihre Ergänzung.

Vorausschauend kritisiert Kropotkin um die Jahrhundertwende den Sozialstaat als Mitverursacher an der Zerstörung traditioneller Formen (»gesellschaftlicher«) gegenseitiger sozialer Hilfe und konkreter Gemeinschaftlichkeit: »Der Staat allein und die Staatskirche dürfen sich um öffentliche Angelegenheiten kümmern, während die Untertanen lose Haufen von Individuen vorstellen müssen, die keine besondere Verbindung untereinander haben und verpflichtet sind, sich jederzeit, wenn sie eine gemeinsame Not empfinden, an die Regierung zu wenden.« (1975, 208) Gerade dieses Verbot, zu diversen Zwecken Verbindungen einzugehen, habe einen »ungezügelten, geistig beschränkten Individualismus« begünstigt: »Je mehr die Verpflichtungen gegen den Staat sich häufen, um so mehr wurden offenbar die Bürger ihrer Verpflichtungen gegeneinander entledigt.« (1975, 209) Soweit Kropotkin zu den Interessen des Staates, jegliche soziale Selbstorganisation zu unterbinden.

Im sozialen Bereich zielen libertäre Perspektiven auf den Ausbau von dezentral selbstverwalteten Beziehungen und Institutionen auf die *Vergesellschaftung des Sozialen*, insbesondere des Sozialstaats; unter dem Aspekt der individualistischen Selbstbehauptung gegenüber staatlichen Eingriffen in die Lebensgestaltung der Menschen zielen sie auf die *Entstaatlichung des Sozialen*.

1 An Deutlichkeit läßt Proudhon nichts zu wünschen übrig: »Was die Frauen anbelangt, so ist es eine gemeine Wahrheit, daß sie nur darauf aus sind, sich zu verheiraten, um Fürstinnen des kleinen Staates zu werden, den sie ihre Haushaltung nennt.« Eine gesellschaftlich-soziale Fähigkeit spricht Proudhon der Frau gänzlich ab. Selbstverständlich unterliegt die Frau, als »Herrscherin ihres Haushalts« der Herrschaft ihres Ehemannes und Besitzers. Bei Ehebruch kann, so der Anarchist Proudhon, »nur der Tod der Schuldigen« den Ehemann von der »Schmach reinwaschen«. (1966, Bd. 2, 329)

2 Diese Zuweisungen – die Frau sinnlich, der Mann vernunftbestimmt – legitimieren eine Unterdrückung der Frau ebenso wie sie die zweifelhafte Aufwertung der Frau als Trägerin der Sinnlichkeit ermöglichen. Diese und ähnliche sexistische Argumentationsstrategien sind in der von Annegret Stopczyk herausgegebenen Textsammlung »Was Philosophen über Frauen denken« dokumentiert und kommentiert. (1980)

3 Mit dieser Auffassung – so wird häufig argumentiert – antizipiere Fourier Freud und breche mit der bis dahin nicht in Frage gestellten abendländischen Tradition einer an der Vernunft orientierten Bestimmung des Menschen. Da Fourier diese »Triebe« und »Leidenschaften« durchaus auch sexuell versteht, führt dies zu einer Aufwertung der Sexualität und damit auch zu einer Aufwertung der Frau, die in der bisherigen Geistesgeschichte als die sinnlichere und damit sündhafte in die Nähe des Tierischen gedrückt wurde – nicht zuletzt, um den Mann, als den angeblich vernunftbestimmten zu entlasten von »vernunftkorrumpierender« eigener Sinnlichkeit.

4 John Stewart Mill (1806–1873) wurde des »Verrats an seinem Geschlecht und seiner Gesellschaft« bezichtigt, ihm wurde sein Philosophsein abgesprochen und seine fachliche Qualifikation bestritten, weil er sich engagiert öffentlich für eine Gleichstellung der Frau einsetzte. Zudem wurde ihm vorgeworfen, er sei der »wahre Feind des weiblichen Geschlechts«, weil Leute wie er »... die Frauen mit dem Glauben erfüllten, ihre Unterlegenheit sei nicht natürlich, sondern ›künstlich‹...«. (Davis 1977, 322f.).

5 Diese Strategie erinnert an Rousseau, der auch häufig seiner freien, vom Kinde ausgehenden Erziehung wegen gerühmt wird. Dem Zögling, dem erfolgreich »Ideenkeime eingepflanzt« wurden, der durch den Erziehungsprozeß die vom Erzieher »eingepflanzten« Werte und Ziele vollständig verinnerlicht hat, kann schließlich »Unabhängigkeit« gestattet werden. »Damals habe ich ihn nicht erzogen, ich bereitete ihn vor, erzogen zu werden. Jetzt ist er es genügend, um fügsam zu sein. ... In der Tat lasse ich ihm scheinbar seine Unabhängigkeit, niemals war er mir aber besser unterworfen; denn er ist es, weil er es will. Solange nicht Herr seines Willens war, war ich Herr seiner Person; ... Jetzt überlasse ich ihn manchmal sich selbst, weil ich ihn immer beherrsche.« (Rousseau 1978, 358) Der erzieherische Herrschaftsakt ist also dann vollendet, wenn der Zögling den Willen des Erziehers zu seinem gemacht hat. Mit der bloßen Beherrschung der Person, mit erzwungenem Gehorsam gibt sich der Erzieher nicht zufrieden; er will den freiwilligen.

171

6 Eine geradezu »antipädagogische« Argumentation, die zudem noch Praxis-
nähe aufweist, findet sich bei Stirner im folgenden: »Wenn das Kind sich
nicht fühlen lernt, so lernt es die Hauptsache nicht. Man erdrücke seinen
Stolz nicht, seinen Freimuth. Gegen seinen Übermuth bleibt meine eigene
Freiheit immer gesichert. Denn artet der Stolz in Trotz aus, so will das Kind
mir Gewalt anthun; das brauche ich mir, da ich ja selbst so gut als das Kind
ein freier bin, nicht gefallen zu lassen. Muss ich mich aber durch die beque-
me Schutzwehr der Autorität dagegen verteidigen? Nein, ich halte die Härte
meiner eigenen Freiheit entgegen, ...« (1914, 254f.) Das Kind wird also als
freies anerkannt. Im Konfliktfall reagiert der Erwachsene nicht mit der Autorität des Erziehers, sondern als freier Mensch gegenüber freien Menschen.
Ähnlich wird in antipädagogischen Schriften das »Widerstandsrecht« (Not-
wehrprinzip) des Erwachsenen begründet. (Braunmühl 1981, 104)

7 Etwa Blankertz in seinem Vorwort zu Tolstoi, Die Schule von Jasnaja Poljana. (1980)

8 Hubertus von Schönebeck versucht Beispiele für einen nicht auf »Willensmanipulation« ausgerichteten Umgang mit Kindern zu geben in: »Freundschaft mit Kindern« (1982); ebenso Braunmühl in seinem Buch »Zeit für
Kinder«. (1981)

9 Die Begriffe »Autonomie« und »Selbstbestimmung« löst Braunmühl von
seiner traditionellen Anbindung an den Vernunftbegriff. In der Äußerung
seines Willens ist nach Braunmühl auch der Säugling »selbstbestimmt«
(»spontan-autonom«). Damit entzieht Braunmühl den Autonomiebegriff
einer Beanspruchung als Legitimation von Herrschaft im Allgemeinen und
Erziehung im Besonderen. Stopczyk analysiert den Autonomiebegriff
Braunmühls im Zusammenhang mit dessen Kritik am Erziehungsbegriff
(1983).

Kaum zu übertreffen ist die Begriffsverwirrung, die ein amerikanischer
Anarchist und Pädagoge anrichtet: »Erziehung ist ein lebenslanger Prozeß
des Lernens, und Lernen findet nicht nur in der Schule statt, sondern in allen
Lebensbereichen. Wenn ein Kind spielt, Eltern oder Freunden zuhört, Zei-
tung liest, arbeitet, bildet es sich.« (Rothbard 1985, 39) »Unmoralisch« findet dieser Autor lediglich die »Zwangssubventionierung der Schule«.

10 Dazu Cantzen (1984, 27ff.)

11 So schreibt Proudhon: »... das anti-kommunistische, fast hätte ich gesagt
anti-soziale Wesen der Frau (zeigt sich hier – d. Verf.) in seiner ganzen Naivi-
tät... Was die Frauen anbelangt, so ist es eine gemeine Wahrheit, daß sie nur
darauf aus sind, sich zu verheiraten, um Fürstinnen des kleinen Staates zu
werden, den sie ihre Haushaltung nennen. (...) Die Gemeinschaft, allenfalls
gut für Huren und Nonnen, widerstrebt der Familienmutter.« (1966, Bd. 2,
329)

12 Feyerabend plädiert für eine demokratische Kontrolle der Experten durch
Nicht-Experten (1981).

13 Vilmar/Runge verstehen in ihrem Buch »Auf dem Weg zur Selbsthilfegesell-
schaft?« (1986) Soziale Selbsthilfe als Element einer Demokratisierung der
Gesellschaft. In diesem Buch findet sich neben einer politischen Theorie der

Sozialen Selbsthilfe auch ein systematischer Überblick über die vorhandene Selbsthilfebewegung in der BRD und West-Berlin.

13 Bemerkenswert scheint mir in diesem Zusammenhang Illichs Konzept einer »Entschulung der Gesellschaft«, das auf seiner Kritik an den gesetzlich »zur Pflicht gemachten Versammlungsformen« wie Armee und Schule beruht. »Entschulen heißt, die Macht beseitigen, die ein Mensch besitzt, um einen anderen an der Teilnahme an einer Versammlung zu zwingen.« (1978, 100) Illich schlägt die »Abschaffung der Schulpflicht« (1978, 63) und die völlige »Versammlungsfreiheit für alle Menschen« (d. h. auch für Kinder) vor.

»Ökologisch haltbare radikale Alternativen sind
unter den linken Ideen lediglich beim gewaltfreien
Anarchismus zu finden...«

*Gerda Zellentin*

# VI Ökologie und Anarchismus

Ist der Anarchismus in besonderem Maße »ökologisch«? Oder genauer:
Ist ein anarchistisches Gesellschaftsideal bzw. eine anarchistische
Gesellschaftstheorie besser als andere Gesellschaftsideale und -theorien
damit zu verbinden, wie die Ökologie Naturzusammenhänge
*beschreibt?* Und wenn dem so wäre, würde daraus folgen, daß eine anarchistische Gesellschaft besser als eine andere ihr Verhältnis zur natürlichen Umwelt gestalten könnte? Einige Anarchisten und Nicht-Anar-
chisten scheinen davon überzeugt zu sein. So etwa der amerikanische
Anarchist und Vertreter einer »radikalen sozialen Ökologie« Murray
Bookchin. Er versucht den Zusammenhang von Ökologie und Anarchie
damit zu begründen, daß das Gesellschaftsideal der Anarchisten mit
den Strukturzusammenhängen in der Natur konvergiere und aus diesem Grunde die adäquate Basis einer »ökologischen« Gesellschaft darstelle. (1977, 20) Bookchin legt sogar den Schluß nahe, daß mit dem
drohenden ökologischen Kollaps die Anarchie gleichsam zur Notwendigkeit werde. (1977, 25 f.)

Obwohl kein Anarchist, gelangt der »ökologische Materialist« Amery, ähnlich wie Bookchin, zu der Auffassung, daß sich gesellschaftliche
Freiheit und »ökologische Verträglichkeit« wechselseitig bedingen. Um
der drohenden ökologischen Katastrophe zu entgehen, so betonen
Amery und Bookchin, müßten möglichst rasch die bestehenden Gesellschaften in Ost und West in freiheitlich-ökologische umstrukturiert
werden. Wie Bookchin und Amery prophezeien auch der Links-Autori-
täre Harich und der Rechts-Autoritäre Gruhl den baldigen ökologischen Zusammenbruch, falls radikale Veränderungen ausbleiben. Die
rettende Wende stellen sich Harich und Gruhl anders vor als Bookchin
und Amery. Entsprechend ihrer politischen Überzeugung halten sie
autoritäre Maßnahmen für unabdingbar. Gruhl ist der Überzeugung,
zum Schutz der Umwelt und für die notwendige Rationierung der knappen Ressourcen sei eine »Weltregierung« am geeignetsten, die »mit allen Machtmitteln ausgestattet wäre« (1978, 299) und der die Menschen
in Zeiten der Not ihre Freiheit bereitwillig zu Füßen legen würden
(1978, 290). Eine solche mit ökologischen Notwendigkeiten gerechtfertigte Vorstellung von Zentralismus und diktatorischen Eingriffen in das

Leben der einzelnen sowie von einer »entschlossenen Aufhebung von Freiheiten und Grundrechten« (Gruhl 1978, 289) verhält sich konträr zu den Auffassungen von Bookchin und Amery, die zur Bewältigung der ökologischen Krise gerade gegenteilige Organisationsstrukturen für notwendig halten.[1]

Harich verwirft aus vermeintlicher ökologischer Notwendigkeit bereitwillig die kommunistische Perspektive einer selbstverwalteten Gesellschaft mit unumschränkter individueller Freiheit, da das biologische Überleben der Gattung mit einer solchen Perspektive unvereinbar sei. So fordert er als Dauerlösung eine bürokratisch-zentralistische Zwangsherrschaft, eine Rationierung und gleichmäßige Verteilung aller Güter und eine Reduzierung des Konsums mittels rigoroser Unterdrückungsmaßnahmen und einer staatlichen Umerziehung der Bevölkerung. Den Gedanken eines künftigen Absterbens des Staates hält er für illusorisch und für »einen letzten Überrest des Anarchismus« im Marxismus. (1975, 161) Anarchistische Organisationsformen hält Harich dementsprechend für die denkbar ungeeignetsten, um den ökologischen Zusammenbruch abzuwenden.

Die autoritären Retter der Menschheit halten also autoritäre Gesellschaftsstrukturen für notwendig, um die drohende Katastrophe abzuwenden. Aus demselben Grunde halten die libertären Retter der Menschheit eine libertäre Gesellschaft für notwendig. So drängt sich die Frage auf, ob nicht die Ökologie zu nichts anderem dient, als mit ihren vermeintlich zwingenden Schlußfolgerungen die diesen Folgerungen zugrundegelegten politischen Überzeugungen zu legitimieren. Oder finden sich Gründe dafür, daß Ökologie und Anarchismus in einer genauer zu bestimmenden Weise zueinander passen? Ich denke, ja.

> »Ordnung ist ganz sicher nicht eine Eigenschaft der Materie und muß ihr von außen auferlegt werden.«
>
> *Paul Feyerabend*

## 1. Drei Varianten, wie Anarchismus und Ökologie nicht zu verbinden sind

Mit der Umwelt- und Rohstoffkrise seit Beginn der siebziger Jahre ist eine Situation entstanden, in der das Mensch-Natur-Verhältnis auf eine bisher noch nicht dagewesene Art und Weise problematisch geworden ist. Nicht nur die Gesellschafts- und Naturwissenschaften, sondern –

mit einiger Verzögerung – auch die Philosophie widmete sich diesem neuen Problembereich. Es etablierte sich die »ökologische Ethik« als ein neuer Forschungsbereich der Philosophie. Man diskutiert, ob das Mensch-Natur-Verhältnis auf dem Boden der traditionellen anthropozentrisch ausgerichteten Ethik angemessen zu behandeln sei oder ob es einer Erweiterung auf das Nicht-Menschliche bedürfe. Zur Debatte steht, ob der Natur ein Eigenwert, ein eigenes Recht auf Existenz, zukomme oder ob sich ihr Wert ausschließlich an ihrer Nützlichkeit für den Menschen bemesse. (Z. B. Birnbacher (Hg.) 1980; Jonas 1984; Sachsse 1984) Diese Fragen sind zentral für das Selbstverständnis des Menschen und ebenso für die Begründung einer sozialen oder politischen Ökologie.

Im Rahmen einer Diskussion der obengenannten Fragen zum Mensch-Natur-Verhältnis findet man häufig Begründungszusammenhänge für eine soziale Ökologie, die bei genauerem Hinsehen oft nur auf Scheinlösungen basieren, mit Klischees operieren oder in denen Metaphern an die Stelle von Argumentationen treten, wie etwa die vom Menschen als Diener oder Partner der Natur. Scheinlösungen wiederholen sich auch in Argumentationsstrategien, mit denen nachgewiesen werden soll, weshalb gerade der Anarchismus am vergleichbar besten mit den ökologischen Notwendigkeiten zu vereinbaren sei. Drei Varianten solcher Scheinlösungen werden im folgenden in aller Kürze demonstriert. Es geht also zunächst um eine Klärung, wie Anarchismus und Ökologie *nicht* zu verbinden sind. Am Beispiel von Argumentationen des amerikanischen Anarchisten und Ökologen Murray Bookchin läßt sich dies, wie ich meine, sehr gut zeigen.


a) Unzulässige Verallgemeinerung von Wertentscheidungen

Autoren, die »beweisen« wollen, daß eine freiheitliche oder anarchistische Gesellschaft auch die »ökologisch« beste sei, gehen in ihrer Argumentation häufig so vor, daß sie zunächst die Herrschaft und Ausbeutung zwischen Menschen als moralisch verwerflich voraussetzen, um in einer analogisierenden Verallgemeinerung den Herrschafts- und Ausbeutungsbegriff auf die Natur zu übertragen. Auf diesem Wege kommen sie zu dem nicht weiter überraschenden Resultat: Die Herrschaft des Menschen über die Natur sei moralisch verwerflich, und Herrschaftslosigkeit sei das gebotene Verhältnis von Mensch und Natur. Unversehens erweist sich so eine herrschafts- und ausbeutungsfreie Gesellschaft auch als die ökologisch »notwendige«.

Durch die Verallgemeinerung der Kategorie »Herrschaft« auch auf nicht-menschliche Verhältnisse wurde die Schlußfolgerung möglich, daß die Herrschaft des Menschen über die Natur moralisch zu verwerfen sei. Das, was noch nicht ausgemacht ist, ob nämlich Herrschaft zwischen Mensch und Natur ebenso verwerflich ist wie die zwischen Menschen, wird ebenso stillschweigend vorausgesetzt wie die Übertragbarkeit von Wertungen zum sozial-gesellschaftlichen Bereich auf das Mensch-Natur-Verhältnis. Für Bookchin steht fest: Herrschaft ist immer böse.

Ein Argumentationsstrang Bookchins verläuft in der oben charakterisierten Form: Herrschaft über die Natur ist unmoralisch und führte zu Umweltzerstörung. Herrschaftslosigkeit ist moralisch, beseitigt die Umweltzerstörung und ist adäquate strukturelle Basis einer »ökologischen« Gesellschaft. Das politisch Wünschbare, die Anarchie, wird kurzerhand zum »ökologisch« Notwendigen erklärt. (1977, 26; 1981, 55) Der undifferenziert verallgemeinerte Begriff von Herrschaft macht diese Schlußfolgerung möglich.

Abgesehen von dieser unzulässigen Verallgemeinerung ist an eine solche Anarchismus- bzw. Ökologiekonzeption die Frage zu richten, wie der ideale Zustand der Herrschaftslosigkeit überhaupt gedacht ist. Im zwischenmenschlichen Bereich ist im Anarchismus das Bestimmungselement der »freien Vereinbarung« konstitutiv. Nur – wie soll sich der Mensch mit einem Tier oder einer Pflanze »frei vereinbaren«, die er aus Gründen des eigenen Überlebens zu jagen oder zu ernten gezwungen ist? Hinter Bookchins universaler Idee der Herrschaftslosigkeit steht die diffuse Vorstellung einer harmonischen und dem Menschen wohlgesonnenen Natur. (1985a, 48; 1985, 13) Sein gesellschaftliches Ideal basiert ebenfalls auf einer solchen Harmonievorstellung.

Anarchie stellten sich Anarchisten wie Proudhon und Kropotkin jedoch keineswegs als einen Zustand vor, in dem keine Interessengegensätze, Spannungen und Konflikte mehr auftreten können. Ihr Anarchismusverständnis konzentriert sich vielmehr auf den Aspekt, wie diese Konflikte jenseits des »Klassenkampfes« produktiv umzusetzen sind, wie auf der Basis von Solidarität und Herrschaftslosigkeit im Rahmen »freier Vereinbarung« Konflikte ausgeräumt werden können. Entscheidend ist für Anarchisten wie Proudhon und Kropotkin also nicht die Harmonie der Interessen, sondern eine spezifische Form der Austragung von Interessenkonflikten. Bookchin kritisiert bezeichnenderweise diesen anarchistischen Grundsatz als liberalistisches Relikt und als bürgerliche Ideologie (1985, 333) und bekräftigt sein utopisch-harmonistisches Anarchismusverständnis, das er unter dem Begriff der Herrschaftslosigkeit unreflektiert auch auf das Verhältnis des Menschen zur Natur überträgt. So kommt der Zweifel erst gar nicht auf, ob der Herrschaftsbegriff nicht völlig inadäquat ist, um das ideale Mensch-Natur-Verhältnis zu bezeichnen.

### b) Der »naturalistische Fehlschluß«

»Naturalistische Fehlschlüsse« finden sich in Diskussionen innerhalb der Ökologiebewegung oder in ökologisch orientierten Gesellschaftskonzepten recht häufig, vor allem, wenn es den Verfassern darum geht, »ganzheitlich« (holistisch) zu argumentieren oder eine ganzheitliche Weltanschauung zu kreieren. Als »Naturalistischen Fehlschluß« bezeichne ich, wie auch Birnbacher (1980), den unzulässigen Schluß von naturwissenschaftlichen Aussagen (etwa über Abläufe in der Natur) darauf, daß etwas sein *soll*. Aus einer deskriptiven Aussage wird mit dem Anspruch logischer Notwendigkeit etwas Normatives gefolgert, aus dem Sein ein Sollen. Der Begriff »Gleichgewicht« funktioniert z. B. in der Ökologie rein deskriptiv, wird aber häufig derart normativ gedeutet und ausgeweitet, als ob »Gleichgewicht« den einzig erstrebenswerten Zustand überhaupt darstelle. (Birnbacher 1980, 107 f.)

Wenn zudem von Abläufen in der Natur auf einen wünschenswerten gesellschaftlichen Zustand geschlossen wird, kann das politisch folgenschwer sein. Im Sozialdarwinismus folgerte man so vom »Kampf ums Dasein« in der nichtmenschlichen Natur auf die »Natürlichkeit« und damit Rechtmäßigkeit eines innergesellschaftlichen »Kampfes ums Dasein«, wie er sich in brutalster Weise während der industriellen Revolution und in kapitalistischen Gesellschaften entfaltete. Auch die Rassenlehre des Nationalsozialismus operierte mit solchen Argumentationsstrategien.

Bei Bookchin findet man Elemente einer solchen Argumentation: Deskriptives wird normativ gedeutet und in einem Analogieschluß auf gesellschaftliche Organisationsformen übertragen. Die Natur, so Bookchin, sei vielfältig, dezentral, komplementär und nicht-hierarchisch strukturiert – deshalb solle auch die Gesellschaft vielfältig, dezentral, komplementär und nicht-hierarchisch strukturiert werden, d. h. so, wie sich Anarchisten eine anarchistische Gesellschaft vorstellen. (1985, 58) Bookchin schlägt sogar vor, die »Natur als Quelle einer objektiv begründeten Ethik einzuführen«. (1985, 260) Es versteht sich von selbst, daß eine solche »naturalistische Ethik« genau die gesellschaftlichen Strukturen als moralisch und natürlich kennzeichnet, die dem anarchistischen Gesellschaftsideal entsprechen.

Mit seiner Ethik erhebt Bookchin den Anspruch einer gleichsam kosmischen Gültigkeit: Die Natur bilde nicht-hierarchische, dezentrale, komplementäre Strukturen aus, die deshalb auch für das gesellschaftliche Naturwesen Mensch verbindlich seien. In diesem Zusammenhang spricht Bookchin von einem »der Natur selbst innewohnenden Sinn«. Sogar im Universum entdeckt er »ethischen Sinn«. (1985, 325 und 392) Damit wird auch die Anarchie zu einer von der Natur vorgezeichneten »ökologischen« Gesellschaftsform.[2]

c) Vorstellungen von einer Natur »an sich«

Scheinlösungen zur Klärung des Mensch-Natur-Verhältnisses kommen häufig auch dadurch zustande, daß vorausgesetzt wird, der Mensch könne die Natur so erkennen, wie sie »an sich« sei. Der Mensch müsse sich nur von Ideologien, religiösen Vorurteilen etc. befreien, um, mit Fortschreiten der Naturwissenschaften, immer genauer erkennen zu können, wie die Natur »an sich«, also unabhängig vom jeweiligen Betrachter und unabhängig vom jeweiligen gesellschaftlichen Umfeld, »wirklich« ist.[3] Daß die Naturwissenschaft ebenso, wie die menschliche Wahrnehmung, in großem Maß geprägt ist von ihrem gesellschaftlichen und kulturellen Hintergrund, bleibt dabei unreflektiert.

Nach diesen Auffassungen einer Erkennbarkeit einer Natur »an sich« stellt die menschliche Naturerkenntnis, selbst wenn sie sich kompliziertester Apparate bedient, nichts weiter dar, als eine Spiegelung von natürlichen Sachverhalten, wie diese an sich sind. Mangels historisch-dialektischer Reflexion bleibt die Tatsache außer acht, daß die Natur im Erkenntnisprozeß selbst eine gesellschaftlich konstituierte ist. Auch die experimentelle Naturwissenschaft weiß darum, daß je nach Anordnung der Natur in Experimenten die Erkenntnisse über die Beschaffenheit der Natur verschieden ausfallen. (Prigogine/Stengers 1981, 21) Es ist also nicht davon auszugehen, daß die Natur an sich eine bestimmte Ordnung habe, die sich in der menschlichen Erkenntnis lediglich abbilde. Vielmehr unterwirft der Mensch die Natur bestimmten vom gesellschaftlichen und kulturellen Umfeld geprägten Ordnungssystemen. Die Ordnung wird der Natur also vom Menschen auferlegt, um sie erklärbar und nutzbar zu machen: »Theorien, wissenschaftliche Erklärungssysteme, schaffen die Welt, die sie dann beschreiben oder kritisieren.« (Reiche 1984, 53)

Auch Bookchin geht, wie Lenin und Engels, von der Erkennbarkeit der Natur »an sich« aus. Er entdeckt in ihr sogar eine »latente Intentionalität« (1985, 386) und ein »Telos«, das er versteht als ein »vorherrschendes Streben« in der Natur. (1985, 386) Diesem in der Natur (als »Chance«, nicht als Notwendigkeit) angelegten Endziel unterliegt auch der Mensch: »Mutualismus, Freiheit und Subjektivität sind keine ausschließlich menschlichen Werte oder Angelegenheiten. Sie tauchen, wenn auch in keimhafter Form, in größeren kosmischen und organischen Zusammenhängen auf ...«. (1985, 404) In der Natur selbst, so scheint Bookchin nahelegen zu wollen, sind die (anarchistischen) Werte angelegt. Im Laufe des evolutionären Prozesses fällt dem Menschen die Aufgabe zu, das, was potentiell in der Natur ist, zu realisieren.

Die anarchistische und damit »ökologische« Gesellschaft wird nicht als menschliches Ideal, als menschlicher Wert verstanden, sondern sie ist naturgegeben: »Mutualismus, Selbstorganisation, Freiheit und Subjektivität, deren Zusammenhang durch die soziale Ökologie und ihre Prinzipien von Einheit in der Vielfalt, Spontaneität und nichthierarchischer Beziehung hergestellt sind, sind dementsprechend Ziele in sich selbst.« (1985, 404) Sozialismus, Anarchie, eine »ökologische« Gesellschaft sind damit bei Bookchin nicht, wie bei Landauer, »ein Bestreben, mit Hilfe eines Ideals eine neue Wirklichkeit zu schaffen«, sondern ein Telos, das in der Naturgeschichte selbst begründet liegt.

Die Natur kann der Mensch nach Bookchin in ihrem An-Sich-Sein erkennen. Ihr Ziel und Sinn können aus ihr abgelesen werden. Dieser Natur, wie sie »an sich« sei, ihrem Sinn und ihrem Ziel käme der Mensch auf die Spur, wenn er losgelöst vom bürgerlichen Naturverständnis sich dieser gleichsam unmittelbar zuwende. Diese Vorstellung eines Zieles der Evolution und eines Sinns der Natur resultieren aus Bookchins »holistischem« Ansatz, der eine analytische (er nennt sie: »neokantianische«) Trennung von bewußter und unbewußter Natur, eine Trennung von erkennendem, ordnendem Denken und erkannten Objekten, eine Trennung von Sein und Sollen, Natur(wissenschaft) und Gesellschaft(swissenschaft) nicht zuläßt.

Damit kündigt Bookchin die Gemeinsamkeit mit traditionellen anarchistischen Denkansätzen auf, die dem menschlichen Willen, der menschlichen Freiheit und dem Handeln nach selbstgesetzten Idealen ausschlaggebende Bedeutung im Hinblick auf eine gesellschaftliche Umstrukturierung beimessen. Das Pathos, mit dem die Anarchisten die Freiheit und Selbstbestimmung des Menschen vertreten, wird zugunsten des Zieles der Einordnung ins Natürliche fast vollständig zurückgenommen. Daß Bookchin diese Einordnung als Akt der Emanzipation ausgibt, tröstet über diese Einbuße an menschlicher »Souveränität« nicht hinweg. Die Natur ist der Herr, und ihr vernunftbegabter Teil ist ihr Befehlsempfänger.

In der Tradition anarchistischen Denkens findet man entschiedene Kritik an Geschichtsphilosophieen wie sie Bookchin entwirft, gleichgültig ob das Geschichtsethos nun als »eiserne Notwendigkeit« oder als durch die Natur präformierte Chance gedeutet wird. In jedem Fall wird eine »hierarchische Zeitordnung« entworfen mit einer »Überprivilegierung der Endzeit«. (Gizycki 1983, 40 f.) So lebt in Bookchin »Das Prinzip Hoffnung« auf Kosten der Gegenwart. Bookchins geschichtsphilosophische Spekulationen einer zielgerichteten Evolution findet man bezeichnenderweise auch als Theologie bei Teilhard de Chardin – verbunden mit dem Historischen Materialismus bei Ernst Bloch. Teilhard de Chardin interpretiert die Evolution als göttliche Heilsgeschichte, die sich mit dem Menschen im paradiesischen Endzustand »Omega« – darunter versteht er die vollständige Vermittlung von Mensch, Gott und Natur – vollende. (1963, 343 ff.; 1966, 57 ff.) Bei Ernst Bloch heißt dieser Endzustand »Ultimum«. Auch Bloch sieht in der Natur selbst und in der »an sich« dialektischen Materie die Tendenz zur Realisierung eines angelegten »Tendenzzieles«. (1977 I, 233, 235, 286)

Bookchin macht m. E. bei Bloch Anleihen, die er besser nicht gemacht hätte. Er spekuliert ebenfalls über Sinn und Ziel der Geschichte. Sein »Ultimum« oder »Omega« heißt »Anarchie«, was wiederum identisch ist mit einer »ökologischen« Gesellschaft. Bookchin glaubt wie Teilhard de Chardin daran, die Natur »an sich« und ihre immanenten Ziele erkennen zu können und verfällt einem unhistorischen und undialektischen Denken. Auf einer solchen Basis der Argumentation ist m. E. eine soziale Ökologie kaum zu entfalten. Ebensowenig ist im Rahmen eines solchen Ansatzes auch die Beantwortung der Frage möglich, weshalb der Anarchismus mehr als andere politische Theorien mit der Ökologie zu verbinden ist und weshalb eine anarchistische Gesellschaft besser als andere ihr Verhältnis zur natürlichen Umwelt zu gestalten weiß.

Nach dieser sehr knappen und teilweise verkürzt dargestellten Kritik an drei Varianten, wie Anarchismus und Ökologie *nicht* zu verbinden sind, kommen im folgenden einige derzeit diskutierte Theoreme zum Verhältnis von Ökologie und Gesellschaft sowie Mensch und Natur zur Sprache, um anschließend auf eine Möglichkeit hinzuweisen, wie Anarchismus und Ökologie aufeinander zu beziehen sind, ohne in die oben skizzierten Irrtümer zu verfallen.

>Noch einmal sucht der ›edle Wilde‹ auf
seiner ökologischen Reise die intellektuellen
Wohnungen heim.«

*John Passmore*

## 2. Ökologie – Begriff, Klischee, ideologische Verzerrungen

Der Begriff »Ökologie« wurde vom Zoologen und Anhänger Darwins,
Ernst Häckel (1834–1919), geprägt. Für Häckel war die »Oecologie
oder die Lehre vom Haushalte« eine naturwissenschaftliche Disziplin,
die sich mit der Tatsache beschäftigt, »daß zwischen allen Organismen,
welche an einem und demselben Orte der Erde leben, äußerst zusammengesetzte Wechselbeziehungen herrschen, ...« (Häckel 1984, 150f.)
Diese Wechselbeziehungen, die die Ökologie beschreibt, seien für die
»Abänderung und Anpassung der Arten«, wie Darwin sie nachgewiesen habe, von entscheidender Bedeutung. Auf diesen Zusammenhang
von Evolutionstheorie und Ökologie wies Häckel nachdrücklich hin.
Wie zuvor gezeigt, wiederholt sich dieser Zusammenhang in heutigen
Diskussionen, wird jedoch über den naturwissenschaftlichen Anwen-
dungsbereich hinaus auch auf die menschliche Gesellschaft erweitert
und normativ ausgedeutet. Die heutige Verwendungsweise von »Ökologie« entspricht damit nicht mehr dem ursprünglich enger gefaßten
ausschließlich naturwissenschaftlichen Gebrauch dieses Begriffs.
    Heute wird die Ökologie häufig als neue Leitwissenschaft diskutiert,
die alle Einzelwissenschaften um sich gruppiert und neu definiert. (u. a.
Amery 1980, 36f.; Trepel 1985, 55f.) Auch wird in ihr die Grundlage für
eine neue ganzheitliche Weltanschauung gesehen (Bookchin 1985, 32f.;
Capra 1983, 465); manche erhoffen von ihr sogar ein neues »religiöses
Interpretationsgitter«. (Amery 1980, 180f.) Auf diese und ähnliche
Ausdeutungen der Ökologie kann über das Gesagte hinaus ebensowenig genauer Bezug genommen werden wie auf die zahlreichen Klischees
und zu Mythen gewordenen Denkfiguren innerhalb der Ökologiebewegung. (Reiche 1984)
    Ich verstehe im folgenden über das enge naturwissenschaftliche Öko-
logieverständnis hinaus »ökologisch« auch im normativ erweiterten,
alltagssprachlichen Sinne von »schonendem Umgang mit der natürlichen Umwelt«. Vor allem zu Beginn der jetzigen Umweltdiskussion
waren in ihr noch kritische Einwände und Bedenken gegenüber einer
ideologischen Vereinnahmung präsent. Enzensberger wies auf das ideo-
logische Motiv hin, das in vorschnellen Globalisierungen – etwa in Metaphern wie der vom »Raumschiff Erde« oder in der Konzentration auf

die Sichtweise der Erde als »geschlossenes Ökosystem« – zum Ausdruck kommt. (Enzensberger 1973, 18) Mit diesem »Wir-sitzen-ja-alle-im-selben-Boot«-Argument würden Klassengegensätze und Ausbeutungsverhältnisse ideologisch übertüncht, die gesellschaftspolitischen und ökonomischen Faktoren der Umweltzerstörung blieben unreflektiert. Diese eher traditionell sozialistische Kritik an einer zur Mode verkommenden Ökologie scheint mir heute mehr denn je notwendig.

Nur allzu oft verschwinden in der Berichterstattung der Medien die aus Profitgründen von der Industrie verursachten Umweltzerstörungen hinter denen, die angeblich »wir alle« verursachen. Betont wird, »wir alle« könnten etwas für die Umwelt tun, wenn wir Einwegflaschen in die Recyclingbehälter werfen oder Waschmittel ohne Phosphate benutzen. Ohne leugnen zu wollen, daß Umweltschutz »uns alle« angeht, verzerrt eine solche Konzentration auf dieses »wir alle« nicht nur die entscheidenden Faktoren der Umweltzerstörung, sondern verharmlost die bedrohlichen Ausmaße der ökologischen Krise. So ist es zynisch, wenn die Regierung »ihre« Bevölkerung, die nach einem Reaktorunfall gezwungen ist, sich mit radioaktiv verseuchten Lebensmitteln zu ernähren, aufruft, Flaschen in Recyclingbehälter zu werfen.

Ideologisch verzerrend wirkt auch die Verabsolutierung eines zwar bedeutsamen, aber nicht allein verursachenden Moments der ökologischen Krise, nämlich das einer spezifisch abendländischen Mentalität, in der die Mißachtung der Natur als bloßes Material der menschlichen Bedürfnissbefriedigung begründet liegen soll. Zweifellos tragen diese kollektiven Denkstrukturen erheblich und maßgeblich zu einem rücksichtslosen Umgang mit der Natur bei. Verfehlt wäre jedoch eine Reduzierung der Ursachen der ökologischen Krise auf dieses Problem und eine Vernachlässigung der Vermittlung dieser kollektiven Mentalitäten mit den ökonomischen und machtpolitischen Interessen der rücksichtslosen Ausbeutung der Natur.

Das heute weit verbreitete Bedürfnis nach einem neuen Weltbild verbindet sich häufig mit einer pauschalen Abwertung der Rationalität und des aufklärerischen Denkens, mit einer Flucht in eine (Pseudo-)-Mystik und mit einem Vertrauen auf das Gefühl und die Intuition. Die häufig zum Klischee erstarrten pauschalen Abwertungen der Rationalität zugunsten eines diffusen unmittelbaren Erlebens ist m. E. besonders in Verbindung mit den derzeit wieder populären biologistischen Denkansätzen gefährlich, in denen die Ziele politischen Handelns aus der Natur abgeleitet werden. In den so zustande kommenden ganzheitlichen Weltsichten kann das Individuum lediglich als ein ins Ganze zu integrierende Teilchen verstanden werden.

Die alten ökonomisch begründeten Zusammenbruchstheorien feiern als ökologische eine Auferstehung. Wie die alten sozialdemokratisch-marxistischen haben auch die ökologischen Zusammenbruchstheorien etwas Beruhigendes. Wenn neben anderen Apokalyptikern Amery das Überleben der Menschheit nur unter der Voraussetzung für möglich hält, daß »um fast jeden Preis« (1980, 184) das Industriesystem zerstört wird, dieses sich aber offensichtlich weigert, wirken solche »Fundamentalismen« eher wie eine Legitimation der Resignation. Wenn das Industriesystem in dem zum mentalitäts- oder geistesgeschichtlichen Problem erklärt wird, das nur »wir alle« bewältigen können durch »Selbstbegrenzung« (Illich 1980), durch einen »Aufbruch zur neuen Kultur« (Duhm 1982) o. ä. wirken Prognosen vom nahen Zusammenbruch »des Ökosystems« eher ohnmächtig.

> »Diese Welt aber, die Natur, in ihrer Sprach-
> losigkeit und Unaussprechlichkeit, ist
> unendlich reich gegen unsere sogenannte
> Weltanschauung, gegen das was wir als
> Erkenntnis oder Sprache von der Natur
> schwatzen.«
>
> *Gustav Landauer*

## 3. *Mentalität und ökologische Sensibilität*

In einigen anarchistischen Schriften ist eine Einstellung gegenüber der Natur festzustellen, die sich recht deutlich von denen der etablierten Sozialismustheorien unterscheidet. Diese besondere Einstellung, die in einigen Aspekten erläutert werden soll, bezeichne ich mit »ökologischer Sensibilität«. Sie beruht auf einer besonderen Mentalität oder »Geisteshaltung«, die bereits die ökonomischen und gesellschaftlich-politischen Vorstellungen im Anarchismus prägte. Im folgenden möchte ich vor allem am Beispiel erkenntnis- und wissenschaftstheoretischer Positionen auf diese spezifisch anarchistische Mentalität aufmerksam machen und zeigen, wie sich hieraus ökologisch relevante Stellungnahmen und Schlußfolgerungen ergeben.

a) Erkenntnistheoretische Skepsis und
das Mensch-Natur-Verhältnis – Landauer

Aus den zuvor kritisierten Theorien, Metaphern und Klischees der heutigen Ökologiediskussion spricht ein Naturverständnis, das von den theoretischen Naturwissenschaften längst aufgegeben wurde. In diesem bereits zuvor kritisierten Denken kommt, wie ich meine, genau das Naturverständnis zum Ausdruck, das für die Mißachtung der Natur als bloßes Material menschlicher Bedürfnisbefriedigung und für die so mitverursachte Naturzerstörung verantwortlich gemacht wird: In beiden Fällen wird vorausgesetzt, daß die Natur der menschlichen Erkenntnis vollständig zugänglich –, daß sie »in den Griff zu bekommen« ist. Der Unterschied liegt – vereinfacht gesagt – nur darin, daß die heutigen Ökologen erklärtermaßen die Natur deshalb erkennen wollen, um sich ihr anzupassen (was auch immer das bedeuten mag), während im kritisierten »alten«, »ausbeuterischen« Naturverständnis die Natur dem Menschen angepaßt werden soll. Die Arroganz des intendierten »Erkenntniszugriffs« ist in beiden Fällen die gleiche. Beiden Auffassungen liegt ein Erkenntnismodell zugrunde, das in der theoretischen Naturwissenschaft, etwa bei Heisenberg, bereits kritisiert wurde.

Vertreter der heutigen theoretischen Naturwissenschaft wissen, daß das Erkenntnisobjekt durch bestimmte Fragestellungen präformiert ist. Heisenberg etwa ist in seinem Zugang zur Natur erheblich vorsichtiger und zudem um einiges »dialektischer« als Bookchin, Amery u. a. So schreibt er: »Im Blickfeld dieser Wissenschaft steht... vor allem das Netz der Beziehungen zwischen Mensch und Natur, der Zusammenhänge, durch die wir als körperliche Lebewesen abhängige Teile der Natur sind und sie gleichzeitig als Menschen zum Gegenstand unseres Denkens und Handelns machen. Die Naturwissenschaft steht nicht mehr als Beschauer vor der Natur, sondern erkennt sich selbst als Teil dieses Wechselspiels zwischen Mensch und Natur.« (Heisenberg 1955, 21) Heisenberg betont, daß der »Zugriff der Methode ihren Gegenstand verändert und umgestaltet«.

Der Chemie-Nobelpreisträger Prigogine verstärkt diese Skepsis gegenüber der traditionellen Annahme, daß die Natur das Gegebene und in Gesetzmäßigkeiten zu fassende sei. Prigogine ging der Tatsache nach, daß bei gleicher Anordnung von Experimenten in der Mikrophysik unterschiedliche Ergebnisse zustande kamen und erklärte dies im Gegensatz zur traditionellen Annahme, die Natur sei durch Gesetzmäßigkeiten strukturiert, die der Mensch nur aufspüren müsse, damit, daß es auch Spontanprozesse in der Natur gebe: »Wir haben entdeckt, daß die

Irreversibilität... eine wesentliche Rolle in der Natur spielt und vielen Prozessen spontaner Selbstorganisation zugrunde liegt.« (Prigogine/ Stengers 1981, 18) Die Wechselwirkungsprozesse zwischen Mensch und Natur betonend, kritisieren Prigogine die klassische Weltauffassung, »in der der Kontrolleur dem Kontrollierten, der Herrschende dem Beherrschten gegenüberstanden« und in der von einer »stabilen Realität« ausgegangen wurde, »deren Existenz man sich vergewissern konnte«.

Die »alten Gewißheiten der Naturerkenntnis« haben sich, so Prigogine/Stengers (1981, 294), verflüchtigt. Heutige Ökologen hingegen versuchen, diese alten Gewißheiten zu restaurieren. Die Naturwissenschaftler beginnen also die Naturerkenntnis als Wechselbeziehung zwischen Mensch und Natur zu reflektieren und betonen, daß die Natur, wie sie der menschlichen Erkenntnis zugänglich ist, konstituiert ist von der Methode und den Instrumenten (der Anordnung von Experimenten), mit denen der Mensch an sie herantritt. Die Abhängigkeit der Naturerkenntnis vom erkennenden Menschen und seinen kulturellen und sozio-ökonomischen Einflüssen veranlaßte auch Heisenberg einerseits zu der Schlußfolgerung, daß das naturwissenschaftliche Weltbild aufhört, »ein eigentlich naturwissenschaftliches zu sein« (1955, 21), und andererseits zu einer Skepsis gegenüber den Naturwissenschaften und der Grenzen ihrer Erkenntnismöglichkeiten (1955, 23): Natur war für ihn immer auch das Unbekannte, das nur unzulänglich Erfaßbare, in das einzugreifen, auch verheerende Folgen haben kann. Eine solche erkenntnistheoretische Skepsis verbindet sich mit Warnungen vor unvorhersehbaren Folgen einer technischen Umsetzung.

Die in der Ökologiediskussion oft pauschal kritisierten Naturwissenschaftler sind im Gegensatz zu so manchen politischen oder sozialen Ökologen also weit entfernt vom arroganten Anspruch, Natur »an sich« erkennen zu können. Diese Skepsis gegenüber einem Erkenntnismodell, das den Menschen als Kontrolleur einer zu kontrollierenden Natur gegenüberstellt und zudem von der Vorstellung einer potentiellen Erkennbarkeit der Natur, wie sie »an sich« ist, ausgeht, läßt auf eine Mentalität schließen, die sich von der herrschaftlichen der traditionellen Naturwissenschaften ebenso unterscheidet wie von der Arroganz vieler heutiger Ökologen. Eine solche Mentalität verbindet eine größere »ökologische Sensibilität« und Rationalität mit dem Verzicht auf den Anspruch, mit dem Feststellen von ökologischen Kreisläufen, Gleichgewichten etc. das schlechthin gültige Erklärungsmodell gefunden zu haben.

Die zuvor zitierten Naturwissenschaftler und einige Vertreter des Anarchismus teilen diese Skepsis der Erkennbarkeit der Natur »an sich« aus einer Mentalität heraus, die »ökologische Sensibilität« ermöglicht. Auch beim Anarchisten Gustav Landauer fehlt die Arroganz, die Natur »an sich« oder die Welt als Ganzes erkennen oder vollständig aneignen zu können. Er weist auf die Gefahr hin, die Welt zu »entleiben«, wenn sie »in die leeren Appartements unserer Assoziationen und Allgemeinbegriffe hineinkomplementiert« wird. Diese seien »Totschlagsversuche gegen die lebendige Welt« (1978 a, 6). »So also steht es: unsere Welt ist ein Bild, das mit sehr armseligen Mitteln, mit unseren paar Sinnen, hergestellt ist. Diese Welt aber, die Natur, in ihrer Sprachlosigkeit und Unaussprechlichkeit, ist unendlich reich gegen unsere sogenannte Weltanschauung, gegen das, was wir als Erkenntnis oder Sprache von der Natur schwatzen.« (Landauer 1978 a, 6)

Die erkenntnistheoretische Skepsis geht bei Landauer zwar erheblich weiter als bei den zuvor genannten Naturwissenschaftlern, doch hat sein Welt- und Naturbild mehr mit den Einsichten der modernen Naturwissenschaft gemeinsam als mit dem der traditionellen Naturwissenschaft und dem von heutigen Ökologen wie Bookchin, Amery oder dem Naturverständnis, wie es bei Bloch und im dialektischen Materialismus zum Ausdruck kommt. Der Zusammenhang von einer Skepsis gegenüber erkenntnistheoretischen und praktischen Vorstellungen, die Natur »in den Griff zu bekommen« und Mystik, die eine Natur- und Welterfahrung eröffnen will, die über die sprachlichen und rationalen Begrenzungen hinaustritt, beruht auf einer *Mentalität,* die sich von der eines Kontrolleurs oder Machthabers sehr deutlich unterscheidet. Die aus einer solchen Mentalität hervorgehende erkenntnistheoretische Position Landauers stimmt tendenziell mit Auffassungen des »erkenntnistheoretischen Anarchisten« (1980, 128) Paul Feyerabend überein. Er kommt zu dem Schluß: »An die Stelle der einen absoluten Welterklärung und der qualvollen vergeblichen Versuche, ihrer habhaft zu werden, treten Bilder der Welt, deren verschiedene ergänzend nebeneinander herlaufen können, Bilder, von denen wir wissen, daß sie nicht die Welt ›an sich‹, sondern die Welt für uns sind...« (1978 b, 8)


b) Die »Natürlichkeit« und Sozialität des Menschen – Kropotkin

Aus diesen erkenntnis- und wissenschaftstheoretischen Einsichten resultiert eine *Mentalität*, die sich von jener Mentalität des Kontrolleurs oder Eroberers unterscheidet, die, von wenigen Ausnahmen abgesehen, unser abendländisches Verhältnis zur Natur dominiert. Die folgenschwere Reduzierung der Natur auf eine bloße Ressource oder auf ein bloßes Material, das der menschlichen Bedürfnisbefriedigung zur Verfügung steht, liegt zweifellos mitbegründet in der rigorosen Trennung des Menschen von der Natur im Christentum. Diese bleibt in der neuzeitlichen Philosophie, etwa bei Descartes, erhalten, der dem Menschen die Aufgabe zuweist, sich der Natur, die er als eine Art Maschine versteht, zu bedienen. Wie Descartes sahen auch Galilei und Newton die Natur mathematischen Gesetzen unterworfen, deren Kenntnis sukzessive Macht über die Natur verleiht (Sachsse 1984, 29; Crombie 1972, 538 ff.). In der Realisierung der naturwissenschaftlichen Erkenntnisse seit Mitte des 19. Jahrhunderts erhielt dieses Naturbild seine technische Gestalt.

An die Stelle des Menschen als Kontrolleurs tritt bei Hegel und Marx die Rolle der mit dem Naturmaterial produzierenden Geschichte. Die Mentalität eines reinen Benutzungsverhältnisses verstärkt sich. Pointiert formuliert Passmore: »Nichts könnte ökologisch fataler sein, als die hegelianisch-marxistische Lehre, daß die Natur, bevor sich der Mensch ihrer bedient, nichts anderes als ein Potential ist.« (1980, 225)

Die Einstellungen gegenüber der äußeren Natur korrespondieren mit der gegenüber der menschlichen Natur. Vor allem der Protestantismus reduzierte zusammen mit der natürlichen Umwelt auch die soziale Umwelt des Menschen zum bloßen Material der Arbeit und des Gelderwerbs, wie Max Weber in seinen Studien zur »Protestantischen Ethik« nachweist. (1975, 128 f.) Der ökonomische Erfolg sei der Indikator dafür, ob ein Mensch in göttlicher Gnade stehe und für die ewige Seligkeit prädestiniert sei oder nicht. Der damit existentielle Bedeutung bekommende berufliche Erfolg machte eine Lebensführung notwendig, deren »Ziel es war, den status naturae zu überwinden, den Menschen der Macht der irrationalen Triebe und der Abhängigkeit von Welt und Natur zu entziehen (und) der Suprematie des planvollen Wollens zu unterwerfen...«. (Weber 1975, 135)

In säkularisierter Form blieb diese körper- und sinnenfeindliche Mentalität bis heute erhalten. Die menschliche Natürlichkeit steht einer vollständig durchrationalisierten Lebensführung ebenso entgegen wie die äußere Natur. So galt die innere wie äußere Natur als etwas, was dem rationalen Zugriff und der planvollen Kontrolle unterworfen werden muß. Diese Bedrohung durch das Natürliche schlug sich auch im Verständnis der Natur als grausame und »böse« nieder, das sich in den unterschiedlichsten theoretischen Kontexten wiederfindet. Bei Darwin blieb trotz allen Bemühens um »Wissenschaftlichkeit« das tradierte Verständnis der Natur als grausame und »böse« erhalten und führte zur Vernachlässigung kooperativer Formen im »Kampf ums Dasein«. Auch Sigmund Freud stellt das Verhältnis von Natürlichkeit und Lust auf der einen Seite und Ordnung, Zivilisation und Kultur auf der anderen Seite als Gegensatz und permanenten Konflikt dar, der nur auf Kosten des Lustprinzips zu lösen sei. Bookchin stellt Freud, wie ich meine sehr treffend, in eine natur- und leibfeindliche Tradition, in der die Natur als eine destruktive verstanden ist, die »zerfressen (ist) von Egoismus, Rivalität, Grausamkeit und dem Streben nach unmittelbarer Befriedigung«. Sie macht eine repressive Zivilisation als Korrelat notwendig, die geprägt ist von »Rationalität, Arbeit und einer Epistemologie der Selbstrepression« und ein Realitätsprinzip hervorbringt, »... das die störrische Natur unter seine Knute zwingt und der Menschheit die Matrix für Kultur, Kooperation und Kreativität verleiht«. (Bookchin 1985, 179 f.)[4]

Im Denken Kropotkins ist diese Ideologisierung der äußeren und menschlichen Natur als grausame, böse und unkooperative durchbrochen, ohne Natur umgekehrt als harmonisch zu ideologisieren. Wie bei Landauer findet man hier Tendenzen, die die traditionelle herrschaftliche Mentalität gegenüber der Natur sprengen. Diese andere Mentalität kommt in seiner Anthropologie und Ethik der Gegenseitigen Hilfe zum Ausdruck. Zwar vermißt man bei Kropotkin eine gründlichere Reflexion auf den theoretischen Stellenwert der Gegenseitigen Hilfe – als »wissenschaftliche Ethik«, an die sich geschichtsteleologische Spekulationen anschließen, ist sie sicher unhaltbar –; doch trotz dieser Mängel lohnt sich eine kritische Aneignung.

Wie bereits erläutert, versteht Kropotkin die Gegenseitige Hilfe nicht als Gegenposition, sondern als eine, wenn auch erhebliche, Modifizierung der Darwinschen Selektionstheorie. Der Kampf ums Dasein wird nicht, wie im Anschluß an Darwin von den Sozialdarwinisten, als Kampf des individuellen Menschen mit anderen Menschen und der äußeren Natur, sondern als Auseinandersetzung kooperierender Individuen gegen widrige Naturumstände gesehen. Die Natur wird bei Kropotkin ebensowenig zum schlechthin Feindlichen oder gar Unreinen und Bösen stilisiert, wie der Kampf ums Dasein als alles dominierendes Prinzip der Natur und damit auch als natürliches menschliches Verhalten verstanden wird. Kropotkins differenzierteres Verständnis der äußeren Natur und der menschlichen Natur sind vor allem geprägt durch seine ethnologischen Untersuchungen und historischen Studien.

Kropotkin ersetzt nicht das zu seiner Zeit ideologisch sehr wirkungsvoll eingesetzte Konfliktmodell – der Kampf ums Dasein als alleiniges Prinzip der Evolution – durch ein Harmoniemodell, wie etwa Bookchin und Amery, sondern modifiziert es: Im Kampf ums Dasein werden Konkurrenz und Konflikte, wenn möglich, vermieden; innerhalb und sogar zwischen den Tierarten wird vor allem durch Gegenseitige Hilfe und Kooperation das Überleben ermöglicht. So begreift Kropotkin den Menschen als Naturwesen, dessen Sozialität und Kooperationsbereitschaft ihm im Laufe der Evolution zur biologischen Verhaltenskonstante geworden ist. Dieses Verständnis des Menschen als einem von Natur aus sozialen Wesen steht dem in der abendländischen Tradition dominierenden Natur- und Menschenbild entgegen.

Zu diesem Verständnis des Menschen kommt bei Kropotkin hinzu, daß er die Natürlichkeit des Menschen und die den Menschen umgebende Natur nicht abstrakt, sondern im jeweiligen sozio-historischen Kontext reflektiert. Trotz aller Liebäugelei mit dem Positivismus Comtes ist Natur bei Kropotkin nicht das schlechthin Gegebene, das sukzessive erkannt und technisch verwertet werden kann. Er unterscheidet zwischen naturwissenschaftlicher und gesellschaftswissenschaftlicher Methode. (1904, 22) Zudem wendet er sich gegen den naturalistischen Fehlschluß, aus naturwissenschaftlichen Tatsachen – und damit auch aus einer vermeintlichen Erkenntnis einer Natur »an sich« – soziale Ideen abzuleiten. (vgl. 1983, 59)

Kropotkins Verständnis einer natürlichen Sozialität oder einer sozialen Natürlichkeit des Menschen hat zwei Konsequenzen: Einmal können Natur und Sozialität, Natur und Kultur, nicht mehr als Antagonismus verstanden werden, wie etwa bei Hobbes und Freud; damit ist einem repressiv-autoritärem Staatsverständnis die Legitimationsgrundlage bestritten; ebenso ist der Annahme Freuds widersprochen, die mit der von Hobbes konvergiert, daß nämlich die menschliche Natürlichkeit aggressiv, asozial und destruktiv sei und dessen Unterdrückung erst Kultur, Gesellschaft und Kooperation ermögliche. Die zweite Konsequenz besteht darin, daß ein solches Verständnis einer natürlichen Sozialität oder einer sozialen Natürlichkeit einer polarisierenden Trennung von Mensch und Natur bzw. Gesellschaft und Natur entgegensteht und damit auch einer Mentalität, aus der heraus die äußere Natur auf ein bloßes Material menschlicher Bedürfnisbefriedigung reduziert wird.

## c) Die Verbundenheit mit dem »großen Ganzen« – Landauer und Kropotkin

In Kropotkins anarchistischer Gesellschaftsutopie ist mit der Aufwertung der menschlichen Natürlichkeit als Grundlage der menschlichen Sozialität auch die Polarisierung von Natur und Gesellschaft, menschlicher Natürlichkeit und gesellschaftlicher Ordnung aufgehoben. Kropotkin betont den Aspekt der Verbundenheit des Menschen mit seiner natürlichen und sozialen Umwelt und läßt damit auch, wie ich meine, durchaus so etwas wie eine ökologische Sensibilität erkennen: Eine dezentral strukturierte Gesellschaft, bestehend aus kommunitären Gemeinschaften, müsse sich das Gefühl der Verbundenheit mit der natürlichen Umwelt erhalten, indem sie neben industrieller, handwerklicher und wissenschaftlich-kultureller Arbeit auch stets Landwirtschaft betreibt und durch diese Arbeit mit der Natur den Bezug zu ihr erhält. Eine solche Gesellschaft, so hebt Kropotkin hervor, würde erkennen, »daß sie nichts gewinnt«, wenn sie den Menschen durch spezialisierte Arbeit und eine Arbeitsteilung »des ungebundenen Umgangs mit der Natur beraubt und es ihm unmöglich macht, ein bewußter Teil des großen Ganzen zu werden«. (1976, 22)

Das von Kropotkin entworfene Selbstverständnis des Menschen als »bewußten Teils des großen Ganzen« schließt ein antagonistisches Verständnis des Mensch-Natur-Verhältnisses aus. Er vermeidet die im traditionellen Naturverständnis (u. a. im Protestantismus, bei Hobbes und Freud) vorgenommenen Polarisierungen und die daraus resultierende Ordnungsvorstellung, mit der das zuvor Getrennte – Mensch und Natur, menschliche Natürlichkeit und Sozialität/Kultur – in einem hierarchischen Erklärungsmodell wieder zusammengefügt wird. Er betont dagegen den Aspekt der Verbundenheit des Menschen mit seiner Natürlichkeit und der natürlichen Umwelt. Er versteht den Menschen als Naturwesen, die menschliche Sozialität als natürliche und die menschliche Natürlichkeit als soziale. Die *Verbundenheit mit dem Ganzen* resultiert mit der bewußten Vermeidung der traditionellen Trennungen und Polarisierungen weder aus einem vermeintlichen Zugriff auf die Natur »an sich« noch aus einem Begriffsdenken, das, wie Landauer sagt, auf einen »Totschlagsversuch gegen die lebendige Welt« hinausläuft.

Eine solche Mentalität, die sich auch in gesellschaftstheoretische Konzeption umsetzt und darüber hinaus ein Gefühl der Verbundenheit mit der natürlichen und sozialen Umwelt ausbildet, müßte Freud auf der Basis seines »Konfliktmodells« als etwas Unemanzipiertes erscheinen. (van Roel 1971, 58 f.) Er klassifiziert das ». . . allumfassende Gefühl, welches einer innigen Verbundenheit des Ich mit der Umwelt« entspreche, als ein »infantiles Relikt« aus einer früheren Entwicklung der Menschheitsentwicklung, das überwunden werden müsse. (Freud 1974, 200 f.)

Zwei deutlich zu unterscheidende Mentalitäten treffen hier also aufeinander: Freuds Denken basiert auf einem antagonistischen Verständnis von Natur und Kultur, menschlicher Natürlichkeit und Sozialität und impliziert eine Vorstellung des Menschen als Kontrolleur des vor allem als Bedrohung verstandenen Natürlichen. Kropotkin hingegen betont die Verbundenheit mit dem Natürlichen, ohne das Mensch-Natur-Verhältnis als ein »herrschaftsloses« zu bestimmen.

Auch bei Landauer findet sich dieses *Gefühl* der Verbundenheit mit dem »großen Ganzen«. Dieses Verbundenheitsgefühl ist sehr deutlich zu unterscheiden von den »holistischen« Begriffskonstruktionen und den damit verbundenen einheitlichen Weltanschauungen. Deutlicher als bei Kropotkin drückt dieses Gefühl bei Landauer zwei Bestrebungen aus: mit der Welt in Gemeinschaft zu kommen und mit den Menschen in Gemeinschaft zu kommen. Es ist das »Allgemeingefühl«, das »Unendlichkeitsgefühl«, das in der unaussprechbaren mystischen Naturerfahrung wirkt, und es ist das Gefühl, das den Menschen mit der Menschheit, seiner Geschichte und Zukunft verbindet. In der Umschreibung dieses alles verbindenden Unendlichkeits- und Allgemeinheitsgefühls spricht Landauer in der ihm eigentümlichen ironisch gebrochenen Emphase von »Liebe«: »Die Liebe ist darum ein so himmlisches, so universelles und weltumspannendes Gefühl, ein Gefühl, das uns aus unsern Angeln, das uns zu den Sternen emporhebt, weil sie nichts anderes ist als das Band, das die Kindheit mit den Ahnen, das uns und unsre ersehnten Kinder mit dem Weltall verbindet.« (1978 *a*, 21)

So drückt sich mit der Vorstellung der Verbundenheit von Mensch und Mensch sowie Mensch und Natur eine Mentalität aus, die eine deutlich andere ist als die Herrschermentalität, die in der Natur lediglich eine Ansammlung von Objekten sieht, die zu kontrollieren und der menschlichen Bedürfnisbefriedigung zu unterwerfen sind. Ob und wie diese Verbundenheit von Mensch und Natur mit dem Begriff des Stoffwechsels zwischen Mensch und Natur zu vereinbaren ist und ob und wie das Gefühl der Verbundenheit sich mit einer rationalen und anthropozentrischen Bestimmung des Mensch-Natur-Verhältnisses verbinden läßt, steht im folgenden zur Debatte.

> »Wer müßte sich nicht eingestehen, daß die Logik
> des Eigennutzes letzten Endes nicht zu
> menschlicher Befriedigung, sondern zum Verlust
> der Menschlichkeit selbst führt?«
>
> *Laurence H. Tribe*

## 4. Zwischen Anthropozentrismus und »Naturalismus«

Kommt der Natur ein Eigenwert zu oder ist sie nur soviel wert, wie sie
für den Menschen wert ist? Hat die Natur einen Selbstzweck oder ist sie
lediglich Mittel zum Zweck der Befriedigung menschlicher Bedürfnisse? In Diskussionen zur ökologischen Ethik ist die Beantwortung dieser
Frage von zentraler Bedeutung. In den umweltethischen Entwürfen
steht immer wieder zur Debatte, ob der Mensch »das Maß aller Dinge«
sei und ob Umweltschutz bzw. eine soziale Ökologie anthropozentrisch
begründet werden müßte oder aber – nicht anthropozentrisch – aus der
Natur selbst heraus mit einem Eigenwert der Natur; den letzteren
Standpunkt nenne ich einen »naturalistischen«. Auf die einzelnen Mo-
difizierungen und Differenzierungsversuche im Umfeld dieses Pro-
blems kann hier nicht eingegangen werden.[5] Sie sind auch für unseren
Zusammenhang von Anarchismus und Ökologie von eher geringer
Bedeutung. So halte ich mich zunächst an den gängigen Dualismus
Anthropozentrismus – »Naturalismus«.

### a) Anpassung des Menschen an die Natur
   oder Anpassung der Natur

Anarchisten argumentierten in aller Regel konsequent anthropozentrisch, sofern es ihnen um *den* Menschen und nicht um das konkrete Ich
ging. Sie verwarfen die Ansprüche von Staat und Kirche, von Patriotismus, autoritären Traditionen und anderen Ideologien und Institutionen, die den Menschen in seiner individuellen Selbstbestimmung übergeordneten Zusammenhängen unterordneten. Im Anarchismus ist der
individuelle Mensch und seine Emanzipation »das Maß aller Dinge«.
So lehnt Landauer, wie noch zu zeigen sein wird, Produktionsmittel ab,
die nur eine entfremdete Arbeit erlauben und damit einer vollständigen
Emanzipation widersprechen, – auch um den Preis ökonomischer Ein-
bußen oder längerer Arbeitszeiten. Auch andere Anarchisten opfern die
individuelle Selbstbestimmung und Emanzipation nicht hierarchischen
Organisationsformen, selbst wenn diese effizienter sein sollten.

Wenn also die anarchistischen »Klassiker« eine soziale Ökologie begründet hätten – was sie bekanntlich nicht taten – so hätte diese konse-

quenterweise eine anthropozentrische sein müssen; d. h. sie hätten auf der Basis ihres Anthropozentrismus fordern müssen, daß sich der Mensch mit seinen Emanzipationsforderungen an die Natur anpassen müsse. Dieser Annahme widerspricht allerdings, daß das, was bei Anarchisten zu der zuvor angedeuteten »ökologischen Sensibilität« führte, nicht aus einem solchen konsequenten Anthropozentrismus resultierte: Landauers Mystik und Kropotkins Gefühl der Verbundenheit mit dem »großen Ganzen« und der Natur sind jedenfalls nicht ohne weitere Vermittlungsschritte mit dem Anthropozentrismus, mit dem die Perspektive einer Emanzipation des Menschen angestrebt wird, zu verbinden.

Amery begründet seine Konzeption eines »ökologischen Materialismus« »naturalistisch«, aus der Natur heraus. Das erste Ziel ist der Erhalt der Natur und zwar *nicht* deshalb, weil damit das Überleben der Menschheit gesichert werde, sondern weil der Natur ein Selbstzweck zukommen und ihr infolgedessen ein Eigenwert zuzusprechen sei. Wirtschaft und Gesellschaft sollten sich nicht nach anthropozentrischen Gesichtspunkten organisieren, sondern – nicht anthropozentrisch – nach dem Ziel eines Erhalts der Natur um ihrer selbst willen. (1980, 184)

Einem solchen »ökologischen Materialismus« geht es also zunächst nicht um menschliche Emanzipation und um eine Aufhebung der Entfremdung: »Nicht Ende der Entfremdung, nicht Fülle der Güter für den Menschen kann sein Ziel sein, sondern zunächst und vor allem eine Zukunftsordnung, die sich aus dem Respekt vor jeder Materie, auch nicht-menschlicher, ergibt.« (1980, 166) Amery plädiert für eine Anpassung des Menschen und der Gesellschaft an die Natur, deren »Gleichgewichte«, »Kreisläufe« etc. nicht gestört werden dürften. Damit dreht Amery das traditionell dominierende Naturverständnis kurzerhand um: Der Mensch ist das Bedrohliche, Böse, Aggressive; Natur ist das Harmonische, Gute, Freundliche. So gelangt er zu dem Schluß, je weniger der Mensch in die Natur eingreife, desto besser für »das Leben«. »Die lebensfreundlichste Produktionsform wäre – keine Produktion; ...« (1980, 167)

In Amerys »naturalistischem« Ansatz bleibt die Trennung von Mensch und Natur wie im herkömmlichen Naturverständnis in dessen Umkehrung erhalten. Es tritt der Aspekt zurück, daß der Mensch als ein Teil der Natur zu verstehen ist, der in seiner Produktion eine Wechselbeziehung mit ihr eingeht; vielmehr wird nun – analog einer Auffassung der Natur als passivem Gegenüber – der Mensch als etwas begriffen, das sich unter Verzicht auf eine aktive Umgestaltung der Natur sich dieser einpaßt. Auch in anderen »naturalistischen« Konzeptionen geht es um eine Integration der menschlich-gesellschaftlichen Welt in die übergeordneten Zusammenhänge der Natur. Diese Unterordnung des Menschen wird aus dem Eigenwert der Natur und aus dem Eigenrecht der Natur auf Unversehrtheit abgeleitet.

Andere nicht-anthropozentrische Ansätze sind in ihren Konsequenzen weniger weitgehend, und ihre Argumentation entwickelt sich vor allem aus der Kritik an der Unzulänglichkeit ausschließlich anthropozentrischer Verpflichtungsgründe für eine soziale Ökologie. Es wird darauf hingewiesen, daß in jeder anthropozentrischen Begründung von Ökologie bzw. Umweltschutz die »Naturobjekte zu einer Kategorie des Eigeninteresses nivelliert« werden. (Tribe 1980, 42) Damit aber werde genau wieder die Mentalität bestärkt, die für die ökologische Krise mitverantwortlich zu machen sei.

Die anthropozentrische Begründung der Ökologie unterscheidet sich tatsächlich nicht qualitativ von der »Verwertungslogik« derjenigen, die einen Raubbau an der Natur praktizieren und häufig auch legitimieren. Sie vermag aus diesem Grunde weniger eindringlich zu einem schonenden Umgang mit der Natur zu verpflichten. Einer anthropozentrischen Begründung der Ökologie geht es primär um die Bedingungen der menschlichen Existenz; die ökologischen Belange gilt es mit den ökonomischen und gesellschaftlich-sozialen abzuwägen.

Einige Vertreter einer ökologischen Ethik beziehen sich hingegen auf außermenschliche Werte und unterscheiden sich damit von der anthropozentrischen »Verwertungslogik«. Die Verpflichtung gegenüber der Natur ist vergleichsweise stärker; eine klare Grenzziehung ist möglich, wenn der Natur unabhängig vom Menschen ein Eigenwert zugesprochen werden kann.[6] Anarchisten sahen in der (Selbst-)Verpflichtung auf außermenschliche Werte stets die Gefahr einer Legitimation von Herrschaft. Bei aller »ökologischen Sensibilität« müßten sie, was die Verpflichtungsgründe anbelangt, auf der Basis eines Anthropozentrismus stehen.


b)  Unberührte und sozial konstituierte Natur

Schwierigkeiten mit einer nicht-anthropozentrischen Bestimmung des Mensch-Natur-Verhältnisses entstehen, wenn unter Ökologie nicht nur der Erhalt der unberührten Natur und die Einordnung der menschlichen Gesellschaft in diese Natur gemeint sind, sondern auch die Gestaltung und Entwicklung der Natur. Die Gestaltung der natürlichen Umwelt ist von erheblich größerer Bedeutung für die Bewältigung der ökologischen Krise als der Erhalt einer nur noch in unwesentlichen Resten vorhandenen unberührten Natur. In ihren überwiegenden Teilen ist

Natur bereits seit Tausenden von Jahren vom Menschen gestaltet; sie ist sozial konstituiert, also angeeignete Natur und nicht unberührte (»natürliche«) Natur. (Böhme/Schramm 1985)

In einer den gesellschaftlichen Bereich einbeziehenden Ökologie geht es also weniger um den Schutz und Erhalt der Natur, sondern vor allem um eine »bewußte normative Umgestaltung der Natur«. (Böhme/ Schramm 1985, 7) Wenn aber die Natur nicht das schlechthin Gegebene ist, an das sich der Mensch anpassen muß, sondern wenn Natur zu gestalten und zu entwickeln ist, so stellt sich die Frage, wie eine Gesellschaft ihre natürliche Umwelt gestalten *will*, wie die Natur sein *soll*. »Entsprechend werden wir neben eine Politik, die die künftige Möglichkeit von Gesellschaft und Natur im Sinne von Erhaltung sichert, noch eine andere Politik treten lassen, die auf eine wünschenswerte, weiterentwickelte Natur hin orientiert ist.« (Böhme/Schramm 1985, 12)

Letztere normative Betrachtung basiert bereits auf einer anthropozentrischen Sichtweise – es sei denn, man konstruiert, wie Bookchin, so etwas wie eine »prästabilisierte Harmonie« zwischen den Menschen und Interessen der Menschen und denen, die aus der Natur oder Evolution abgelesen werden: »Die Natur fruchtbarer, vielfältiger, ganzheitlicher und integrierter zu machen, mag wohl die geheime Botschaft der biologischen Evolution sein.« (Bookchin 1985, 368) Obwohl diese Spekulationen um die geheime Botschaft der Evolution wenig sinnvoll sind, ist der Gedanke einer Umgestaltung und Verbesserung der vorhandenen Natur als ökologische Aufgabe sehr fruchtbar. Die Ökologie wird damit befreit von ihrer Reduzierung auf den bloßen Schutz der Umwelt oder die *Bewahrung* der letzten Reste der noch unberührten Natur. Ökologie bedeutet aber vor allem – darin ist Böhme/Schramm und Bookchin zuzustimmen – *Gestaltung* der Natur. Doch ein solches Verständnis von Ökologie ist ein anthropozentrisches.

Eine differenzierte anthropozentrische Bestimmung des Mensch-Natur-Verhältnisses läßt sich vornehmen, wenn von der Vorstellung ausgegangen wird, »... daß die Welt aus komplexen Systemen von Wechselwirkungsprozessen besteht, die in ihrer Dauerhaftigkeit variieren. Jedes derartige System – und der Mensch ist eins davon – kann wie eine Flamme nur so lange überleben, als es auf die Systeme seiner Umgebung auf bestimmte Weise einzuwirken vermag, wobei es die es umgebenden Systeme seinerseits beeinflußt, andererseits sich von ihnen beeinflussen läßt.« (Passmore, 1980, 223)

Diese Betrachtungsweise kommt einer normativen Umgestaltung der Natur entgegen. Die Metapher vom Stoffwechsel, die auch schon von Theoretikern in der Zeit vor Marx in diesem Zusammenhang benutzt wurde, charakterisiert die Beziehung von Mensch und Natur ähnlich. Mit der Stoffwechselmetapher läßt sich begreifen, daß der Mensch nicht nur als Erkenntnissubjekt der Natur gegenübersteht, sondern selbst auf die Natur einwirkt und auch sich selbst dabei verändert. Ferner ist die historische Dimension der sozialen Aneignung von Natur zu erfassen sowie der normative Aspekt einer gesellschaftlichen Veränderung der Natur. (Böhme/Grebe 1985, 31) Eine anthropozentrische Sichtweise muß also keinesfalls notwendig auf einer undialektischen Trennung von Mensch und Natur basieren.

Festzuhalten bleibt für die anthropozentrische wie die »naturalistische« Bestimmung des Mensch-Natur-Verhältnisses folgendes Dilemma: Ein anthropozentrischer Ausgangspunkt einer Bestimmung des Mensch-Natur-Verhältnisses begünstigt die Emanzipation des Menschen als vorrangige gesellschaftliche Perspektive. Innerhalb dieses Begründungszusammenhangs ist der individuelle Mensch nicht moralisch zu verpflichten, sich der Natur unterzuordnen; der Natur wird kein Recht auf Erhalt oder Pflege zugesprochen und ebensowenig ein Eigenwert zugesprochen. Ökologie wird vielmehr begriffen als ein Eigeninteresse des Menschen am Erhalt seiner natürlichen Existenzgrundlagen.

Doch, das sei wiederholt, zwischen einer derartigen funktional argumentierenden Begründung und dem zu Raubbau und Umweltzerstörung mitverursachenden Verständnis der Natur als bloße Ressource besteht kein qualitativer Unterschied. Derartige anthropozentrische Argumentationen verlassen nicht die Ebene der »Verwertungslogik«. Diese Sichtweise hat den Mangel, daß sie einer Achtung oder Verehrung der Natur zunächst entgegensteht und den Menschen weniger verpflichtet als etwa ein religiöses oder magisches Verhältnis zur Natur. Darauf weist Amery hin. Er sieht in einem sakralen oder animistischen Naturverständnis die Chance, »innere Kontrollen« zu bilden, die der Rationalismus der Aufklärung zerstört hat. »Fest steht: eine ökologisch korrekte oder halbwegs korrekte Beziehung zur Umwelt ohne religiöses... Interpretationsgitter hat es nicht gegeben.« (Amery 1980, 180f.) Ein ausschließlich rationaler, funktionaler und anthropozentrischer Naturbezug birgt das Defizit in sich, daß er den Menschen gegenüber der Natur wenig zu verpflichten vermag.

Auch Spaemann hält einen ausschließlich funktional-argumentativ begründeten Umweltschutz für unzureichend: Es ist »notwendig, die anthropozentrische Perspektive zu verlassen. Denn solange der Mensch die Natur ausschließlich funktional auf seine Bedürfnisse hin interpretiert und seinen Schutz der Natur an diesem Gesichtspunkt ausrichtet, wird er sukzessive in der Zerstörung fortfahren.« (1980, 197) Aus dem funktionalistisch-anthropozentrischen Grund, daß eine menschenwürdige Existenz nur zu sichern sei, wenn der »Reichtum der Natur als ein Wert an sich« respektiert werde, hält Spaemann es für notwendig, daß die Menschen »in einem wie auch immer begründeten religiösen Verhältnis zur Natur« leben. Er scheint damit so etwas wie eine Selbstüberlistung im Auge zu haben.

c) Das Opfer der Vernunft

Nachdem die aufklärerische Rationalität die Welt entzaubert hat, indem sie religiöse Bezüge auflöste, und nachdem im Zuge dieses Rationalisierungsprozesses die Vernunft zu einer bloß instrumentellen verkam, die auch die Natur nur instrumentell verstehen konnte, wollen die zuvor zitierten Amery, Spaemann, Sachsse und Bookchin mit Hilfe einer »Wiederverzauberung der Welt« oder in einem Bezug auf die »Natur an sich« diesen Prozeß der Säkularisierung und des »Sinnverfalls« aufhalten. Gegen diesen Instrumentalismus, der »alle ethischen und moralischen Fesseln für die drohende Katastrophe beseitigt«, beabsichtigt Bookchin, »die Natur als Quelle einer objektiv begründeten Ethik einzuführen«. (1985, 260) Tribe sieht im beginnenden Umweltbewußtsein die Chance einer »Wiederherstellung von Vernunft und Moralempfinden« (1980, 49), sofern die »Heiligung« der Naturprozesse der Natur und Moral eine feste (Werte-)Basis liefert.

Eine solche »Wiederverzauberung der Welt« (u. a. durch naturgeschichtliche Spekulationen und die Annahme einer »Natur an sich«) und vor allem die »Heiligung der Natur« basiert immer auf einem Verzicht auf eine radikale und kritische Vernunft, auf einer Beschränkung von Rationalität und argumentierendem Denken. Dieser Verzicht wäre der Preis dafür, daß die funktionalistische, am Eigeninteresse des Menschen ausgerichtete Begründung von Ökologie bzw. Umweltschutz aufgegeben werden könnte und daß durch »innere Kontrollen« und Verpflichtungsgründe nicht-anthropozentrischer Art eine stärkere Verpflichtung des Menschen gegenüber der Natur zu erreichen wäre.

Eine *Selbstaufopferung* der Vernunft ist ein schwieriges Unterfangen, zumal dann, wenn der Glaube an die Heiligkeit der Natur jene Inbrunst vermissen läßt, die es erlauben könnte, auch ohne eine rationale Begründung dieses Opfer der Vernunft erbringen zu können. Selbst bei Amery wird mit Argumenten für den Glauben an diese Heiligkeit geworben. Spaemann reflektiert diesen Zusammenhang in seinem Plädoyer für die Aufgabe einer anthropozentrischen Perspektive: Das funktionalistisch-argumentative Denken kann »an seine eigene Grenze, d. h.

an den Rand von Einsichten führen, die nicht mehr argumentativ, d. h. funktional herleitbar sind. Ein dem Wesen des Menschen gemäßer Funktionalismus kann zeigen, daß eine nichtfunktionale Ethik... für den Menschen das Beste ist. Freilich hat man so diese Ehrfurcht noch nicht.« (1980, 198)

d) Die Grenzen der Argumentation

Ohne den Anthropozentrismus durch einen »Naturalismus« zu ersetzen und ohne die Vernunft dem Glauben an die Heiligkeit der Natur zu opfern, mißt Landauer dem nicht-funktionalistischen Denken und der nicht-anthropozentrischen Sichtweise der Welt und Natur eine beträchtliche Bedeutung zu. In seinen Schriften »Skepsis und Mystik« sowie »Revolution« weist Landauer auf die Grenzen des analytisch-kritischen Denkens und betont, daß in der Geschichte nach Phasen der analytisch-kritischen Zersetzung von Weltanschauungen und Sinnzusammenhängen Phasen der Synthese folgten. In der Mystik sah Landauer eine solche Synthese, die aus der Skepsis hervorging. Dieses Erklärungsmodell hielt Landauer auch losgelöst von diesem historischen Kontext für relevant.

Landauer beabsichtigte, die radikale Kritik Stirners durch eine Mystik zu ergänzen. Die Mystik beginne dann, wenn das funktionalistisch-argumentative Denken an seine Grenzen stößt: »... so ist für mich das große Werk der Skepsis und der radikalen Negation... der Wegbereiter für eine neue Mystik«. (1978a, 3) Die Opferung der Vernunft wird nicht gefordert, lediglich die Anerkennung ihrer Grenzen. Im mystischen Erleben kann der Mensch nach Landauer, wie bereits zuvor dargestellt, »zur Gemeinschaft mit der Welt« kommen, indem sich die Menschen als Teil der »wirkenden Natur« empfinden. (1978a, 12)

Dieser Bezug zu einer gottlosen Mystik und nicht zuletzt das gesellschaftspolitische Ideal einer herrschaftslosen Ordnung verbinden sich bei Landauer zu einer Mentalität, aus der heraus in einzelnen Theoremen oder Forderungen eine »ökologische Sensibilität« resultiert. Kropotkins Verständnis der menschlichen Natürlichkeit als soziale, das von ihm zum Ausdruck gebrachte Gefühl der Verbundenheit mit der damit aufgewerteten nicht-menschlichen Natur und nicht zuletzt wieder das anarchistische Ideal der Herrschaftslosigkeit bilden eine Mentalität aus, die sich von einem rein funktionalistischen Naturbezug und einer anthropozentrischen Sichtweise unterscheidet und eine »ökologische Sensibilität« erkennen läßt.

Für den zuvor diskutierten Zusammenhang bleibt festzustellen, daß im Anarchismus neben einem anthropozentrischen Argumentationsansatz auch eine nicht-anthropozentrische Sichtweise des Mensch-Natur-Verhältnisses zu finden ist. In der Mystik und im Gefühl der Verbundenheit ist das bloß instrumentelle Verhältnis zur Natur aufgegeben. Die Offenheit gegenüber einem nicht-rationalen Naturerleben ermöglicht jene »ökologische Sensibilität«, die über die Grenzen einer funktional argumentierenden ökologischen Ethik hinausgeht. Eine durchaus rationale und argumentierende erkenntnis- und wissenschaftstheoretische Skepsis begründet diese Offenheit gegenüber einer unmittelbaren Naturerfahrung. Die herrschaftskritische Mentalität im Anarchismus verhindert es, daß nicht-rational erfaßbare Bezüge unterschlagen und etwa zugunsten eines geschlossenen begrifflichen Erklärungssystems vernachlässigt werden. Gleichsam als Korrektiv zu einer anthropozentrischen »Naturverwertungslogik« steht ein nicht-funktionales und nicht-begriffliches Verhältnis des Menschen zur Natur.

So wird im Anarchismus eine Mentalität wirksam, die dem rechts- und linksautoritären Denken ebenso entgegensteht wie der traditionellen rein anthropozentrischen Naturauffassung. Die Selbstüberlistung, auf die der Vorschlag von Spaemann hinausläuft, aus funktional-anthropozentrischen Gründen die anthropozentrische Perspektive zu verlassen, um einen schonungsvolleren Umgang mit der Natur verbindlich machen zu können, könnte durch eine skeptische Haltung gegenüber der Reichweite der Rationalität und Wissenschaft sowie durch Offenheit gegenüber anderen Zugangsweisen zur Natur überflüssig werden.

> »Hier nun, wo wir die grenzenlose Verehrung des Gevatters Fortschritt vor der Technik sehen, lernen wir die Herkunft dieses Marxismus kennen.«
>
> *Gustav Landauer*

> »Sozialismus ist Umkehr; Sozialismus ist Neubeginn; Sozialismus ist Wiederanschluß an die Natur.«
>
> *Gustav Landauer*

## 5. Technikkritik und Industrialismuskritik im Anarchismus

Wie bereits mehrfach angedeutet, entspricht ein eindimensional auf die Entwicklung der Produktivkräfte konzentrierter Fortschrittsbegriff der Umweltzerstörung und dem Raubbau an den natürlichen Ressourcen.

Das Fortschrittsmodell, das in liberalistischen, marxistischen und in sozialdemokratisch-etatistischen Theorien vertreten wird, teilen die Anarchisten nicht. Sie wenden sich gegen die weitgehend unhinterfragte Voraussetzung, daß sich mit dem ökonomischen Fortschritt andere gesellschaftlichen Probleme quasi von selbst erledigten. Anarchisten lösen diesen Zusammenhang von ökonomischem und allgemein-gesellschaftlichem Fortschritt auf: Die Verbesserung der materiellen Lebensbedingungen, die politisch-soziale Emanzipation, die gesellschaftliche Kontrolle der Ökonomie und, so läßt sich ergänzen, der Schutz und die ökologische Entwicklung der natürlichen Umwelt sind Ziele, deren Realisierung sich nicht zusammen mit der Lösung eines vermeintlichen Hauptwiderspruchs von selbst einstellt.

Die anarchistische Kritik am eindimensionalen Fortschrittsmodell wäre damit eine Kritik an der Erwartung, die ökologischen Probleme lösten sich zusammen mit einer Auflösung des ökonomischen Hauptwiderspruchs; diese Kritik richtet sich aber ebenso gegen eine Fortschrittsgewißheit, die in der Gegenwart Raubbau und Umweltzerstörung in Kauf nimmt, in der Erwartung einer Zukunftsgesellschaft, in der aufgrund eines höheren technologischen Standards oder aufgrund demokratischer politischer und ökonomischer Verhältnisse die bis dahin entstandenen ökologischen Prozesse bewältigt .werden können.

a) Landauer: Marxismuskritik als Industrialismuskritik

Die Kritik am Industrialismus durch Gustav Landauer ist wohl die differenzierteste im Anarchismus. Sie ist verbunden mit einer Kritik am Fortschrittsmodell des 19. Jahrhunderts, das, wie Landauer und auch heutige Industrialismuskritiker meinen, sehr deutlich im Historischen Materialismus der Marxisten zum Ausdruck kommt. In seiner Marxismuskritik werden in polemischer Schärfe die zentralen Argumente vorweggenommen, die heute gegen eine Verabsolutierung des ökonomisch-technischen Fortschritts angeführt werden. Seine Marxismuskritik ist zugleich Industrialismuskritik.[7]

Das Fortschrittsmodell der Marxisten, so meint Landauer, sei nichts weiteres als die Widerspiegelung der in der Mitte des 19. Jahrhunderts rasanten Entwicklung von Industrie und Technik: »Der wirkliche Fortschritt der Technik (ist – d. Verf.) ... die tatsächliche Grundlage für den ideologischen Überbau, nämlich für die Utopie des Entwicklungssozialismus der Marxisten.« (1978, 57)

Damit kritisiert Landauer in Hinblick auf sein eigenes Verständnis von Sozialismus die Auffassung, daß die Technik bzw. die Produktivkraftentwicklung die entscheidende Antriebskraft der Geschichte darstelle und schließlich auch die revolutionäre Beseitigung des Kapitalismus und den Aufbau des Sozialismus gewährleiste. Das Basis-Überbau-Theorem und die Widerspiegelungstheorie ironisch aufnehmend, fährt Landauer mit seiner Kritik des Marxismus fort: »Weil aber nicht nur die fortschreitende Technik in ihrem Geistchen sich abspiegelt, sondern ebenso auch die übrigen Tendenzen der Zeit, darum ist ihnen auch der Kapitalismus Fortschritt, ist ihnen auch der Zentralstaat Fortschritt. Es ist gar nicht bloße Ironie, daß wir hier die Sprache ihrer sogenannten materialistischen Geschichtsauffassung auf die Marxisten selbst anwenden. Sie haben ja doch diese Geschichtsbetrachtung irgendwoher genommen...« (1978, 57)

Daß die Marxisten ihre Geschichtsbetrachtung »irgendwoher genommen haben«, daß die Geschichtsbetrachtung und das damit verbundene Sozialismusverständnis »aus dem Schoße der industriellen Produktivitätsideologie entstanden« sind (Rosanvallon 1979, 213) – darauf wird heute in ökologisch-sozialistisch orientierten Gesellschaftstheorien hingewiesen.

In einem weiteren Aspekt nahm Landauer die heutige Kritik am Marxismus vorweg. Er wendet sich gegen die marxistische Auffassung, daß bereits im Kapitalismus die Arbeit »gesellschaftlich« und die Produktivkräfte »sozialistisch« seien und daß es zur Verwirklichung des vollständigen Sozialismus lediglich einer Inbesitznahme der (in ihrer Struktur unveränderten) kapitalistischen Produktionsmittel bedürfe. Eine kapitalistische Gesellschaft werde, so Landauer, nicht schon damit sozialistisch, daß der Kapitalismus »den Besitzer wechselt«: »Weil also, sagen die Marxisten, der Sozialismus noch sozusagen im Privatbesitz der Unternehmer ist, die wild drauflos produzieren, da sie ja schon im Besitz der sozialistischen Produktivkräfte sind... (entstehen Krisen, die – d. Verf.) daher kommen, daß zu der gesellschaftlichen Produktionsweise... die Regulative der statistisch kontrollierenden und dirigierenden Weltstaatsbehörde notwendig ist. Solange die fehlt... muß alles drunter und drüber gehen.« (1978, 55 f.)

Landauer hält Sozialismus oder Anarchie nur dann für realisierbar, wenn Strukturen geschaffen würden, die eine gesellschaftliche und ökonomische Selbstverwaltung ermöglichten. Die »kapitalistische Technik« verhindere, so Landauer, eine Aneignung durch die damit Arbeitenden und somit auch Selbstverwaltung. Die Produktionsmittel des Kapitalismus determinierten nach Landauer Hierarchie und Herrschaft, sind also keineswegs »neutral« und können nicht unverändert in den Sozialismus übernommen werden, da sie den angestrebten »Gesellschaftssozialismus« mit dezentral und genossenschaftlich angewandten Produktionsmitteln entgegenstehen.

Gerade aber einen solchen genossenschaftlichen und auf Selbstverwaltung basierenden »Gesellschafts-Sozialismus« strebten die Marxisten nicht an, da sie in ihren Zielvorstellungen noch derart dem Kapitalismus verhaftet seien, daß sie selbst auf Kosten der politisch-sozialen Emanzipation autoritär-zentralistische Strukturen unangetastet ließen, um ein Wachstum des materiellen Wohlstandes zu ermöglichen: »Der echte Marxist will gar nichts wissen von bäuerlichen Genossenschaften, von Kreditgenossenschaften, von Arbeitergenossenschaften, selbst wenn sie ins Großartige gewachsen sind: ganz anders imponieren ihm kapitalistische Warenhäuser, in denen soviel Organisationsgeist für Unproduktives, für Raub und Usurpation, für den Verkauf von Tand und Schund aufgewendet ist.« (1978, 47)

Diese Einwände gegen eine vorrangige Orientierung der Produktion an der Steigerung des Konsums bei Vernachlässigung der Selbstbestimmung, Selbstverwaltung und Qualität der Arbeit gewinnt heute an Bedeutung und brachte zu Beginn des 19. Jahrhunderts Landauer den Vorwurf der Fortschrittsfeindlichkeit ein. Diese Kritik an einer Verabsolutierung des Konsums ist heute auch von erheblicher ökologischer Bedeutung.

Die Landauersche These der Eigenständigkeit und Eigenberechtigung von Emanzipationsforderungen – gleichgültig ob individueller, sozialer, politischer oder ökonomischer Art – und ihrer theoretischen Entkoppelung vom Entwicklungsstand der Produktivkräfte wird auch heute von einigen ökologisch-sozialistischen Marxismuskritikern postuliert. Sie sehen wie Landauer keinen *notwendigen* Zusammenhang von Produktivkraftentwicklung und politisch-sozialer Emanzipation. Landauer nahm, so läßt sich festhalten, zentrale Argumentationen der heutigen Marxismus- und Industrialismuskritik vorweg und ordnet sie in einen sozialismustheoretischen Zusammenhang ein. Seine Marxismus-/Industrialismuskritik, die sich heute wiederholt und sich als äußerst aktuell erweist, richtet sich also vor allem gegen folgende Auffassungen:

– der Motor der Geschichte sei die Produktivkraftentwicklung
– der Sozialismus könne als bloße Weiterentwicklung des Kapitalismus verstanden werden
– die Produktionsmittel des Kapitalismus seien (potentiell) sozialistische

- die Organisation der Arbeit im Kapitalismus sei bereits »gesellschaftlich«
- die Produktivkraftentwicklung sei gekoppelt mit politisch-sozialer Emanzipation.

## b) Technischer Fortschritt und sozialer Verfall

Mit seiner Industrialismus-/Marxismuskritik wendet sich Landauer immer wieder gegen den eindimensionalen technisch-ökonomischen Fortschrittsbegriff. Dem Marxisten sei nichts heiliger als »die Technik und ihre Fortschritte«, was ihn verkennen lasse, daß »alle wirtschaftlich-technischen Fortschritte... in ein System sozialen Verfalls eingeordnet« seien (Landauer 1978, 47). Mit dieser Korrelation von wirtschaftlich-technischem Fortschritt und sozialem Verfall stellt er den von Marxisten unterstellten Zusammenhang von wirtschaftlich-technischem Fortschritt und gesellschaftlich-sozialer Emanzipation in Frage.

Schon die ersten Anarchisten in der Mitte des 19. Jahrhunderts unterschieden sich in ihren Auffassungen zu Technik und Industrialisierung von der »bürgerlichen Produktivitätsideologie« (Rosanvallon 1979), die auch das traditionelle, bis heute dominierende Sozialismusverständnis prägt. Vor allem im »Kommunistischen Manifest« von Marx und Engels wird sehr deutlich, daß in der Zentralisierung der Produktionsmittel, der Zusammenfassung der Bevölkerung in den Städten, der Zentralisierung des Kapitals sowie in der Zentralisierung der politischen Macht die Vorbedingungen für die positive Veränderung der konkreten sozialen Beziehungen gesehen wurde. Die soziale Verelendung der Menschen, die Anonymisierung und Entpersönlichung verschwände mit der Inbesitznahme der Produktionsmittel durch das Proletariat bzw. dessen Diktatur. Auch der »Doppelcharakter« der Technik werde mit der revolutionären Änderung der Eigentumsverhältnisse aufgehoben, ebenso auch die negativen sozialen Folgewirkungen der Zentralisierung und Industrialisierung. Die Technik hielten Marx und Engels also für »neutral«. Nur so sind auch die Vorstellungen zu verstehen, daß die »Verwaltung der Sachen« an die Stelle der Herrschaft über Menschen treten würde.

Im Zusammenhang mit der Kritik an den geschichtsphilosophischen Grundlagen solcher Positionen verschärft sich im Anarchismus die Ablehnung von zentralistischen Tendenzen. Besonders Landauer, Proudhon und Kropotkin plädieren für den Erhalt und den Ausbau noch vorhandener Formen dezentraler Selbstorganisation. Diese Vorstellungen sind keinesfalls so realitätsfremd oder rückwärtsgerichtet, wie deren marxistische Gegner es behaupten, sondern knüpfen an Bestrebungen radikaler Strömungen in der damaligen Arbeiterbewegung an, wie neuere Untersuchungen zur Geschichte der Arbeiterbewegung ergeben haben. (Jacoby 1985) Auf den entschiedensten Widerstand stießen danach staatliche Maßnahmen, die Absprachen über Produktionsmengen, die Arbeitszeit, den Arbeitslohn und die Qualität der Produkte unter Strafe stellten, um die Industrialisierung des Handwerks voranzutreiben.

Die Kritik an der Zerstörung der handwerklichen Produktion und dezentraler ökonomischer Vereinbarungen und am damit verbundenen Verfall sozialer Strukturen verbindet sich in einigen anarchistischen Theorien mit dem Vorschlag, dezentrale Kleinindustrien in Verbindung mit handwerklichen und vor allem landwirtschaftlichen Organisationsformen aufzubauen, um eine ökonomische und soziale Restrukturierung der Gesellschaft einzuleiten. Die Alternative zur Industrialisierung der Gesellschaft sieht Kropotkin in einer Verbindung von Landwirtschaft, Industrie und Handwerk auf der Basis kommunistischer Vollgenossenschaften. Die positiven Folgen einiger Techniken für die Steigerung der Arbeitsproduktivität erkennt er ausdrücklich an:

»Es ist wahr, die Resultate, die erreicht wurden hinsichtlich der Vermehrung der Produktivkraft der Menschen, waren großartig, aber schrecklich erwiesen sie sich jenen Millionen menschlicher Wesen, die sich im Elend unserer Städte wiederfanden und in dürftigster Weise ihr Leben fristen mußten.« (1976, 147f.) Ökonomische, politisch-gesellschaftliche und soziale Vorteile sieht Kropotkin in einer Verbindung von Landwirtschaft und Industrie, »... wenn letztere nicht in ihrer gegenwärtigen Form als kapitalistische Fabrik, sondern in Gestalt einer sozial organisierten industriellen Produktion mit voller Hilfe der Maschinen in die Dörfer käme«. (1976, 196)

Obwohl Landauer dem Anarcho-Kommunismus Kropotkins einen Austausch der Güter über den sozialen Markt vorzieht, schließt er sich dessen Vorstellungen von einer dezentralen Produktion an: Im Hinblick auf ein »Beginnen« mit dem Sozialismus ruft er zur Gründung ländlicher Genossenschaftssiedlungen auf: »... wir wollen sozialistische Gehöfte, sozialistische Dörfer gründen; wir wollen, soweit es geht... all unsere Bedürfnisse selbst herstellen und bald auf unserm neuen, dem sozialen Markte tauschen und den kapitalistischen vermeiden.« (1977, 109) Landauer kritisiert den »gräßlichen Raubbau« in entfernten Ländern und allen überflüssigen Handel. Hierin sieht er die Ausbeutung und die Zerstörung der traditionellen Lebensverhältnisse mitbedingt.

Bei Kropotkin, deutlicher noch bei Landauer, stehen diese Vorstellungen in sehr engem Zusammenhang mit dem propagierten »Wiederanschluß an die Natur« (Landauer 1978, 145), der möglich wird, wenn sich die Menschen wieder der Landwirtschaft und Bodenbearbeitung zuwenden würden. Ein anderer Aspekt von Landauers Kapitalismuskritik liegt darin, daß auch der Boden industriell mit Hilfe chemischer Überdüngung bearbeitet wird (1977, 63), daß so der Boden als ein »Stück Natur« den Menschen enteignet wird und damit zugleich auch das »Stück Natur, das die Menschen selber sind«. (Landauer 1977, 105f.) Auch wenn die von Landauer hier angedeutete Perspektive die meisten Menschen wohl kaum zu verlocken vermag, bleibt dennoch seine Kritik relevant.

Die Industrialismus- und Technikkritik im Anarchismus wendet sich nicht nur gegen die fehlenden Aneignungsmöglichkeiten einer zentralistisch angewandten Industrie, nicht nur gegen die Entfremdung der Arbeiter von den Arbeitsinstrumenten, den Produkten und ihrer Arbeitstätigkeit, sondern auch gegen die Entfremdung des Menschen von der Natur, die sich als Zerstörung der natürlichen Umwelt auswirkt, aber ebenso als Entfremdung des Menschen von seiner eigenen Natürlichkeit. Diese Kritik wendet sich gegen jegliche Auflösung direkter Beziehungen zwischen Mensch und Mensch sowie zwischen Mensch und Natur. Für Landauer bedeutet Anarchie bzw. Sozialismus »Wiedergewinnung der Beziehung«. Das so formulierte Ziel der gesellschaftlichen Neustrukturierung kennzeichnet auch das Denken anderer Anarchisten.

Bemerkenswert in diesem Zusammenhang ist auch die anarcho-kommunistische Utopie in William Morris' Roman »Kunde von Nirgendwo«. Morris wies bereits Ende des letzten Jahrhunderts auf den Zusammenhang von Kapitalismus, Industrialismus und Umweltzerstörung hin. Vom Standpunkt einer ökologisch intakten Zukunftsgesellschaft wird rückwirkend die industriell-kapitalistische Vergangenheit kritisiert: »Dann wurde es das Land ungeheurer giftiger Werkstätten…, umgeben von schlecht bewirtschafteten, armseligen Farmen und Hütten, und das arbeitende Volk wurde ausgeplündert durch die Herren der Werkstätten. Jetzt ist (es – d. Verf.) ein Garten, in dem nichts öde, nichts verwahrlost ist, mit den nötigen Wohnungen, Scheunen und Werkstätten, die über das ganze Land zerstreut sind, alle schmuck, gesund und bequem.« (1981, 106) Auch Pierre Ramus, ein deutscher Anarchist, macht einen ähnlichen ökologisch orientierten Zukunftsentwurf, der sehr deutlich am kommunistischen Kommunalismus Kropotkins orientiert ist und in dem die Vereinigung von Landwirtschaft und

Handwerk die ökonomische Basis der Gesellschaft bildet. (Ramus 1923)

Festzuhalten bleibt: Neben der Perspektive einer vollständigen ökonomischen und gesellschaftspolitischen Emanzipation plädieren Anarchisten aus sozialen und auch aus ökologischen Gründen für eine dezentrale und der gesellschaftlichen Aneignung und Kontrolle zugänglichen Technik und Industrie; sie lehnen eine übermäßige Arbeitsteilung ab, wenden sich gegen eine Herrschaft der Spezialisten, den damit verbundenen Verlust an Eigenkompetenz und wenden sich gegen eine – auch befristete – Zurückstellung der individuellen Emanzipationsansprüche hinter die Anforderungen der industriellen Produktion. Anarchisten verwarfen ebenso die Ausrichtung sozialer Lebenszusammenhänge ausschließlich nach Gesichtspunkten der Produktivität. Diese zu ihrer Zeit oft als rückwärtsgewandt, als kleinbürgerlich und fortschrittsfeindlich diffamierten Prinzipien gewinnen heute an Aktualität. Von Bedeutung sind m. E. diese anarchistischen Theoriezusammenhänge vor allem deshalb, weil auch die Kritik an Technik und Industrie am Ideal einer vollständigen Emanzipation des Menschen und an einer Erweiterung des individuellen Freiraumes orientiert bleibt und nicht, wie etwa bei Amery, in einen »Naturalismus« oder »Biologismus« verfällt.

c) Eine libertäre Technik

Wie eine »libertäre Technik«, oder besser: eine Technik, die mit den Prinzipien einer libertären Gesellschaftsordnung in Einklang steht, aussehen kann, deutet sich bereits in der Kritik an der kapitalistischen Technik und Industrie an: Sie darf einer vollständigen Aneignung nicht im Wege stehen, muß den kreativen Möglichkeiten der Menschen entgegenkommen und eine gesellschaftsorganisatorische, ökonomische und soziale Emanzipation gewährleisten. Das bedeutet vor allem, daß einer libertären Technik nicht sämtliche Lebensbereiche untergeordnet werden, daß vielmehr die Technik den ökonomischen und vor allem den gesellschaftlich-sozialen Interessen und Bedürfnissen der Menschen angepaßt werden muß. Anarchisten wenden sich lediglich gegen eine Verselbständigung des technischen Fortschritts zu einem Wert an sich und gegen die Vorstellung, der technische Fortschritt stehe in einer proportionalen Beziehung zum gesellschaftlich-sozialen Fortschritt. Die Anarchisten sind keineswegs die atavistischen Technikfeinde, als die sie ihre wissenschaftlich-sozialistischen Gegner verspotten.

Kropotkin begrüßt die technischen Entwicklungen aus einem doppelten Grunde. Zum einen, so meint er, würden sich mit ihnen dezentral anwendbare Techniken durchsetzen und nationale und regionale Spezialisierungen und Zentralisierungen überflüssig machen. (1976, 20–56) Zum anderen bestünde durch industrielle Technik die Möglichkeit, den Menschen von wenig kreativen manuellen Tätigkeiten zu entlasten, sofern gesellschaftliche Bedingungen vorhanden seien, und die es erlauben, die Verkürzungen der Arbeitszeiten allen Menschen zukommen zu lassen und die verbleibenden unangenehmen Arbeiten gerecht zu verteilen. (vgl. 1976, 245)

Die Großindustrie will Kropotkin nicht ganz abschaffen, jedoch auf ein Mindestmaß reduzieren. Die Notwendigkeit einer solchen arbeitsteiligen Produktion mit Tausenden von Arbeitskräften erkannte er an. Er betont die Möglichkeit einer Dezentralisierung bestehender Techniken. (1976, 197) Technik, wenn sie dezentral und in Selbstverwaltung der Betroffenen angewandt wird, bietet nach Kropotkin eine Reihe von Chancen: Eine Verkürzung der Arbeitszeit und damit Zeit für kreative Tätigkeiten, für Wissenschaft und Kunst; d. h., Technik schafft individuell verfügbare Zeit und schon damit ein Stück Freiheit.

Landauer postuliert, deutlicher als Kropotkin, eine Befreiung *der* Arbeit und bewertet diese höher als eine Befreiung der Menschen *von der* Arbeit. Die Arbeit soll kreativ und lustvoll sein und den Arbeitenden Lebensfreude und Erfüllung geben. Gegen die Marxisten und die von ihnen beeinflußten Arbeitermassen wendet er ein, sie ließen »ganz außer acht, wie gründlich sich ... die Technik der Sozialisten von der kapitalistischen Technik unterscheiden wird«. (1978, 91 f.) Über die technischen Mittel der Produktion, so Landauer, würden die Menschen selbst und individuell unterschiedlich bestimmen, statt sich von ihnen bestimmen zu lassen. »Wenn die arbeitenden Menschen selbst bestimmen, unter welchen Bedingungen sie arbeiten wollen, werden sie einen Kompromiß schließen zwischen der Zeitmenge, in der sie außerhalb der Produktion stehen wollen, und der Arbeitsintensität, die sie innerhalb der Produktion zu leisten gewillt sind.« (1978, 92)

Wie Kropotkin, spricht sich auch Landauer für eine Verbindung von geistiger und körperlicher, von handwerklich-industrieller und landwirtschaftlicher Arbeit aus; er plädiert für autonome und teilautarke Kommunen und damit für eine Dezentralisierung im ökonomischen Bereich und eine dezentral anwendbare Technik, die den ökonomischen und gesellschaftlich-sozialen Zielsetzungen unterzuordnen ist.

Neben der Kritik an der kapitalistischen Technik finden sich Hinweise auf die Chancen, die vor allem in der Kommunikationstechnik liegen, nämlich die »Menschheit als Wirklichkeit der Beziehung und Zusammengehörigkeit« zu begreifen. (Landauer 1977, 105) Diese Äußerungen finden sich in einer Betrachtung zum Untergang der Titanic und der anschließenden weltweiten Anteilnahme. Landauer entspricht mit dieser Bewertung also keinesfalls der damals sehr laut werdenden zivilisations- und technikkritischen Stimmung, sondern betont die positiven Möglichkeiten der Technik gegenüber ihrem Mißbrauch unter kapitalistischen Verhältnissen als Instrument der Ausbeutung und Unterdrükkung.

In diesem Sinne wendet sich auch Bookchin gegen eine pauschale Ablehnung der Technik im Umfeld der Ökologiebewegung. Hier wird die Technik in immer größerem Maße als ein Dämon angesehen, »... der, mit einem unheimlichen Eigenleben begabt, den Menschen, wenn er es nicht schafft, ihn auszurotten, zu mechanisieren droht«. (1975, 60) Einen solchen Pessimismus hält er für ebenso verkürzend wie den bisher vorherrschenden blinden Optimismus, da die Perspektiven einer befreienden Technologie verschüttet würden. Bookchin übernimmt in dieser Frage nicht die heute oft zum Klischee und zur Ideologie verkommene Technikkritik auf. Er skizziert Ansätze für eine »befreiende Technologie«, die mit der angestrebten dezentral-kommunalistisch strukturierten, selbstverwalteten Gesellschaft übereinstimmt.

Festzuhalten bleibt, daß die Technik- und Industrialismuskritik im Anarchismus keineswegs in eine undifferenzierte Technikfeindlichkeit mündet, wie so manche Konzepte heutiger Radikalökologen. Technik wurde durchaus auf dem gesellschaftlichen Hintergrund reflektiert, auf dem sie angewandt wird. Der historisch-genetische Aspekt der Produktivkraftentwicklung bleibt keineswegs unreflektiert. Anarchisten, allen voran Landauer, wenden sich nur gegen die naive Vorstellung, Technik sei ein neutrales Instrument, über dessen Wohl und Wehe lediglich die Eigentumsverhältnisse entscheiden. Vielmehr betonen sie, daß bestimmte Techniken nur zentralistisch anzuwenden seien und damit den sozialen Bedürfnissen der Menschen und dem Ideal einer vollständigen Emanzipation der Menschen entgegenstünden. Der Sozialismus oder eine libertäre Gesellschaft benötigt, so meinen Anarchisten wie Landauer und Kropotkin, eine sozialistische und libertäre Technik, die dezentral anzuwenden ist und den jeweiligen Bedürfnissen und Interessen der Menschen untergeordnet bleiben muß.

>»Wenn die Ökologiebewegung nicht das
Problem der Herrschaft mit all ihren Aspekten
aufgreift, wird sie nichts dazu beitragen, um
die grundlegenden Ursachen der ökologischen
Krise zu beseitigen.«

*Murray Bookchin*

## 6. Wie Anarchismus und Ökologie zu verbinden sind

Zur Beantwortung der Ausgangsfrage dieses Kapitels, ob der Anarchismus in besonderem Maße »ökologisch« ist, waren Differenzierungen notwendig, die im Rückgriff auf die heutige Ökologiediskussion vorgenommen wurden. Das anarchistische Ideal der Herrschaftslosigkeit, so ergab sich, vermag lediglich eine gesellschaftliche Perspektive zu bezeichnen, ist aber gänzlich ungeeignet, ein wünschenswertes Mensch-Natur-Verhältnis begrifflich zu fassen. Mit einer so konstruierten direkten Verbindung von anarchistischem Ideal mit den in der Ökologie beschriebenen Naturzusammenhängen machen es sich ökologisch orientierte Anarchisten zu einfach. In der vergleichenden Erörterung u. a. anarchistischer Theoreme zum Mensch-Natur-Verhältnis, der heutigen sozialökologischen Konzepte und des traditionellen (sozialistischen) Naturverhältnisses kristallisierte sich heraus, daß bei den Anarchisten Landauer und Kropotkin sich aber eine (libertäre) Mentalität herausgebildet hat. Sie schlägt sich in einem »ökologischen« Naturverständnis nieder. Über diese spezifische Mentalität läßt sich die strukturelle Ähnlichkeit zwischen anarchistischem Ideal und Ökologie (d. h. wie die naturwissenschaftliche Ökologie Naturzusammenhänge beschreibt) erklären. Bevor jedoch dieser Zusammenhang von Anarchie und Ökologie sowie die sich daraus ergebenden gesellschaftsorganisatorischen und sozial-ökologischen Konsequenzen diskutiert werden, soll das zuvor Erörterte in teilweise anderem Kontext resümiert werden.

### a) Eine anthropozentrisch begründete soziale Ökologie

Mit der ökologischen Krise scheint das Bedürfnis nach einer ganzheitlichen Weltanschauung und nach kollektiven Sinnzusammenhängen sich politisch legitimieren zu können. Die sinnentleerende Rationalität und die zum Selbstzweck gewordene instrumentelle Vernunft wird für die Zerstörung der natürlichen und sozialen Umwelt (mit)verantwortlich gemacht. In der Einordnung der Vernunft in übergeordnete und sinnvermittelnde Zusammenhänge sieht man die rettende Konsequenz. So entwickelte sich nicht selten aus der Ökologie als einer naturwissenschaftlichen Disziplin eine (biologistische) Weltanschauung, auf deren Basis der Mensch, sofern er dem Glauben schenkt, recht wirkungsvoll zu einer Anpassung an die natürliche Umwelt oder zu einer »Einordnung in die natürlichen Kreisläufe« aufzufordern ist. Solche nicht-anthropozentrischen (oft »naturalistischen«) Verpflichtungsgründe binden aufgrund ihres sinngebenden Kontextes den Menschen stärker gegenüber der Natur als anthropozentrische. Diese haben den Nachteil, daß sie differenzierterer Begründungen bedürfen – nicht zuletzt, um sich argumentativ und politisch gegenüber zaghaften ökologischen Nachkorrekturen sowie gegenüber fundamentalistischen »Radikalökologen« behaupten zu können.

Ein konsequenter Anthropozentrismus verbleibt zwar auf dem Boden der (Natur-)»Verwertungslogik«, hält aber am Maßstab einer individuellen ökonomischen und politisch-sozialen Emanzipation des Menschen fest. Ökologie erweist sich vor allem als ein Mittel der Theorie, das menschliche Überleben zu gewährleisten. Sie ist also weder Selbstzweck noch Weltanschauung. Ein solcher Anthropozentrismus läßt sich auch mit der radikalen gesellschaftlichen Perspektive einer Selbstverwaltung eher verbinden; so ist denn auch Landauers Industrialismuskritik Resultat eines anthropozentrischen Denkens, ebenso Kropotkins Plädoyer für eine dezentrale Technik, die in einer lokalen Verbindung von Landwirtschaft, Industrie und Handwerk anzuwenden sei. Landauer teilt diese organisatorischen Vorstellungen und akzentuiert sie mit der Forderung eines »Wiederanschlusses an die Natur«.

Eine anthropozentrische Begründung der Ökologie begünstigt nicht, wie eine »naturalistische«, den Mißbrauch der Ökologie zur Übertünchung realer Herrschaftsverhältnisse. Vielmehr legt sie eine Einbeziehung der ökonomischen, staatlichen und sozialen Verhältnisse in Konzepte einer sozialen Ökologie nahe. In den Schriften der anarchistischen »Klassiker« wird anthropozentrisch argumentiert. Versucht man deren Denken kritisch zu erweitern, müßte folgerichtig auch der normative Aspekt der Umgestaltung der Natur zur Sprache kommen. Es wäre also die Frage zu stellen, welche natürliche Umwelt der Mensch haben *will* und welche Natur den ökonomischen, ästhetischen und sonstigen Bedürfnissen des Menschen entspricht. Denn Natur ist vor allem eine sozial konstituierte, bereits gestaltete und nur in unbedeutenden Resten unberührte Natur und bedarf weiterhin menschlicher Eingriffe. Ein Problem der (anthropozentrisch begründeten) sozialen Ökologie liegt darin, die Bedingungen zu schaffen, daß sich Menschen darüber einigen können, welche Natur sie haben wollen, um sie sich dann – selbstverständlich nach Maßgabe der natürlichen Gegebenheiten – auch entsprechend einrichten zu können.

Im anarchistischen Denken erhält diese anthropozentrische Bestimmung des Mensch-Natur-Verhältnisses jedoch ein Korrektiv, das den Menschen zur Vorsicht im Umgang mit der Natur mahnt und vor der Hybris warnt, die Natur als bloßes Material menschlicher Bedürfnisbefriedigung unterwerfen zu wollen. Als Korrektiv wirkt innerhalb einiger anarchistischer Theorien die besondere Mentalität, die auch die Einstellung gegenüber der Natur prägt. Diese Mentalität drückt sich ferner in den ökonomischen, gesellschaftspolitischen und sozialen Ideen der Anarchisten aus. Sie unterscheiden sich trotz der Gemeinsamkeit der anthropozentrischen Bestimmung des Mensch-Natur-Verhältnisses im argumentativen Ansatz sehr von der Mentalität, auf der das »christlich-kapitalistisch-marxistische« Denken über die Natur beruht.

Diese besondere Mentalität macht die »erkenntnistheoretische Skepsis« auch ökologisch relevant, die sich gegen den Anspruch wendet, durch eine vermeintliche Erkenntnis der Natur »an sich« diese vollständig »in den Griff« bekommen zu können. Landauer, so wurde gezeigt, ist sich mit heutigen Naturwissenschaftlern und Erkenntnistheoretikern darüber im klaren, daß die jeweiligen Entwürfe und Erklärungsmodelle die Natur nicht vollständig zu erfassen vermögen. Kropotkin begreift den Menschen nicht ausschließlich als Vernunftswesen, sondern ebenso als ein Naturwesen mit einer Naturgeschichte. Damit wird die Verbundenheit von Mensch und natürlicher Umwelt und die Abhängigkeit von ihr in besonderer Weise unterstrichen.

Die Betonung des Gefühls der Verbundenheit mit dem »großen Ganzen«, bei Landauer und Kropotkin, stellt ebenfalls ein wichtiges Korrektiv des anthropozentrischen Ansatzes dar, zumal es aufgrund der radikal emanzipatorischen Perspektive nicht zu einer Integration des Menschen in ein hierarchisches Ordnungssystem führt. In diesem Sinne verstößt auch der Bezug Landauers zur Mystik keinesfalls gegen die aufklärerisch-kritische Intention seines Denkens, sondern ergänzt und unterstreicht diese: Aus der kritischen Vernunft selbst resultiert die Skepsis an ihr und führt über die Einsicht in die Begrenztheit der Vernunft zur Mystik. Hier läßt sich eine Mentalität nachweisen, aus der heraus die anthropozentrische Bestimmung des Mensch-Natur-Verhältnisses eine *Ergänzung* durch eine nicht funktionale Bestimmung des Mensch-Natur-Verhältnisses erfährt. Diese Mentalität setzt sich deutlich von anderen sozialistischen Theorien ab. Sie prägt auch gegenüber der Natur ein Denken aus, das Sicherheit vor der widerständigen Natur nicht nur als Unterwerfung versteht und das nicht darauf ausgerichtet ist, Unbekanntes oder Außenstehendes in ein hierarchisches System einzuordnen und verschwinden zu lassen. In diesem Sinn ist diese Mentalität, wie ich meine, auch als eine libertäre zu bezeichnen.

b) Anarchie und Ökologie

Das anarchistische Gesellschaftsideal, vor allem in dessen Konkretisierung bei Kropotkin, läßt sich beschreiben mit den Begriffen Dezentralität, Vielfalt, Komplementarität, Vernetzung, Flexibilität, Spontaneität, Gleichgewicht, Wechselbeziehung. Das Erklärungsmodell der Ökologie (verstanden im engeren Sinne als Teilgebiet der Biologie) beschreibt die Beziehungen zwischen Organismen untereinander und mit ihrer Umwelt ähnlich: zusammengesetzte flexible Wechselbeziehung, vernetztes System, Vielfalt, Gleichgewicht durch Veränderung und Anpassung u. ä.[8]

Die auffallende Kongruenz von Abläufen in der Natur und seinem anarchistischen Gesellschaftsideal bemerkte bereits Kropotkin. Er führte Beispiele aus der Naturwissenschaft an, um anarchistische Vorstellungen zu erläutern. Doch, so betont Kropotkin: »Nicht, um unsere sozialen Ideen davon abzuleiten. – Keineswegs! Sondern nur, um gewisse Beziehungen besser klar machen zu können…« (1983, 59 f.) So wendet sich Kropotkin mit Beispielen aus der Astronomie und Physiologie gegen hierarchisch-zentralistische Ordnungsmodelle, die in der Gesellschaftswissenschaft nach wie vor dominierten, doch in der Naturwissenschaft bereits als überwunden gelten:

»Die Harmonie erscheint so als ein an Zeit gebundenes Gleichgewicht sämtlicher Kräfte, als eine provisorische Anpassung. Und dieses Gleichgewicht wird nur unter einer Bedingung Dauer haben: nämlich wenn es sich fortwährend ändert und in jedem Augenblick die Resultate sämtlicher entgegengesetzter Einwirkungen darstellt.« (1983, 66)

In deutlicher Anlehnung an die Stufenentwicklung der Wissenschaften, wie sie sich Comte vorstellt, hält Kropotkin nach den Fortschritten der Naturwissenschaft den Zeitpunkt für gekommen, daß die Gesellschaftswissenschaft erkenne, daß dezentrale, vielfältige, flexible und Spontaneität erlaubende, kurz: anarchistische Ordnungsstrukturen die einer komplexen Gesellschaft angemessensten seien. Nun wird eine längere Passage zitiert, in der Kropotkin, ähnlich wie Ökologen Abläufe der Natur, eine anarchistische Gesellschaftsordnung beschreibt:

»Sie (die anarchistische Gesellschaft – d. Verf.) sucht die vollständige Entwicklung der Individualität, verbunden mit der höchsten Entwicklung der unter allen Gesichtspunkten freiwilligen Verbindung für alle möglichen Stufen, für alle denkbaren Ziele: eine stets wandelbare Verbindung, die in sich selbst die Grundlagen für ihre Dauer trägt und die Formen annimmt, die in jedem Augenblick am besten den mannigfaltigen Bestrebungen aller entsprechen. Kurz und gut – eine Gesellschaft, der die durch das Gesetz vorgefaßten, erstarrten Formen widerstehen, aber die die Harmonie im stetig wechselnden und flüchtigen Gleichgewicht zwischen den vielfachen und verschiedenen Kräften und Einflüssen der Natur sucht, die ihrem Lauf folgen...« (1983, 68)

Diese Formulierungen, mit denen Kropotkin eine anarchistische Gesellschaft bezeichnet – »eine stets wandelbare Beziehung«, »Harmonie im wechselnden flüchtigen Gleichgewicht zwischen den vielfachen und verschiedenen Kräften und Einflüssen« – wiederholen sich heute, wenn ökologische Abläufe beschrieben werden. Kropotkin geht es mit der Illustration seines Gesellschaftsideals mit Hilfe von Naturzusammenhängen nicht um den Nachweis, daß eine anarchistische Gesellschaft auch eine ökologische ist, sondern lediglich darum, zu zeigen, daß auch komplexe Strukturen dezentral und ohne Hierarchien funktionieren können (wobei Kropotkin den qualitativen Unterschied zwischen gesellschaftlichen und natürlichen Prozessen außer acht läßt). Wenn derartig komplexe Zusammenhänge wie in der Natur dezentral strukturiert sind, so legt Kropotkin nahe, warum sollten dann nicht auch moderne Gesellschaften auf autoritär-zentralistische und hierarchische Organisationsformen verzichten können.[9]

Die weitgehende Übereinstimmung von anarchistischem Ideal und naturwissenschaftlich-ökologischer Beschreibung natürlicher Wechselwirkungsprozesse darf nicht zu dem Schluß verführen, daß eine anarchistische Gesellschaft aufgrund ihrer strukturellen Ähnlichkeit mit den (so beschriebenen) natürlichen Abläufen auch *notwendig* diejenige sei, die sich am geeignetsten erweisen müsse zur Organisation gesellschaftlicher Stoffwechselprozesse mit der Natur. Weshalb eine dezentral und vielfältig strukturierte Gesellschaft auch die »ökologischere« sei, bedarf eines besonderen Nachweises.

Dieser Rückschluß von der strukturellen Ähnlichkeit vom anarchistischen Gesellschaftsideal und Abläufen in der Natur darauf, daß aufgrund dieser Ähnlichkeit die Anarchie auch notwendig »ökologisch« ist, ist unzulässig. Daher kann die Frage, weshalb der Anarchismus auch eine ökologisch haltbare gesellschaftsorganisatorische Alternative bietet, wieder nur über den Hinweis auf jene besondere Mentalität beantwortet werden, die, wie gezeigt wurde, eine »ökologische Sensibilität« ausbildet.

Auf der Basis jener herrschaftlichen Mentalität, aus der heraus gesellschaftliche Ordnung nur als pyramidal strukturierte, monoforme und hierarchische gedacht werden kann, kann die Natur auch nur als etwas begriffen werden, was mit Hilfe eines pyramidalen, hierarchischen Ordnungsmodells zu begreifen, »in den Griff« zu bekommen und, um eine Kategorie Erich Fromms aufzugreifen, zu »haben« ist. Der im Anarchismus anzutreffenden Mentalität, aus der heraus gesellschaftliche Ordnung als eine dezentrale, vielfältig vernetzte und mehrdimensionale gedacht ist, stünde es entgegen, die Natur ausschließlich als bloßes Material und auszubeutende Ressource zu verstehen.

Mit der von Fromm getroffenen Unterscheidung von »Haben« und »Sein« lassen sich, wie ich meine, diese unterschiedlichen Mentalitäten in Hinblick auf das Mensch-Natur-Verhältnis noch einmal zusammenfassend kennzeichnen: Dem »Haben« entspräche die Mentalität, die Natur als Nicht-Menschliches zunehmend unter die Ordnung und Kontrolle des Menschen bringen zu wollen; die Natur erscheint als Ressource, als bloßes Mittel und Material. »Haben« bedeutet somit Herrschaft. Mit »Sein« hingegen ist das Anerkennen des anderen als anderes zu kennzeichnen. Dem »Sein« entspräche eine Mentalität, die nicht darauf ausgerichtet ist, hierarchische, zwangsintegrative Ordnungen zu schaffen und Selbständigkeiten zu zerstören, sondern auch Fremdes, nicht zu Integrierendes in seiner Selbständigkeit zu belassen. »Sein« zielt auf Komplementarität, Vielfalt und Anerkennung auch dessen, was nicht unter die gewohnte Begrifflichkeit zu subsumieren ist.

Dem »Sein« entspricht, um mit Landauer zu sprechen, der Verzicht auf den begrifflichen Totschlag der lebendigen Welt und seine politische und ökonomische Realisierung. Eine solche »Seins-Mentalität« findet sich, wie ich meine, im anarchistischen Denken von Kropotkin und Landauer. Sie schließt mit einer oft anthropozentrischen und funktionalen Bestimmung des Mensch-Natur-Verhältnisses nicht eine Mystik aus, aus der heraus Landauer einen »Wiederanschluß an die Natur« postuliert, und ebensowenig jenes Gefühl der Verbundenheit und des Einsseins, auf das Kropotkin hinweist. Diese mit der Kategorie »Sein« zu bezeichnende Mentalität bildet jene »ökologische Sensibilität« aus, die in anderen politischen Theorien nicht zu finden sind.

Es läßt sich also nicht von der vermeintlich strukturellen Ähnlichkeit vom anarchistischen Gesellschaftsideal und von (so zu beschreibenden) Prozesse in der Natur direkt und mit Notwendigkeit darauf schließen, daß der Anarchismus mehr als andere politische Theorien »ökologisch« ist. Gleichwohl muß man festhalten, daß aufgrund jener spezifischen Mentalität das theoretische Denken im Anarchismus der Ökologie entgegenkommt. Die »Seins-Mentalität« prägt die konkreten Gesellschaftskonzepte der Anarchisten. Sind nun diese angestrebten anarchistischen Gesellschaftsstrukturen auch in organisatorischer Hinsicht »ökologischer«?

Ökologisch relevant ist zunächst einmal die anarchistische Perspektive einer Überführung des kapitalistischen Eigentums in sozialistisches bzw. kommunistisches, ohne daß damit auf zentralistisch-staatssozialistische Organisationsformen zurückgegriffen wird, die eine bürokratische Erstarrung der Gesellschaft wahrscheinlich machen würde. Ohne eine detaillierte Utopie entwerfen zu wollen, scheinen folgende Aspekte an der anarchistischen Alternative zum Staatssozialismus und Kapitalismus auch in ökologischer Hinsicht von Bedeutung:

Eine dezentral strukturierte sozialistische Ökonomie, die u. a. das Ziel hätte, innerhalb einer Region einen möglichst großen Anteil des Eigenbedarfs zu decken, könnte aufwendige Transporte sowie die ökologisch bedenklichen Monokulturen in der Landwirtschaft vermeiden helfen. Kleinere, demokratisch kontrollierbare und sozial verträgliche Industrien könnten Industrieballungen, wenn schon nicht ersetzen, so doch einschränken. Eine Koordination von Produktion und Bedarf, die Kontrolle der Produktionsabläufe und der Produkte auf ihre Umweltverträglichkeit wäre »von unten nach oben« über Verbraucherräte und deren Föderationen mit geringerem bürokratischen Aufwand und zudem vermutlich effektiver möglich. Zudem stünden Produzenten und Verbraucher in einer dezentral strukturierten Gesellschaft in engerem Zusammenhang und würden eher zugunsten der Ökologie ihres Nahbereichs auf ökonomische Vorteile verzichten. In politisch-gesellschaftsorganisatorischer Hinsicht könnte die Dezentralisierung auch von ökologischer Bedeutung sein, weil an die jeweiligen regionalen Bedingungen angepaßt, die natürliche Umwelt effektiver zu schützen bzw. zu entwickeln wäre. Eine Illusion wäre es allerdings (wie Kropotkin) zu glauben, man könne auf überregionale Kooperation und Rahmenplanungen, auf Institutionen und demokratische Vertretungssysteme verzichten.

Diese wenigen Hinweise deuten darauf hin, daß neben einer spezifischen Mentalität auch die konkreten anarchistischen Konzepte einer dezentral strukturierten Gesellschaft Elemente aufweisen, die den Anarchismus in ökologischer Hinsicht zusätzlich interessant machen, auch wenn die Utopie eines »Wiederanschlusses an die Natur« in ländlichen selbstverwalteten Kommunen für die heutige industrielle Massengesellschaft allenfalls auf dem Hintergrund der anarchistischen Kritik als Korrektiv wirksam zu machen ist.

*Anmerkungen*

1 So jedenfalls verstehe ich die Ausführungen Amerys in »Natur als Politik«. Deutlich wird die von Amery unterstellte Übereinstimmung von Freiheit und Ökologie in folgendem Zitat. »Schon an diesem Punkt unserer Überlegungen wird sichtbar: das einfachste, das allerkonkreteste Freiheitsprinzip fällt auf weite Strecken mit dem Anliegen des Ökologischen Materialismus zusammen. Und dieses Freiheitsprinzip ist wiederum in den ältesten und erfolgreichsten Formen anthropologisch tragbaren Wirtschaftens am Werk.« (1980, 169 f.)

2 Ähnlichkeiten zwischen Bookchins »Holismus« und den von Capra propagierten »Bausteine(n) für ein neues Weltbild« sind offensichtlich. Das neue Weltbild stammt bei Capra ebenfalls aus der Naturwissenschaft. »Komplementarität selbstbehauptender und integrativer Tendenzen«, »Selbstorganisation«, »Selbsttransformation« und »nicht-hierarchische Organisationsformen« glaubt Capra in der gesamten Natur entdecken zu können. Er schließt, wie Bookchin, daraus, daß dies »fundamentale Eigenschaften des Lebens« seien, sogar ein »grundlegendes Charakteristikum des Universums«. (1983, 316 f.) Diesen »fundamentalen Eigenschaften des Lebens« könne sich auch die menschliche Gesellschaft nicht verschließen und müsse sich entsprechend organisieren. Auch hier wird von einem vermeintlichen Sein auf ein Sollen geschlossen, vom vermeintlichen Sein der Natur auf ein Sollen der Gesellschaft. Doch Capras gesellschaftspolitische und ökonomische Forderungen fallen vergleichsweise schwächlich aus. Nachdem er dem Leben als solchem Selbstorganisation, Dezentralität etc. zugesprochen hat und das auch nachhaltig begrüßt, hätte er dies auch, ohne in den Verdacht zu kommen, ein Radikaler zu sein, für die menschliche Gesellschaft verlangen können.

3 Auf einem solchen naiven Realismus beruhen auch die erkenntnistheoretischen Vorstellungen von Engels, wie sie in seinen Schriften »Dialektik der Natur« (1975) und »Anti-Dühring« zum Ausdruck kommen. Hieran knüpft Lenin in seinen Schriften »Materialismus und Empiriokritizismus« (1975) und in seinem »Konspekt zu Hegels ›Wissenschaft der Logik‹« an. Engels und Lenin gehen davon aus, daß die Natur an sich dialektisch sei und daß menschliches Denken diese Dialektik in der Natur lediglich widerspiegele. Nicht das Denken ordne also die Natur dialektisch, sondern die Natur an sich sei dialektisch. (Cantzen 1984 *a*)

4 Bookchin will durch sein Konzept einer radikalen sozialen Ökologie »die Natur von diesem grausamen Bild, das wir uns traditioneller Weise von der na-

türlichen Welt und ihrer Evolution gemacht haben«, wie er schreibt, »erlösen«. Diese *Erlösung* sieht bei ihm so aus – die religiöse Metaphorik ist hier durchaus angebracht –, daß er die Naturgeschichte zur eschatologischen Heilsgeschichte stilisiert, die in einer Öko-Anarchie ihr seliges Ende findet. Analog des jüdisch-christlichen Mythos haben sich die Menschen schuldig gemacht, indem sie Herrschaft über Menschen und anschließend (!) auch über die Natur ausübten, was mit dem Rausschmiß aus dem Paradies der nicht-hierarchischen »organischen Gesellschaft« geahndet wurde. Auch hier geht bei Bookchin der kritische Gehalt einer m. E. durchaus angemessenen Relativierung des dominierenden Naturverständnisses verloren, weil er nicht sein Naturverständnis aus heuristischen Gründen dem traditionellen entgegensetzt, um letzteres kritisch zu reflektieren, wie dies m. E. sinnvoll sein könnte, sondern um sein Naturbild, das er aus der Natur »an sich« abzuleiten glaubt, als neue ökologische Wahrheit an die Stelle des traditionellen Naturbildes zu setzen. Auf dieser Basis konstruiert er dann seine ganzheitliche Weltanschauung. Aus Bookchins erkenntnistheoretischem Zugriff auf die Natur spricht, wie bereits kommentiert, genau die traditionelle und herrschaftlich arrogante Mentalität, die er selbst kritisiert.

5 Da sich die folgenden Erörterungen auf die Diskussion einiger Positionen beschränken muß, sei hier auf folgende gesellschaftspolitisch relevante Erörterungen zu einer Umweltethik verwiesen: Birnbacher, D., (Hg.), Ökologie und Ethik, 1980; Sachsse, H., Ökologische Philosophie. Natur – Technik – Gesellschaft, 1984; Jonas, H., Das Prinzip Verantwortung. Versuch einer Ethik für die technologische Zivilisation, 1984; Böhme, G., Schramm, E. (Hg.), Soziale Naturwissenschaft. Wege zu einer Erweiterung der Ökologie, 1985.

6 Theologen haben es hier nicht besonders schwer, nicht-anthropozentrische Verpflichtungsgründe anzuführen (Rock 1980). Der Philosoph Sachsse leitet diesen Wert hingegen aus dem vitalistisch interpretierten Evolutionsprozeß ab, in dem er einen »Drang zum Sein« zum Ausdruck kommen sieht; und »weil das Sein mehr Wert ist als das Nichtsein«, schlage sich dieser Drang als »Lebenswille in der ganzen Natur« nieder und sei als verbindlicher Wert anzusehen. (1984, 34 f.) Ernster zu nehmen ist sicher Jonas, der ein Umdenken bezüglich der traditionellen anthropozentrischen Ethik für notwendig hält, um »über die Lehre vom Handeln, das heißt die Ethik, hinaus in die Lehre vom Sein, das heißt die Metaphysik…« vorzustoßen. (1984, 30)

7 Landauers Polemik mag zwar von den zu seiner Zeit gängigen »mechanistischen« Interpretationen der »materialistischen Geschichtsauffassung« angeregt sein. Es sei aber zu Bedenken gegeben, daß sehr viele Äußerungen von Marx und Engels (deutlicher noch bei Lenin) vor allem zur »Widerspiegelungstheorie« und zum »Sein-Bewußtsein-Theorem« eine undialektisch-mechanistische Interpretation nahelegen. (Cantzen 1984*a*) – Auch ist Landauers Marxismuskritik differenzierter, als die folgenden ironischen Äußerungen es zunächst vermuten lassen. Sie läßt sich m. E. weder mit dem Hinweis abtun, er verwechsele undialektische Marxinterpretationen mit dem Werk von Marx, noch damit, er habe lediglich das »Kommunistische Manifest« zur Kenntnis genommen, nicht aber das »Kapital«.

8 Auch die komplexen Wechselwirkungsprozesse in der Natur lassen sich durchaus in ein hierarchisches Erklärungsmodell integrieren. Fraser-Darling (1980) etwa versteht den Menschen in biologischer Hinsicht als einen Aristokraten, weil er an der Spitze von Nahrungsketten steht und seine natürliche Umwelt nach seinen Bedürfnissen organisiert. Der Mensch ist nach Fraser-Darling der Aristokrat in der Natur und habe als solcher als Diener der Natur zu wirken. – Diese Erklärungsmöglichkeit sei hier außer acht gelassen zugunsten nicht-hierarchischer ökologischer Erklärungsmodelle.

9 Diesen Gedanken nimmt Collin Ward (1981), ein Vertreter des englischen pragmatischen Anarchismus, in seinem Aufsatz »Harmonie und Vielfalt« auf und stellt die Gesellschaftsutopie Kropotkins in Zusammenhang mit der modernen Hirn- und Neurophysiologie sowie mit ethnologischen Erkenntnissen und mit kybernetischen Modellen. Ward will zeigen, daß das von Kropotkin vorgeschlagene komplizierte System von Vernetzungen die angemessenste Organisationsform für komplexe und hochtechnisierte Gesellschaft sei. Kybernetiker kritisieren – so Ward – das hierarchische, zentralistische Steuerungsprinzip; Ethnologen wiesen nach, daß in afrikanischen Stammesgesellschaften Vernetzungen zentrale und hierarchische Organisationsformen unnötig machten. »So unterstützen sowohl die ethnologische wie die kybernetische Theorie Kropotkins Feststellung, daß in einer Gesellschaft ohne Regierung die Harmonie sich aus einem ›ständig wechselnden Auf und Ab des Gleichgewichts zwischen der Vielfalt der Kräfte und Einflüsse‹ ergibt, was seinen Ausdruck in einem ›verwobenen Netzwerk‹ findet…« (1981, 95)

> »Die Anarchie wird nur schrittweise ein-
> gerichtet werden... Nachdem wir den Staat
> verneint haben, müssen wir ein Gefühl dafür
> wecken, daß es sich darum handelt, eine
> schrittweise Bewegung der Vereinfachung
> usque ad nihilum zu vollführen...«

*Pierre Joseph Proudhon*

# VII  Anarchistische Theorien in ihrer Bedeutung für hochkomplexe Gesellschaften

Auf den Einwand, daß eine anarchistische Gesellschaft zwar schön, aber unmöglich zu verwirklichen sei, pflegte ein alter spanischer Anarchist zu antworten: »Natürlich ist es unmöglich. Aber siehst du nicht, daß alles, was heute möglich ist, nichts wert ist?« Anarchisten, die sich mit einer solchen Antwort begnügen – und das sind nicht wenige, wenn man dies aus der Häufigkeit dieses Zitats in anarchistischen Publikationen rückschließen darf –, können guten Gewissens zugunsten bloßer Systemopposition auf Vorstellungen von konkreter Gesellschaftsveränderung verzichten und weiterhin ihre Hoffnung auf die revolutionäre Zerschlagung des Staatsapparates durch die Volksmassen pflegen. Mit einer solchen Überzeugung – was heute möglich ist, ist nichts wert – verzichtet man darauf, sukzessive gesellschaftliche Teilbereiche umzugestalten oder innerhalb der bestehenden Gesellschaft Ansätze neuer Strukturen zu entwickeln und legt sich auf romantisch-revolutionäre Umsturzkonzepte fest, wie sie von den Anarchisten Most, Bakunin u. a. vertreten wurden.

Innerhalb des Anarchismus lassen sich nun auch Ansätze für nicht-frontale und mehrdimensionale Strategien einer schrittweisen Veränderung nachweisen.[1] Vor allem bei Proudhon und Landauer finden sich Hinweise auf Strategien, wie die Umgestaltung der bestehenden Verhältnisse auch ohne eine vorherige Zerstörung der Staatsmacht erfolgen könnte. Dies hat allerdings weder Proudhon noch Landauer davon abgehalten, die Chancen revolutionärer Situationen zur Umsetzung ihrer Ideen zu nutzen. Anarchisten erwiesen sich durchaus in der Lage, flexibel und pragmatisch auf bestimmte historische Situationen zu reagieren: Sie beteiligten sich etwa an Wahlen, stellten in Spanien Minister in einer Revolutionsregierung, bildeten »Räte«, die nicht von der Basis delegiert waren und paßten so ihre Veränderungsstrategien pragmatisch den jeweiligen Bedingungen an.

Bei anderen Anarchisten stieß jeder Kompromiß auf Kritik. Sie warnten vor einer Aufgabe anarchistischer Positionen und wiesen auf die Gefahr einer Kanalisierung radikaler Oppositionsbewegungen hin. Die Entwicklungen der Sozialdemokraten vor allem vor und während des Ersten Weltkrieges dienten den Anarchisten als abschreckendes Beispiel für einen gesellschaftsstabilisierenden Reformismus. Vergessen wurde dabei, daß der Etatismus und die »materialistische Geschichtsauffassung« dieser Integration ideologisch entgegenkamen. Das Scheitern einer »systemverändernden Reformpolitik« seitens der Sozialdemokraten bzw. der Verzicht darauf, ermöglichte es vielen Anarchisten, die Reinheit ihrer Ideale zu pflegen und sich auf revolutionär-frontale Strategien der Veränderung zu konzentrieren. So gerieten sie ins politische Abseits, während die pragmatische Reformpolitik der Sozialdemokraten einige Erfolge aufweisen konnten, dabei aber das Ziel einer grundlegenden Umstrukturierung der Gesellschaft aus den Augen verlor.

Dieses vermeintliche Dilemma – mit unkompromittierten Idealen ins politische Abseits oder mit kompromittierten Idealen und einer Kompromißstrategie Teilnahme an gesellschaftlichen Veränderungsprozessen – versuchten Vertreter »systemüberwindender Reformen« zu sprengen. Sofern mit diesen Vorstellungen von »systemüberwindenden Reformen« Abschied genommen wird von »frontalen« Konzepten der Veränderung und ebenso vom Etatismus der Sozialdemokraten, die Reformen vor allem als »von oben« verordnete verstanden, ist mit libertären Perspektiven an diese Vorstellungen eher anzuknüpfen als an die Hoffnung auf revolutionäre Umstürze, zumal Revolutionen, an denen Anarchisten beteiligt waren, sie dies der Realisierung ihrer Ideale längerfristig keinesfalls näher brachte.

Die im Folgenden angedeuteten libertären Perspektiven zum Prozeß der Veränderung, die sich aus anarchistischen Theorien rekonstruieren lassen, zielen auf nicht-frontale und vielfältige Formen der Umstrukturierung aller gesellschaftlichen Teilbereiche und damit, wenn man so will, auf Reformen, die sukzessive »das System« überwinden.[2] Im Gegensatz zu den staatssozialistisch orientierten »systemüberwindenden Reformen« vermögen sich die libertären Perspektiven einer dezentralen, selbstverwalteten und auf solidarischer freier Vereinbarung basierenden Gesellschaft gegenüber der Gefahr einer Anpassung und Integration eher zu behaupten, da die neuen Qualitäten schon im Prozeß der Veränderung wirksam werden und da sie mit der radikalen anarchi-

stischen Herrschaftskritik und mit dem anarchistischen Gesellschaftsideal über ein wirksames Korrektiv verfügen.

Im Rahmen von derlei »radikal-reformistischen« oder »systemüber-
windend-reformistischen« Veränderungsstrategien hat der Anarchismus über die bloße Gesellschafts*kritik* hinaus auch in seinen »konstruktiven« Theoremen und Gesellschaftsentwürfen Bedeutung für die heutigen hochkomplexen industriellen Gesellschaften. Mit der folgenden
Erörterung libertärer Konzepte der Veränderung soll das zuvor Diskutierte zusammengefaßt und zugleich erweitert werden.

> »... so ist für mich das große Werk der
> Skepsis und der radikalen Negation... der
> Wegbereiter... für neue starke Aktion.«
>
> *Gustav Landauer*

> »Die Lust der Zerstörung ist eine schaffende
> Lust.«
>
> *Michail Bakunin*

## 1. Anarchistische Kritik – eine Voraussetzung für libertäre Perspektiven

Die »konstruktiven« Ansätze im Anarchismus, also jene Theorien und
Entwürfe, die sich auf die Struktur und den Aufbau der angestrebten
neuen Gesellschaft richten, sind nur auf dem Hintergrund der anarchistischen Kritik zu verstehen. Anarchistisches Denken begann mit
dem Protest gegen die bestehenden staatlich-kapitalistischen Gesellschaften, es kritisierte die dominierenden politischen Theorien und
Legitimationsideologien und wandte sich gegen konkurrierende »links-
autoritäre« Ideen, Strategien und Organisationsformen in der Arbeiterbewegung. Ihre kritischen Positionen ergänzten Anarchisten – häufig
sehr originell, doch oft auch hinter das argumentative Niveau ihrer
Gegner zurückfallend – mit Alternativen.

### a) Perspektivwechsel durch die Kritik an der Anthropologie der »natürlichen Konkurrenz«

Mit seiner »wissenschaftlichen Ethik« oder Anthropologie formulierte
Kropotkin ein Menschenbild, das als Antithese zu Hobbes (»Der
Mensch ist des Menschen Wolf«) und zu den Versuchen von Sozialdar-

winisten, den »Kampf ums Dasein« und den evolutionären Selektions-
prozeß auf den gesellschaftlichen Bereich auszudehnen und damit die
»Aussonderung der Schwachen« im Konkurrenzkapitalismus zu rechtfertigen. Auch der Staat wurde mit der anthropologischen Grund-
annahme des natürlichen Gegeneinanders legitimiert: Der einzelne
Mensch könne nur der willkürlichen Gewalt anderer Menschen entgehen, wenn der Staat das Recht auf Gewaltanwendung monopolisiere
und, gestützt auf dieses Gewaltmonopol, das Leben der einzelnen in der
staatlichen Ordnung sichere. Der Preis der Sicherheit und Ordnung ist
die Aufgabe der individuellen Souveränität zugunsten des Staates. Gesetz und Freiheit, Ordnung und Sicherheit könne nur ein Staat gewährleisten, der das natürliche Gegeneinander der Individuen auf die ökonomische Konkurrenz beschränke und der die Bedingungen des natürlichen Gegeneinanders reglementiere, damit sich das Gegeneinander
zum Wohle aller auswirke und zwar unabhängig von der subjektiven
Intention der einzelnen und gegen deren unsoziale Naturanlage.

Im Anarchismus wurde mit dieser Prämisse des natürlichen Gegeneinanders gebrochen. An seine Stelle tritt die Annahme des natürlichen,
weil überlebensnotwendigen, Miteinanders. Dieses Miteinander ist im
Anarchismus auf verschiedenste Weise gedacht: als Postulat solidarischer Gegenseitigkeit bei Proudhon, als »Geist« der Gemeinschaft bei
Landauer und, bei Kropotkin, als anthropologische Konstante, die sich
im Evolutionsprozeß herausgebildet habe. Neben der postulierten und/
oder »natürlichen« Solidarität ist der Aspekt des wechselseitigen Vor-
teils der einzelnen und der Freiwilligkeit des einzelnen keineswegs ausgeklammert und ist bei Proudhon und auch bei Landauer das tragende
Moment. Nicht das staatlich geordnete Gegeneinander, sondern die
Organisationsprinzipien der freien Vereinbarung und freien Assoziation auf der Basis solidarischer Gegenseitigkeit und vorteilhaften Zu-
sammenwirkens sind nach Meinung der Anarchisten die Konstitutionsbedingungen von Gesellschaft, von Ordnung, Freiheit und Sicherheit –
von Anarchie.

Mit Infragestellung der Annahme eines natürlichen Gegeneinanders
fällt auch die Legitimation staatlicher Gewalt und einer staatlichen
Organisation der Gesellschaft. Im Staat sehen Anarchisten eine Institution, die direkte, frei vereinbarte Verbindungen und gegenseitige Solidarität verhindere, indem er zwischen die Individuen trete, deren Beziehungen bei Androhung von Gewalt zwangsvermittle und damit herrschaftlich strukturiere und die einzelnen ihrer Souveränität beraube.
»Staat«, als eine auf Herrschaft und Gewalt beruhende Organisation,
und »Gesellschaft«, als freie solidarische Verbindung zum gegenseiti-

gen Vorteil der souveränen Individuen, werden zu Gegenbegriffen, die einen Perspektivwechsel ermöglicht: Nur ohne die staatliche Gewalt können sich gewalt- und herrschaftslose, d. h. anarchistische Gesellschaften entfalten.

Die hier in ihrer kritischen Funktion als Antithese verstandene anthropologische Prämisse der Anarchisten untermauert deren Staatskritik und ermöglicht einen Perspektivwechsel, der in ihren konstruktiven Gesellschaftsentwürfen verdeutlicht wird: Der zentralistischen, bürokratisch erstarrten, vereinheitlichenden, staatlich-kapitalistischen Gesellschaft wird die Vorstellung einer (kon-)föderalistischen, dezentral-selbstverwalteten, vielfältigen, auf weitestgehender individueller Selbstbestimmung basierenden solidarischen Gesellschaft entgegengestellt.

Die zuvor dargelegten konkreten Gesellschaftsentwürfe einiger Anarchisten werden keinesfalls nur als Illustrationen ihrer Kritik verstanden. Darin unterscheiden sie sich von der Funktion, die z. B. Thomas Morus seiner Utopie zuweist. Vielmehr sind sie als Organisationsmodelle oder -vorschläge gemeint und sind in diesem Anspruch mit den sozialistischen Utopien des 19. Jahrhunderts vergleichbar. Die Frage ist nur, ob über die kritische Funktion hinaus jenen »konstruktiven« Elementen im Anarchismus in Hinblick auf eine Umgestaltung hochkomplexer Industriegesellschaften Bedeutung zukommt. Wie in den zuvor skizzierten libertären Perspektiven gezeigt wurde, tauchen in der heutigen Diskussion um mögliche gesellschaftsorganisatorische Alternativen Forderungen auf, die bereits in anarchistischen Entwürfen erhoben wurden; doch in heutigen Konzepten fehlt eine radikale Herrschafts- und Staatskritik, die zusammen mit Forderungen nach Dezentralisierung, Basisdemokratie und gesellschaftlicher Selbstverwaltung einen wirklichen Perspektivwechsel einleiten könnte. Ohne die entschiedene anarchistische Staatskritik, auf denen sie basieren, hätten jene »konstruktiven« Elemente im Anarchismus allenfalls Bedeutung als Vorläufer heutigen »alternativen« Denkens.

b) Perspektivwechsel durch die Kritik an »ökonomischen«
   Fortschrittsmodellen

Die Kritik an der anthropologischen Annahme einer »natürlichen« Konkurrenz ermöglichte mit der daraus folgenden Infragestellung des Staates die Vorstellung einer staatslosen Gesellschaftsordnung. Die Kritik an einem Fortschrittsbegriff, mit dem die Produktivkraftentwicklung zum Fortschrittskriterium oder zum »Motor der Geschichte« ver-absolutiert wird, ermöglicht eine Rehabilitierung der Utopie.

Anarchisten bestreiten, daß ausschließlich ökonomische Notwendig-keiten die Gesellschaft strukturieren und daß Geschichte einem mehr oder weniger festgelegten Ablauf folgt; sie wandten sich gegen Auffas-sungen, nach denen Wertvorstellungen und Gesellschaftsutopien bloße Reflexe sozio-ökonomnischer Verhältnisse darstellten, denen keinerlei »Eigenursächlichkeit« zukäme; sie verwarfen Theorieansätze, die von einem geschichtlich determinierten Fortschritt ausgingen. Für Anar-chisten orientierte sich »Fortschritt« nicht allein an der Entwicklung der Produktivkraftentwicklung. Ebensowenig sahen sie in ökonomi-schen Prozessen die primäre Ursache für eine Veränderung gesell-schaftlicher Verhältnisse. Sie relativierten das im (Wirtschafts-)Libera-lismus und Marxismus wirksame »ökonomistische« Fortschrittsmodell durch das Fortschrittskriterium der politisch-sozialen Emanzipation und vor allem dadurch, daß sie der Kritik und Aufklärung, den Wün-schen, Idealen und Vorstellungen der Menschen von einem besseren Leben – damit auch Utopien – mitursächliche Bedeutung für eine Ver-änderung des Bestehenden beimaßen.

Anarchisten kritisierten den aufs Ökonomische reduzierten Fort-schrittsbegriff, der sowohl Bürgerlich-Liberale als auch Staatssoziali-sten die Industrialisierung der Gesellschaft ohne Einschränkung gut-heißen ließ. Sie wiesen schon sehr früh auf die ökologischen und sozialen Auswirkungen einer unkontrollierten Industrialisierung und konnten in den Zentralisierungstendenzen im ökonomischen und politischen Be-reich keinen Fortschritt entdecken. Denn Fortschritt maßen viele Anar-chisten am Stand der realen Aneignung und Kontrolle der Produktions-mittel durch die Betroffenen und am Grad der tatsächlich möglichen politisch-sozialen Emanzipation. Damit brechen sie nicht nur mit dem dominierenden »ökonomistisch-industrialistischen« Fortschrittsbe-griff, sondern auch mit dem daraus folgenden unkritischen Fortschritts-optimismus.

Folgender Perspektivwechsel wird ermöglicht: Die Vorstellung, daß Fortschritt allein in der ökonomischen Entwicklung verursacht wird, verwerfen Anarchisten ebenso wie die Auffassung, daß die Ökonomie das einzige Fortschrittskriterium darstellt. Statt dessen wird die Eman-zipation von Fremdbestimmung und Herrschaft zum Maßstab, an der die ökonomischen, politischen und sozialen Entwicklungen gemessen werden. Die anarchistische Kritik am »Ökonomismus« und Industria-lismus ist die Voraussetzung ihrer positiven Gesellschaftsentwürfe und »konstruktiven« Theoreme.

Wie viele Marxisten interpretieren auch Anarchisten die materialistische Geschichtsauffassung der »sozialistischen Klassiker« deterministisch. Sie reflektieren unter Hervorhebung der individuellen Freiheit die Konzeption der Diktatur des Proletariats und der Eroberung der Staatsmacht in ihrem geschichtsphilosophischen Kontext. Sie wenden sich gegen die Vorstellung, der Sozialismus gehe aus dem Kapitalismus hervor, indem in ihrer Struktur unverändert die kapitalistischen Produktionsmittel in Besitz genommen werden. Sozialismus, so etwa Landauer, sei keine Station einer notwendigen historischen Epochenfolge und schon gar nicht die Vollendung des Kapitalismus.

Im bewußten Gegensatz zu diesen geschichtsphilosophisch-spekulativen Sozialismusvorstellungen der »wissenschaftlichen Sozialisten« entwickelt Landauer ein Verständnis von Sozialismus bzw. von Anarchie, gegen das diese den Vorwurf der Utopie erhoben: Sozialismus/ Anarchie sei »ein Bestreben, mit Hilfe eines Ideals eine neue Wirklichkeit zu schaffen« (1978, 1) oder eine »Willenstendenz geeinter Menschen, um eines Ideals willen Neues zu schaffen«. (1978, 3) Damit ist Sozialismus nicht als Zustand, sondern als Tätigkeit, als Prozeß des Aufbaus und Strukturierung der Gesellschaft gedacht. Die Aufwertung des so massiv diffamierten utopischen Denkens gegenüber einem Sozialismusverständnis, das sich als »Wissenschaft« versteht, kann einen Perspektivwechsel einleiten.[3]

Zu bedenken ist, daß die Aussagen zur künftigen Organisation der Gesellschaft lediglich als Vorschläge, Möglichkeiten oder Modelle verstanden werden. Es wird also nicht der Anspruch erhoben, die jeweils vorgeschlagene Ordnung sei die einzig richtige. Utopien und Gesellschaftsideale verstehen viele Anarchisten als Orientierungen, die in der Praxis ihrer Verwirklichung ständig korrigiert werden müssen. In diesem Sinne ist auch folgender Ausspruch Landauers zu verstehen: »Nicht das Ideal wird zur Wirklichkeit; aber durch das Ideal, nur durch das Ideal wird in diesen unseren Zeiten unsere Wirklichkeit.« (1978, 2)

c) Perspektivenwechsel durch die Kritik der Annahme einer vollständigen Manipulierbarkeit des Menschen

Ohne die ökonomischen und sozio-historischen Einflüsse auf Denk- und Bewußtseinsstrukturen zu leugnen, vertreten Anarchisten die Auffassung, daß Gesellschaftsveränderungen von den Individuen ausgehen, die über Aufklärung und Kritik zur Einsicht in die Veränderungsbedürftigkeit der bestehenden Verhältnisse gelangen, sich empören, dem

Bestehenden Ideale und Utopien eines besseren Lebens entgegenstellen und schließlich ihre Vorstellungen zu realisieren versuchen. Das Individuum wird als potentiell freies gedacht. Es sei weder durch Erziehung und andere psychische Manipulationen zu entmündigen noch durch seine Sozialisation oder durch die »ökonomische Basis« vollständig determiniert. Somit ist der einzelne für seine Emanzipation selbst verantwortlich. Es entlastet ihn kein Geschichtsdeterminismus, kein Staat, keine Elite und kein Erzieher, die für den einzelnen dessen Emanzipation bewerkstelligen.

Die »Knechtschaft«, verstanden als Verzicht auf Empörung und Selbstbefreiung, ist immer eine freiwillige und selbstverschuldete. Eine bisweilen bei einigen Anarchisten anklingende Verachtung der beherrschten Massen wird damit ebenso verständlich wie die permanenten Versuche, die Menschen aufzuklären und zur Revolution oder zum sofortigen »Beginnen« aufzurufen.

Auch eine andere Komponente stärkt diese Auffassung von der prinzipiellen Eigenverantwortlichkeit des Individuums. Es ist die anthropologische Annahme einer natürlichen Sozialität: Individualität und Sozialität werden nicht antagonistisch verstanden, sondern als sich wechselseitig ergänzende Konstitutionsbedingungen einer freien Gesellschaft. Die Annahme einer natürlichen Sozialität, die Vorstellung einer Eigenverantwortlichkeit der Menschen für ihre Lebenszusammenhänge und die Einsicht, daß herrschaftlich-gewaltsame Mittel zum Aufbau der angestrebten herrschaftsfreien Ordnung untauglich sind, führte im Anarchismus zur Weigerung, die freie anarchistische Ordnung gegen den Willen der Menschen zu verordnen und durchzusetzen.

Die von vielen traditionellen Linken vertretene Auffassung, »die Masse« werde durch Sozialisation und Erziehung in ihrem Denken und Verhalten festgelegt, sie sei den Manipulationen der Massenmedien schutzlos ausgeliefert und werde somit zwangsläufig fremdbestimmt und unmündig, steht dem Begriff von Freiheit und Selbstverantwortlichkeit gegenüber, wie er von einigen Anarchisten vertreten wird. Sie gehen von der gegenteiligen Annahme aus, daß der Mensch potentiell frei und mündig sei, daß es ihm nur an Mut fehle, sich seines eigenen Verstandes zu bedienen und daß ihn die staatliche Gewalt daran hindere, seine Freiheitsmöglichkeiten schließlich auch politisch zu realisieren.

Mit einem solchen Freiheitsverständnis ist die Bewußtseinstheorie von Marxisten unvereinbar, die sich auf das mechanistisch verstehbare »Basis-Überbau-Theorem« stützen und in dessen Erkenntnistheorie der Widerspiegelungsmetapher konstitutive Bedeutung zukommt. Unvereinbar mit der Annahme einer menschlichen Freiheit und Eigenverantwortlichkeit sind auch herrschaftliche Mittel zur Einführung einer herrschaftsfreien Ordnung; ebenso unvereinbar damit ist eine Erziehung, die den Zögling zur Übernahme bestimmter Wertvorstellungen, Weltanschauungen und Verhaltensweisen zu zwingen versucht. Eine Bevormundung von »verhaltensauffälligen« Menschen durch Sozialarbeiter und Sozialpsychologen zwecks Durchsetzung sozialstaatlicher Korrekturmaßnahmen bietet dieses Freiheitsverständnis ebensowenig eine Legitimationsgrundlage wie dem Anspruch auf »geistige Führung«, der Durchsetzung einer »geistig-moralischen Wende« oder Zensurmaßnahmen gegen gewaltverherrlichende oder das »religiöse Verständnis verletzende« Schriften.

Es sei dahingestellt, ob dieses Verständnis von Eigenverantwortung und Freiheit nicht allzu »idealistisch« ist. Festzuhalten ist, daß es gegenüber Vorstellungen der traditionellen Linken, bei denen der Gedanke einer sehr weitgehenden Manipulierbarkeit des Menschen, Determiniertheit und Fremdbestimmung der Menschen zur Herrschaftslegitimation dienen kann, einen Perspektivwechsel ermöglicht. Ohne dem gesunden Volksempfinden zu trauen, richtet sich der Freiheitsbegriff einiger Anarchisten gegen die Arroganz vermeintlicher Eliten und Volksemanzipatoren, »die Masse« zu ihrem Glück zwingen zu wollen.

> »Wir müssen versuchen, … verschiedene
> Gruppen des Volkes dazu zu bewegen, … sich alle
> Verbesserungen und Freiheiten, die es ersehnt,
> einfach in dem Augenblick zu nehmen, da es sie
> erwünscht.«
>
> *Errico Malatesta*

## 2. Formen des Widerstands

Mit dem Aufkommen des revolutionären Syndikalismus vor allem in den romanischen Ländern wandten sich auch Anarchisten verstärkt der Gewerkschaftsbewegung zu und verbanden ihre anarchistischen Zielsetzungen mit den revolutionär-syndikalistischen Organisations- und Widerstandsformen zum Anarcho-Syndikalismus. Zusammen mit den revolutionären Syndikalisten wandten sich auch Anarchisten gegen die Strategie der Sozialdemokraten, mit politischen Mitteln wie etwa der Beteiligung an Parlamentswahlen oder einer Regierungsbeteiligung auf die ökonomischen Verhältnisse einzuwirken und Reformen zu erzwingen. Anarchisten und revolutionäre Syndikalisten waren gegen derlei Kompromisse mit der bestehenden Ordnung. Sie erinnerten, wie Russell betonte, in einer Zeit dominierender reformsozialistischer Kräfte daran, »daß unsere Gesellschaft einer Reorganisation von Grund auf bedarf.« (1977, 74)

Die Anarchisten und Syndikalisten zielten auf eine Autonomie der einzelnen in den Arbeiterorganisationen und auf eine Autonomie der lokalen und überregionalen Gewerkschaftsverbände. Mit diesen Organisationsformen sollte das Bewußtsein der Arbeiter für eine individuelle Selbstbestimmung und kollektive Selbstverwaltung unterstützt werden. Die adäquate Form des Widerstandes war die »direkte Aktion«. Innerhalb der Gewerkschaftsbewegung bedeutete dies z. B., Arbeitszeitverkürzungen durch »direkte Maßnahmen« einzuführen, d. h. die Arbeitszeit den Forderungen entsprechend gegen die Vorschriften der Unternehmen eigenmächtig zu reduzieren und früher nach Hause zu gehen. Unter der Bezeichnung »direkte Aktion« wurde auch gezielte Sabotage, Auslieferungsverzögerungen, (Gegen-)Terror gegen Fabrikbesitzer praktiziert. (Roller, o. J.) Auch Fabrikbesetzungen und eine Fortsetzung der Produktion in Eigenregie verstanden Anarcho-Syndikalisten als »direkte Aktion«. Der Kampf um höhere Löhne, bessere Arbeitsbedingungen wurden in diesen Aktionen verbunden mit der Demonstration, daß auch ohne Unternehmensleitung produziert werden kann. Diese dezentral organisierbaren Formen des Widerstandes richteten sich immer auch auf das Bewußtsein der Arbeiter. Sie sollten aufklären und das revolutionäre Ziel einer dezentral-selbstverwalteten Gesellschaft und Wirtschaft vor Augen führen. Anarchisten propagierten auch »direkte Aktionen« außerhalb des ökonomischen Bereichs wie etwa Dersertionen, Sabotagen, verschiedene Formen des Kooperationsentzugs gegenüber staatlichen Institutionen und ähnliche legale und illegale Aktionen.

Auch heute spielen »direkte Aktionen« als Möglichkeiten des Protestes und Widerstandes und der Propagierung von Alternativen eine bedeutende Rolle. »Direkte Aktionen« stellen etwa Hausbesetzungen dar, »begrenzte Regelverletzungen« durch Blockaden von Militäreinrichtungen, Widerstand gegen Atomkraftwerke wie die verschiedenen Aktionen zur Herstellung von Öffentlichkeit, wie sie etwa Organisationen wie »Greenpeace« und »Robin Wood« oder Bürgerinitiativen praktizieren. Gerade in einer hochkomplexen und bürokratischen Gesellschaft wie der unsrigen, in der innerhalb der weitgehend hierarchisch strukturierten Interessenvertretungen eine weitergehendere Opposition kanalisiert, entschärft und integriert zu werden droht, kommt solchen »direkten Aktionen« große Bedeutung zu in der Meinungsbildung und im gesellschaftlichen Bewußtseinsprozeß. Aus dem Umkreis anarchistischer Ideen und Aktionsformen stammen auch die Aktionen der »Spaßguerilla«, die darauf abzielten, die Vertreter staatlicher Institutionen lächerlich und unglaubwürdig zu machen.

Revolutionäre Syndikalisten konzentrierten ihren Widerstand auf »direkte Aktionen« und hofften, daß sich daraus ein Generalstreik entwickelt und sahen darin den Hebel zum revolutionären Umsturz der bestehenden Verhältnisse. Einige Anarcho-Syndikalisten setzten zusätzlich auf bewaffnete Volkserhebungen. Nicht zuletzt das Scheitern dieser Strategien ermöglichte den etatistischen Sozialreformern und marxistischen Staatssozialisten mit ihren zentralistisch-autoritären Organisationsformen ihre Dominanz innerhalb der Arbeiterbewegung. Andererseits führte die Ausschaltung spontaner und radikaler Protest- und Widerstandsformen und dezentral-basisdemokratischer Organisationsformen zu unflexiblen, angepaßten und auf den eigenen Machterhalt bedachten institutionalisierten Rest der Arbeiterbewegung. Die daraus zu ziehende Konsequenz in Hinblick auf eine libertäre Perspektive kann nur die sein, die angestrebte gesellschaftliche Umstrukturierung als einen vielfältigen und mehrdimensionalen Prozeß zu verstehen, in der eine Vergesellschaftung und Entstaatlichung aller gesellschaftlichen Bereiche unterstützt wird durch eine Vielzahl »direkter Aktionen«, in die möglichst viele Menschen einzubeziehen sind.

> »Einen Tisch kann man umwerfen und eine
> Fensterscheibe zertrümmern; aber die sind
> eitle Wortemacher und gläubige Wortanbeter,
> die den Staat für so ein Ding oder einen Fetisch
> halten, den man zertrümmern kann,
> um ihn zu zerstören.«
>
> *Gustav Landauer*

### 3. Libertäre Transformationskonzepte aus anarchistischen Theorien

Bei Anarchisten wie Proudhon und Landauer, die über die Staatskritik hinaus zu einem spezifischen Gesellschaftsverständnis kommen, basiert die Kritik an einer Strategie revolutionärer Umstürze auf der Vorstellung, daß nur entwickelte gesellschaftliche Strukturen den Staat überflüssig machen können. Die angestrebte strukturierte Gesellschaft gehe aus den freien Vereinbarungen und Assoziationen der einzelnen und

Gruppen hervor, entspringe aber keinesfalls schlagartig und unvorbereitet der Revolution.[4] Der Staat kann also nicht ersatzlos abgeschafft werden.

Der aus anarchistischen Theorien zu rekonstruierende Gesellschaftsbegriff intendiert neben der Kritik an der Vorstellung des Sozialismus als staatliche Organisationsaufgabe auch eine Kritik am Glauben, daß eine Revolution, die nur entschieden genug mit der Vergangenheit bricht, notwendig ein neues sozialistisches und anarchistisches Zeitalter einleiten wird.

Die Ablehnung von revolutionären Totalumstürzen ist verbunden mit der Alternative, entweder unter Beibehaltung des Ziels »Revolution« die neue Gesellschaft in der alten vorzubereiten oder, unter Ablehnung des Konzepts einer einmaligen revolutionären Umgestaltung der Gesellschaft, sukzessive die alte Gesellschaft in die angestrebte neue zu transformieren.

a)  Vorbereitung der neuen Gesellschaft in der alten

Rocker, Mühsam, Kropotkin und Malatesta – um nur einige zu nennen – betonen ebenso entschieden wie die Notwendigkeit einer Revolution die Vorbereitung der neuen nachrevolutionären Gesellschaft in der bestehenden. Rocker wendet sich z. B. gegen den »Wunderglauben an die Allmacht der Revolution, die alleine alles vollbringen und das Paradies auf Erden errichten werde« und fährt dann fort: »Die Ansicht, daß die Revolution schon alles von selbst bringen werde und man sich nur auf die Initiative und das spontane Handeln der Massen zu verlassen brauche, imponiert mir nicht mehr nach all den bitteren Erfahrungen.« (1980, Bd. I, 99) Revolutionen, die sich nicht auf Ansätze neuer Organisationsstrukturen stützen könnten, die an den Interessen des Volkes vorbeigingen und nicht am Denken und Fühlen der Menschen anzuknüpfen verstünden, brächten die Gefahr mit sich, daß die »alten Hindernisse« nicht konstruktiv durch die Entfaltung neuer Lebensmöglichkeiten beseitigt würden und daß sich im Zuge der dadurch auftretenden Unsicherheiten autoritäre Kräfte durchsetzten. (Rocker 1980, Bd. I, 99f.)

Im Blick auf die Folgeereignisse der Französischen Revolution, in der die Herrschenden »die Autorität zu ihren Gunsten wieder aufrichteten«, empfiehlt Kropotkin die Vorbereitung der neuen Gesellschaft: Das »kostbare Netz der geselligen Gewohnheiten«, die »geselligen Sitten« und »geselligen Institutionen« müsse erhalten und die »Entwicklung des Gemeinsinns« müsse vorangetrieben werden. (1983, 96)

Revolution denkt Kropotkin also keinesfalls als einen Akt vollständiger Zerstörung, dem ein Neuaufbau folgt. Vielmehr betont auch er, daß die zukünftige Gesellschaft durch Entwicklung neuer Strukturen und Institutionen auf der Basis der Gegenseitigen Hilfe und des Gemeinsinns vorbereitet werden müsse.

Wie notwendig dies ist, bestätigen die geschichtlichen Erfahrungen der Anarcho-Syndikalisten im revolutionären Spanien: Sie waren mit Hilfe ihrer entwickelten und miteinander vernetzten Organisationen in der Lage, viele Betriebe zu vergesellschaften und die Produktion fortzusetzen. Mit dem Anspruch, die neue Gesellschaft vorzubereiten, begründeten Anarchisten auch die Organisation von Produktions- und Konsumgenossenschaften. Sie sollten Strukturen entwickeln, die in revolutionären Situationen auszubauen sind und an die Stelle der kapitalistischen Produktion und Distribution treten. Diese Strategie ist nicht mehr zu trennen von Strategien, »aus dem Kapitalismus auszutreten« und in den verbleibenden Freiräumen in dezentraler Selbstorganisation mit der Anarchie/dem Sozialismus zu beginnen, die Freiräume auszudehnen und auf diesem Wege »weniger Staat« und »mehr Gesellschaft« zu praktizieren.

b) »... aus dem Kapitalismus austreten...«

Einige Anarchisten plädierten dafür, die Vorstellungen eines besseren Lebens im hier und jetzt zu realisieren. Dies soll Schritt für Schritt außerhalb der staatlich-kapitalistischen Strukturen geschehen in »anarchistischen Inseln«, in den »Nischen des Systems«, in Siedlungsgenossenschaften oder in Produktions- und Konsumgenossenschaften. Durch solche Alternativen zum Bestehenden wollen einige Anarchisten »in Konkurrenz treten« zu Staat und Kapitalismus. Derartige Organisationsformen erlauben es, »aus dem Kapitalismus auszutreten«, wie Landauer sagt, ohne zuvor das Gesamtsystem revolutionär zu zerschlagen: »Wir wollen nach Möglichkeit aus dem Kapitalismus austreten; wir wollen sozialistische Dörfer gründen; wir wollen Land- und Industriearbeit vereinigen... und bald auf unserem neuen, dem sozialen Markt tauschen und den kapitalistischen vermeiden.« (1977, 109)

Landauer und mit ihm auch andere Anarchisten stellen sich das Austreten aus dem Kapitalismus in Anknüpfung an die damalige Siedlungsbewegung als Gründung von ländlichen Gemeinschaftssiedlungen vor, die miteinander kooperieren, andere Siedlungsgründungen unterstützen und sich ausbreiten, um schließlich die staatlich-kapitalistischen Organisationsformen zu verdrängen. Ein »Beginnen« mit dem Sozialismus sieht Landauer aber auch in Gründung von Produktions- und Konsumgenossenschaften in den Städten und in anderen Formen gemeinschaftlicher Selbsthilfe.

Malatesta, der zunächst vor allem in bewaffneten Volksaufständen, in Generalstreiks und Betriebsbesetzungen Ansätze einer Veränderung sah, postulierte schließlich, »daß sich die Orte, in denen unsere Ideen auf Zustimmung stoßen, als anarchistische Gemeinschaften konstituieren, ... freie Beziehungen mit anderen Orten aufnehmen und eine eigene Lebensweise für sich beanspruchen...« sollen. (Zitiert nach Fabbri 1977, 11)

Diese Versuche, über die Gründung und Ausweitung von sozialistisch-anarchistischen Inseln ein Stück »Selbstverwirklichung« in der praktischen Antizipation freiheitlicher Zustände zu ermöglichen, lebte nach dem offensichtlichen Scheitern revolutionärer Frontalstrategien und eindimensional-etatistischer Reformkonzepte Ende der sechziger Jahre besonders in den USA als eine Art neue Siedlungsbewegung wieder auf, nachdem die Siedlungsbewegung des 19. und frühen 20. Jahrhunderts weitgehend in Vergessenheit geraten war, und gewann auch in der »Alternativbewegung« in Westeuropa eine gewisse Bedeutung als Strategie, die »Nischen des Systems« als Freiräume für alternative Lebensformen und eine »alternative Ökonomie« (oder sogar Gegenökonomie) zu nutzen.

Da Staat und Kapitalismus mit einer solchen Gegengesellschaft und Gegenökonomie wohl kaum »niederzukonkurrieren sind«, läßt ein solcher Ausstieg aus den etablierten Strukturen und der Neuaufbau von dezentral-selbstverwalteten »Alternativen« nur als Teilstrategie sinnvoll erscheinen. Durch »Austritt« und Neuorganisation wird zwar »mehr Gesellschaft« realisiert, doch in Hinblick auf eine dezentral-selbstverwaltete Gesellschaft ist auch eine direkte Vergesellschaftung des staatlich-kapitalistischen Bereichs anzustreben. Im Rahmen einer nicht-frontalen, vielschichtigen Strategie, die auf verschiedenen Wegen mit den jeweils erforderlichen Mitteln und in möglichst vielen gesellschaftlichen Teilbereichen diese Umstrukturierung in Angriff nehmen will, kommt für eine libertäre Perspektive der Vergesellschaftung des Staates große Bedeutung zu.

Aus anarchistischen Theorien ist eine solche libertäre Perspektive der Vergesellschaftung jedoch nur dann zu beziehen, wenn man die »negative Staatsfixierung« der vielen Anarchisten aufgibt, wenn der Staat nicht mehr als anonyme Macht, als homogene Institution oder als »das System« begriffen wird, sondern, wie am deutlichsten bei Landauer gezeigt, »als eine Beziehung zwischen Menschen«. Der Staat ist nach diesem Verständnis nicht einfach zu zerschlagen; er erübrigt sich, »indem man andere Beziehungen eingeht, indem man sich anders zueinander verhält. Der absolute Monarch konnte sagen: ich bin der Staat: wir, die wir im absoluten Staat uns selbst gefangengesetzt haben, wir müssen die Wahrheit erkennen: wir sind der Staat – und sind es solange, als wir nichts anderes sind, als wir die Institutionen nicht geschaffen haben, die eine wirkliche Gemeinschaft und Gesellschaft der Menschen sind.« (1977, 53)

Diese Konzentration des Staatsbegriffs auf das konkrete zwischenmenschliche Verhalten führt jedoch zu einer Überpointierung, die dadurch verständlich wird, daß sie sich an bestimmte Adressaten wendet, nämlich an die Staatssozialisten, die meinen, ein Staat verliere schließlich seinen Herrschaftscharakter, wenn er erobert sei, und vor allem an jene Strömungen im Anarchismus, die eine Strategie frontaler revolutionärer Staatszerschlagung vertraten. Zweifellos kennzeichnet den modernen Staat, so Max Weber, daß er einen »politischen Anstaltsbetrieb« darstellt, mit einer »gesatzten Ordnung«, mit Verwaltungsinstitutionen und -stäben, die kontinuierlich die Aufrechterhaltung des Gewaltmonopols durchsetzen. (1972, 28f.) Doch der Perspektivwechsel, der möglich wird durch ein Begreifen des Staates als »Beziehung zwischen Menschen«, öffnet den Blick darauf, daß Herrschaftsstrukturen introjektiert werden, die zwischenmenschliche Kontakte prägen und sich auch dort reproduzieren. Nicht zuletzt wendet sich diese Bestimmung gegen den Mythos »Staat«: Der Staat ist kein unfaßbares anonymes Etwas, sondern besteht aus Institutionen, die sehr viele Beziehungen zwischen Menschen »zwangsvermittelt« und damit den Menschen ein bestimmtes Verhalten zueinander oktroyiert.

Nicht zuletzt zielt diese Aspektierung wieder darauf, ein sofortiges »Beginnen« mit dem Sozialismus/der Anarchie zu propagieren. Denn – und das wurde an Landauer als »Voluntarismus« kritisiert – der Staat höre überall dort auf, wo sich die Menschen anders zueinander verhalten. Dieser Gedanke wiederholt sich in heutigen Auffassungen, daß auch die Veränderung des »privaten« Verhaltens »politisch« relevant sei und daß über die Organisation herrschaftsarmer Strukturen in Alternativbetrieben, Selbsthilfegruppen und Genossenschaften durchaus gesellschaftliche Veränderungen bewirkt werden könnten.

## c)  »...den Staat in die Gesellschaft absorbieren...«

Proudhon will, wie auch Landauer, die »alte« Gesellschaft schrittweise durch eine »neue« ersetzen, indem mit der Organisation freiheitlicher und nicht auf Ausbeutung basierender Produktions- und Distributions-formen innerhalb der »alten« Gesellschaft begonnen wird. Er empfiehlt zu diesem Zweck die Gründung alternativer Banken und Tauschzentra-len, in denen nach dem Prinzip des »Mutualismus« ein gegenseitiger Kredit, ein Austausch der Produkte und eine Abstimmung der Produk-tion organisiert werden sollten, um sukzessive eine Abkopplung der ent-stehenden genossenschaftlich-sozialistischen Wirtschaft vom kapitali-stischen Markt zu ermöglichen. Diese neuen Organisationsformen sol-len mit den alten »in Konkurrenz treten«, sie schrittweise verdrängen und schließlich in der Alternativökonomie aufgehen lassen. Eine im Sinne von »mehr Gesellschaft« strukturierte Ökonomie soll also bei Proudhon und Landauer vor allem auf dem Wege einer Abkopplung und eines Neuaufbaus angestrebt werden. »Die positiven Erscheinun-gen der neuen Welt wachsen fast unmerklich in den Übergangszustand hinein und lösen damit allmählich die alte Welt ab.« (Heinz 1956, 37)

Diesem Aspekt – Austritt aus dem Kapitalismus in Verbindung mit einer sukzessiven Neuorganisation einer sozialistisch-anarchistischen Ökonomie – entspricht eine *Entstaatlichung* der Gesellschaft durch einen Rückzug des Staates aus einigen gesellschaftlichen Bereichen. Interes-santer für das Postulat »Weniger Staat – Mehr Gesellschaft« scheinen mir die Ansätze im anarchistischen Denken zu sein, die auf eine *Verge-sellschaftung* durch eine Umstrukturierung bestehender kapitalistischer und staatlich-herrschaftlicher Bereiche abzielen. Bei Proudhon stößt man auf Hinweise, wie »weniger Staat« und »mehr Gesellschaft« auf dem Wege einer direkten Vergesellschaftung von Staat und kapitalisti-scher Ökonomie durch Dezentralisierung und Ausweitung der Partizi-pations- und Selbstverwaltungsmöglichkeiten zu realisieren ist. Diese Ansätze lassen sich in Proudhons Formulierung »den Staat in die Ge-sellschaft absorbieren« zusammenfassen: »In politischer Hinsicht hat die Revolution das Ziel, den Staat in die Gesellschaft zu absorbieren, das heißt zum Aufhören jeder Autorität und der Unterdrückung des Regierungsapparates zu gelangen...« (Nach Nettlau, o.J., Bd. I, 145)

Bei Proudhon finden sich auch Hinweise auf eine mehrdimensionale Strategie einer gesellschaftlichen Veränderung. Neben verschiedenen Formen des Widerstandes und des Arbeitskampfes postuliert er einen »Ausstieg aus dem Kapitalismus« und ein »Beginnen« mit genossen-schaftlichen und mutualistischen Organisationsformen sowie – analog dazu – eine *Entstaatlichung der Gesellschaft* durch Zurückdrängen des staatlich-institutionellen Einflußbereiches. Er spricht sich aber ebenso für eine Vergesellschaftung der kapitalistischen Ökonomie und für die *Vergesellschaftung des Staates* aus.

»Vergesellschaftung« und »Mehr Gesellschaft« zielt im Sinne des zuvor dargelegten spezifischen Verständnisses von »Gesellschaft« in anarchistischen Theorien (vgl. Kapitel III) auf eine »von unten nach oben« organisierte, herrschaftsfreie sozialistische Gesellschaft, die vielfältig strukturiert ist durch die unterschiedlichsten Verbindungen, Bündnisse, Absprachen, Konventionen, Genossenschaften, kulturelle Zusammenhänge u. a. Landauer nennt die angestrebte Gesellschaft eine »geschichtete« oder »topische« Gesellschaft; Buber spricht im Anschluß an Landauer von einer »strukturierten Gesellschaft«.

Relevant für die heutigen industriellen Massengesellschaften ist dieses Verständnis von Gesellschaft und Vergesellschaftung deshalb, weil sich diese Begriffe gezielt gegen die heutige Anonymisierung und Vereinzelung der Menschen richten und weil sich damit die Strukturen benennen lassen, die den einzelnen in ein soziales Gefüge einbinden. Sie verhindern damit, daß der einzelne isoliert einem übermächtigen Staat gegenübersteht. Mit diesem in anarchistischen Theorien entwickelten Gesellschaftsbegriff läßt sich die Perspektive andeuten, die fortgeschrittene Verstaatlichung des Sozialen und Entmündigung durch Experten rückgängig zu machen, indem dezentral selbstverwaltete Formen der sozialen Sicherung und die soziale Eigenkompetenz entwickelt und sozialstaatliche Einrichtungen vergesellschaftet werden. Relevant ist heute dieses Gesellschafts- bzw. Vergesellschaftungsverständnis auch deshalb, weil der Aspekt der Dezentralisierung und Selbstverwaltung konstitutiv ist und somit unter Vergesellschaftung die tatsächliche Aneignung staatlicher Entscheidungskompetenzen sowie der Produktionsmittel durch die Betroffenen oder deren Vertreter gemeint ist.

Es bleibt festzuhalten: Einige Vorstellungen und Ansätze zur Umgestaltung der herrschaftlich-kapitalistischen Gesellschaft sind im Sinne einer mehrdimensionalen und nicht-frontalen Transformationsstrategie zu verstehen und schließen die Vorstellung aus, daß ökonomische Ausbeutung, politische Repression, herrschaftliche zwischenmenschliche Beziehungen etwa zwischen Mann und Frau und andere Formen der Herrschaft auf nur eine Ursache oder auf einen »Hauptwiderspruch« zurückführbar seien. Folgerichtig sollen die verschiedenen Formen der Herrschaft dort bekämpft werden, wo sie auftreten. Die politischen, ökonomischen und sozialen Beziehungen müssen mit den jeweils erfolgversprechenden Mitteln verändert werden, sofern diese nicht dem

Grundsatz der Anarchisten widersprechen, daß herrschaftliche Mittel zum Aufbau der neuen Gesellschaft ungeeignet seien.

Im Rahmen einer *integralen*, d. h. alle gesellschaftlichen Teilbereiche einbeziehenden mehrdimensionalen Transformationsstrategie ist auch auf vielfältige Widerstands- und Protestformen nicht zu verzichten. Hier sind die von Anarchisten und revolutionären Syndikalisten propagierten »direkten Aktionen« wie Betriebsbesetzungen bei Konkurs, Hausbesetzungen und andere Maßnahmen sowie Aktionen zur Bloßstellung von Autoritäten heute durchaus von systematischer Bedeutung. Auf der Basis solcher nicht-frontalen und mehrdimensionalen Strategien der Gesellschaftsveränderung lassen sich die anarchistischen Entwürfe einer herrschaftsfreien Gesellschaft auf die heutigen hochkomplexen Industriegesellschaften beziehen. Die Vermittlung von utopischen Gesellschaftsentwürfen und der gesellschaftlichen Realität ist möglich, auch wenn der Gedanke eines alles verändernden revolutionären Umsturzes aufgegeben wird.

Ohne diese libertäre Perspektive einer Umstrukturierung lassen sich die konkreten Gesellschaftsentwürfe allenfalls als Illustrationen der anarchistischen Staats- und Herrschaftskritik verstehen. Doch diesem Moment der Kritik kommt im Rahmen von libertären Perspektiven, wie sie zuvor angedeutet wurden, vor allem deshalb Bedeutung zu, weil auf der Grundlage dieser radikalen Kritik und in Hinblick auf das anarchistische Gesellschaftsideal mit Forderungen nach Entstaatlichung, Dezentralisierung, Selbstverwaltung deutlich andere Akzente gesetzt werden als auf dem Boden der traditionellen Demokratie- und Sozialismusvorstellungen.

> »Wir haben keine sonderliche Lust, alle Jahre wegzuwerfen für eine Zukunft hinter den Wolken oder nach dem Motto ›Ihr sollt's mal besser haben‹ dahinzuwelken, wenn wir, wie zu vermuten ist, nur einmal leben.«
>
> *Hans Peter Duerr*

## 4. *Gegenwärtige libertäre Tendenzen und libertäre Perspektiven*

Der Anarchismus wird immer wieder für tot erklärt. Seine Gegner werfen ihm vor, er sei politisch unwirksam geblieben, habe sich als theoretisch unzulänglich erwiesen und sei mit seinen Zielvorstellungen an vorindustriellen Gesellschaften orientiert. Tatsächlich verschwand der Anarchismus als Bewegung nahezu vollständig und als politische Theorie wurde er kaum wahrgenommen oder zu einer Art Linksradikalismus verstümmelt. Die staatssozialistische Konkurrenz der Anarchisten – sowohl die marxistisch-leninistische als auch die gemäßigt-sozialdemokratische – wurde geschichtswirksam, blieb jedoch, wie es die Anarchisten schon vor mehr als hundert Jahren prognostizierten, weit hinter ihren Zielen und Ansprüchen zurück: Die »Diktatur des Proletariats« löste sich nicht in eine herrschaftsfreie kommunistische Gesellschaft auf, sondern begründete ein starres totalitäres Regime. Die Sozialdemokraten ließen sich mit ihrem Entscheidungszentralismus und in ihrer Staatsfixierung von den politischen Realitäten einholen und sind heute weniger denn je in der Lage, Perspektiven zu entwickeln und durchzusetzen, in der eine individuelle und politisch-soziale Emanzipation mit der ökonomischen verbunden ist und den ökologischen Erfordernissen Rechnung getragen wird. Die traditionelle staatssozialistische Linke ist weitgehend in einer Legitimationskrise. Auf dem Boden ihrer theoretischen Ansätze sind die stattfindenden gesellschaftlichen Veränderungsprozesse nicht adäquat zu fassen.

Im Umfeld der neuen sozialen Bewegungen scheinen einige Momente in anarchistischen Gesellschaftsentwürfen wieder lebendig zu werden. Es entwickeln sich heute verschiedenste Formen dezentraler Selbstorganisation und genossenschaftlicher Selbstverwaltung sowie politische Kulturen und Widerstandsformen, die sich kaum mit den bislang dominierenden »linken« Etatismus in Einklang bringen lassen, wohl aber mit den Theoriezusammenhängen aus der Tradition des Anarchismus. Es entwickeln sich zunehmend außerhalb der etablierten Organisationen Interessenvertretungen in Form von Vereinen, Bürgerinitiativen oder Mitbestimmungsgremien, mit deren Hilfe der einzelne nicht mehr isoliert den staatlichen Institutionen gegenübersteht. Es gibt Soziale-Selbsthilfe-Gruppen, Alternativprojekte und verschiedene Formen solidarischer Selbstorganisation, die in bedeutenden Ansätzen eine neue Qualität von Leben und Arbeiten darstellen. Hinzu kommt, was über »direkte Aktionen« gesagt wurde.

In diesen gegenwärtigen Tendenzen im Umfeld der neuen sozialen Bewegungen sind in der Praxis die Alternativen »Staat oder Markt« im ökonomischen Bereich, im sozialen Bereich »Verstaatlichung oder Privatisierung« und in Fragen der gesellschaftlichen Umstrukturierung »systemstabilisierende Reform oder systemzerschlagende Revolution« wenigstens in Ansätzen bereits durchbrochen. Mit einer entschiedenen, an anarchistischen Zielvorstellungen orientierten Kritik und mit libertären Perspektiven aus dem Anarchismus lassen sich, wie zuvor verdeutlicht wurde, diese Tendenzen fortführen und theoretisch fassen. Eine libertäre Perspektive besteht z. B. nicht in einer Ergänzung des Sozialstaats durch Soziale Selbsthilfe, sondern in einer Vergesellschaftung des Sozialstaats. Sie intendiert nicht nur Mitbestimmung und Mitverwaltung in Wirtschaft, Betrieb, Schule und anderen Bereichen, sondern dezentrale Selbstverwaltung und kollektive Selbstbestimmung der Betroffenen. Eine libertäre Perspektive läuft nicht auf die gesetzliche Reglung der Zugriffsmöglichkeiten des Staates auf den einzelnen und seine Lebensgestaltung hinaus, sondern auf individuelle Autonomie, also auf den Abbau solcher Zugriffsmöglichkeiten, wie sie die Wehr- und Schulpflicht darstellt.

Damit zielen libertäre Perspektiven nicht auf eine »Abstimmungs- und Mehrheitsdemokratie«, sondern auf eine Dezentralisierung der Entscheidungskompetenzen, auf weitestmögliche lokale und regionale Selbstverwaltung und, wo dies im überregionalen Bereich notwendig bleibt, auf eine möglichst direkte und effektive Interessenvertretung mit einer möglichst beschränkten Kompetenz überregionaler Vertretungsorgane. In Hinblick auf eine soziale Ökologie könnten libertäre Perspektiven aus dem Anarchismus bewirken, daß bei notwendigen ökologischen Maßnahmen nicht analog der heutigen ökonomistischen Orientierungen das Ziel der politisch-sozialen Emanzipation vergessen wird oder daß die Ökologie zur Legitimationsideologie etatistisch-autoritärer Herrschaft verkommt.

Anarchisten kritisierten an den Strategien der Marxisten die »Überprivilegierung« der Zukunft zuungunsten der Gegenwart. Sie meinten, so würden Unterdrückung und Ausbeutung in der Gegenwart legitimiert durch die erwartete herrschaftsfreie Gesellschaft, in der die künftigen Generationen leben würden. Die Marxisten kritisierten hingegen die »revolutionäre Ungeduld« der Anarchisten, nach der »alles schon jetzt, jetzt sofort geschehen« solle. (Harich 1969, 71 f.)[5] Doch diese Kritik an der Ungeduld bezieht sich auf die von einigen Anarchisten vertretene Vorstellung eines plötzlichen, einmaligen und spontanen Umsturzes des Gesamtsystems und wendet sich auch gegen die Weigerung der Anarchisten, staatlich-diktatorische Übergangsphasen zu akzeptieren. Die Position vieler Anarchisten sind mit dieser Kritik zweifellos getroffen.

Da sich aber, wie gezeigt wurde, im anarchistischen Denken auch Ansätze nicht-frontaler und mehrdimensionaler Strategien einer sukzessiven Veränderung befinden, läßt sich der Vorwurf der »revolutionären Ungeduld« aufnehmen und wenden: Die Strategie der *Entstaatlichung* durch Rückzug »in die Nischen des Systems« und die dortige

Neuorganisation autonomer Bereiche sowie die *Vergesellschaftung* herr-schaftlich-kapitalistischer und staatlicher Strukturen sind wichtige Teilelemente eines sofortigen »ungeduldigen« Beginns der Verände-rung des Bestehenden. Somit richten sich libertäre Perspektiven gegen die von Marxisten propagierte (reformatorische oder) revolutionäre Geduld, mit der die Realisierung der Ideale und der Anspruch auf ein besseres Leben in der Gegenwart abgewiesen werden. Die Ungeduld verhindert hingegen eine Vertröstung auf eine ferne Zukunft, wendet sich gegen jeglichen (geschichtsphilosophischen) Fatalismus und steht einer Instrumentalisierung der heutigen Generationen im Namen künf-tiger entgegen.

*Anmerkungen*

1 Diese mehrdimensionalen Transformationsstrategien sind aus anarchi-stischen Theorien zu rekonstruieren, obwohl sie nicht zusammenhängend expliziert wurden.
2 Ich möchte darauf hinweisen, daß die Vorstellung eines solchen integralen Konzepts einer multiformalen, mehrdimensionalen Gesellschaftstransforma-tion von Vilmar bereits in seinem Buch »Strategien der Demokratisierung« (1973) entwickelt wurde, um dieses Konzept einerseits gegen die eindimen-sionale Strategie einer revolutionären Eroberung der Herrschaft und anderer-seits einem »systemstabilisierenden« Reformismus entgegenzustellen: »De-mokratisierung ist die Verwirklichung demokratischer Grundsätze in allen Bereichen der Gesellschaft – Demokratie als gesamtgesellschaftlicher Prozeß. Demokratisierung ist also der Inbegriff aller Aktivitäten, deren Ziel es ist, autoritäre Herrschaftsstrukturen zu ersetzen durch Formen der Herrschafts-kontrolle von ›unten‹, der gesellschaftlichen Mitbestimmung, Kooperation und – wo immer möglich – durch freie Selbstbestimmung. (1973, 21) Diese Demokratisierungsstrategie wurde im Rahmen der Projektgruppe Ökosozia-lismus (Vilmar/Scherer 1984) durch eine Etatismuskritik und ökologische Zielsetzungen ergänzt. In Vilmar/Runge »Auf dem Weg zur Selbsthilfegesell-schaft?« (1986) ist die Transformation nach wie vor als mehrdimensionale, integrale und multifrontale gedacht, doch die herrschaftskritisch perspekti-vierte Demokratisierung (»bis hin zur Selbstverwaltung«) wirkt hier weniger entschieden.

Am Anarchismus orientierte libertäre Perspektiven zielen nicht auf Mitbe-stimmung und Demokratisierung, sondern auf Selbstverwaltung und Selbst-bestimmung. Auch die Bedeutung des »parlamentarisch kontrollierten demokratischen Zentralismus« (Vilmar 1973, 258) gilt es auf der Basis anarchistischer Staats- und Zentralismuskritik zu relativieren. In libertären Perspektiven geht es neben einer Vergesellschaftung des Staates auch um eine Entstaatlichung durch Zurückdrängung zentralistisch-staatlicher Kompetenzen. Dessenungeachtet scheint mir der »systemverändernde« »revolutionäre Reformismus« (258) die Alternative zu einem systemstabilisierenden Reformismus darzustellen sowie zu jenen romantisch-revolutionären Umsturzkonzepten, auf die viele Anarchisten ihre Hoffnungen setzten. Die autoritär-revolutionären Strategien der Marxisten-Leninisten sind gänzlich unvereinbar mit libertären Perspektiven.

3 Während des Spanischen Bürgerkrieges, so berichtet Rocker (1980, 112f.), forderten anarcho-syndikalistische Organisationen ihre Mitglieder dazu auf, Entwürfe, konkrete Utopien und Modelle zu entwerfen, die im Rahmen einer Art Preisausschreiben prämiert und publiziert wurden.

4 Diejenigen Anarchisten, die Revolutionen als ein punktuelles und alles schlagartig veränderndes Ereignis verstanden und auf einen von den Massen getragenen spontanen Neuaufbau vertrauten, sahen in Utopien und Gesellschaftsentwürfen ein Hindernis für eine solche totale Revolution. So schreibt Bakunin: »Alles Gerede über die Zukunft ist sträflich, denn es verhindert die reine Zerstörung und hemmt den Lauf der Revolution.« (Zitiert nach Zenker 1979, 106)

Auch Most hält alles Gerede über die Zukunft für sinnlos, da das Denken und Fühlen der Menschen nach der Revolution ein gänzlich anderes werde: »Wir brauchen nicht einmal zu reden von späteren Generationen. Selbst jene Menschen, welche auf dem Boden der heutigen Gesellschaft aufgewachsen sind, werden nach vollzogener Umgestaltung der sozialen Verhältnisse wie umgewandelt sein.« (Most 1978a, 15)

5 Hier sei ein von den »geduldigen« staatssozialistischen Revolutionären oft zitierter Ausspruch des Anarchisten Grave angeführt, mit dem die »revolutionäre Ungeduld« der Anarchisten veranschaulicht werden soll: »Wenn wir noch einige Jahrhunderte zu leben hätten, dann könnten wir noch einige Jahre den Experimenten friedlicher Reformen widmen. Da aber die Jahre unseres Lebens gezählt sind und die Erfahrung der Vergangenheit lehrt, daß die Menschheit mit derartigen Experimenten Jahrtausende verliert, wollen wir, statt zu reformieren, niederreißen, um nach ganz neuen Plänen wieder aufzubauen.« (Grave zitiert nach Weichold 1980, 95)

# Anhang

# Kurzbiographien einiger Theoretiker
# des Anarchismus

*Michail Bakunin* (1814–1876): Begründer des kollektivistischen Anarchismus. Aus dem russischen Hochadel. Abgebrochene Militärlaufbahn. Anschluß an die revolutionären Ereignisse 1848 u. a. in Dresden. Zum Tode verurteilt. Begnadigung zu lebenslanger Festungshaft. Auslieferung an das Zarenregime. Verbannung nach Sibirien. Flucht über Japan und Amerika nach Westeuropa. Beteiligung am Aufbau des antiautoritären Flügels der Ersten Internationale. Gegenspieler von Marx und Engels. 1872 Ausschluß aus der Ersten Internationale. Gründer diverser Geheimbünde. Stirbt vereinsamt und weitgehend isoliert am 1. 7. 1876 in Bern.

*Emma Goldman* (1869–1940): Vertreterin eines kommunistischen Anarchismus, Feministin, Antimilitaristin. Aus dem russisch jüdischen Bürgertum. 1886 Auswanderung in die USA. Arbeiterin in der Textilindustrie. Mitorganisatorin von Streiks. Herausgeberin anarchistischer Zeitschriften. Gefängnisaufenthalte wegen Pressevergehen und der Propagierung von Geburtenkontrolle. 1919 Deportation nach Rußland. Kritik an der Verfolgung von Anarchisten und Sozialrevolutionären in der Sowjetunion. Kritik an Lenins Konzept des Staatssozialismus. Ab 1921 Tätigkeiten in Europa. Vortragstätigkeit im revolutionären Spanien.

*Peter Kropotkin* (1842–1921): Führender Vertreter des (kommunalistischen) kommunistischen Anarchismus. Aus dem russischen Hochadel. Page am Hof des Zaren. Militärlaufbahn. Studium der Mathematik und Naturwissenschaft. Zeit seines Lebens Tätigkeit als Geograph. Ausgedehnte Reisen nach Sibirien. Einkerkerung nach revolutionären Agitationen in den Arbeitervierteln. 1876 Flucht in die Schweiz. Lebt zunächst in Frankreich, dort Gefängnisstrafe, dann in England. Herausgeber anarchistischer Zeitschriften. Untersuchungen zum Sozialverhalten bei Mensch und Tier. 1917 Rückkehr nach Rußland. Kritik an Lenin und der Verstaatlichung der Revolution. Stirbt 1921 in der Nähe von Moskau.

*Gustav Landauer* (1870–1919): Vertreter eines Genossenschafts- und Rätesozialismus und Anarchismus. Aus dem liberalen deutsch-jüdischem Bürgertum. Germanistik- und Philosophiestudium. Redakteur des »Der Sozialist«. Tätigkeit als Journalist, Publizist und Übersetzer. Studien zur Sprachphilosophie, Mystik, zu Shakespeare und deutschen Literatur. Mitbegründer des Sozialistischen Bundes (zusammen mit Mühsam). »Volksbeauftragter für Volksaufklärung« in der Münchener Räterepublik. Am 2. 5. 1919 von den Soldaten der Gegenrevolution ermordet.

*Errico Malatesta* (1853–1932): Kommunistischer Anarchist, plädierte für Eintritt von Anarchisten in die Organisationen der revolutionären Syndikalisten. Abgebrochenes Medizinstudium. Mechaniker. Teilnahme an bewaffneten lo-

kalen Aufständen in Italien. 1878–1914 Exil in London. Aufenthalte in Südamerika. Berufstätigkeit als Mechaniker. Herausgeber und Mitarbeiter an
anarchistischen Zeitschriften. 1920 Betriebsbesetzungen in Italien. Stirbt
1932 von den Faschisten unbehelligt in Italien.

*John Most* (1846–1906): Vertreter des Kommunistischen Anarchismus.

Geboren als uneheliches Kind in Arbeiterverhältnissen. Buchbinderlehre.
Sozialdemokratischer Reichstagsabgeordneter. Redakteur von Arbeiterzei-
tungen. Diverse Gefängnisaufenthalte wegen Pressevergehen. 1880 Ausschluß aus der sozialdemokratischen Arbeiterpartei. Exil in London. Ab 1883
bekennt er sich zum Anarchismus. Übersiedlung nach Amerika. Herausgabe
der »Freiheit« bis zu seinem Tode 1906. Gefängnisstrafen.

*Erich Mühsam* (1878–1934): Kommunistischer Anarchist und Vertreter des
Rätegedankens.

Aus dem jüdischen Bürgertum. Bohemienzeit. Schriftsteller. Herausgeber
mehrerer Zeitschriften. Mitbegründer des Sozialistischen Bundes (zusammen mit Landauer). Mitglied der Münchener Räterepublik. Festungshaft.
1933 von den Nationalsozialisten verhaftet; 1934 in Oranienburg ermordet.

*Pierre Joseph Proudhon* (1809–1865): Einer der führenden Sozialisten im Frankreich des 19. Jahrhunderts. Begründer des mutualistischen und föderalistischen Anarchismus.

Aus ländlich-kleinbürgerlichen Verhältnissen in der französischen Provinz.
Schriftsetzer. Wurde 1842 schlagartig berühmt durch die Schrift »Was ist
Eigentum?«. Beteiligung an den revolutionären Ereignissen in Paris 1848.
Kandidatur als Abgeordneter. Gefängnisaufenthalte wegen Pressevergehen.
1849 Gründung einer Tauschbank. Publizistische Tätigkeit.

*Max Stirner* (d. i. Kaspar Schmidt) (1806–1859): Vertreter eines anarchistischen
Individualismus.

Aus kleinbürgerlichen Verhältnissen. Studium in Berlin bei Schleiermacher
und Hegel. Mädchenschullehrer. Kritiker Hegels und Feuerbachs. Mitglied
im Kreis der »Freien«, in dem sich zeitweilig auch Marx und Engels trafen.
Tätigkeit als Journalist und Übersetzer.

# Literatur

Dieses Literaturverzeichnis enthält nur die zitierten oder in Anmerkungen erwähnte Literatur und stellt keine Bibliographie des Anarchismus dar. Die wichtigsten Primär- und Sekundärtexte, die in deutscher Sprache vorliegen, wurden jedoch aufgenommen. Es wurde darauf verzichtet, Mehrfachauflagen zu kennzeichnen und Angaben zur Erstrscheinung vorzunehmen.

Amery, C. (1980) Natur als Politik. Die ökologische Chance des Menschen, Reinbek

Anweiler, O. (1958) Rätebewegung in Rußland 1905–1921, Leiden

Arschinoff, P. (1974) Geschichte der Machno-Bewegung (1918–1921) Berlin

Bahro, R. (1979) Die Alternative. Zur Kritik des real existierenden Sozialismus, Frankfurt

– (1985) Kommune wagen! Zehn Thesen über die Richtung der sozialen Alternative, in: Opielka, M. (Hg.), Die ökosoziale Frage. Entwürfe zum Sozialstaat, S. 100–106, Frankfurt

Bakunin, M. (1975) Gesammelte Werke Bd. I–III, Berlin

– (1977) Sozial-politischer Briefwechsel, Dragomanaw, M. (Hg.) Berlin

– (1979) Staatlichkeit und Anarchie, Stuke, H. (Hg.), Frankfurt, Berlin, Wien

– (1980) Gewalt für den Körper, Verrat für die Seele, Berlin

– (o. J.) Gott und der Staat, Bremen

Bartsch, G. (1972) Anarchismus in Deutschland, Bd. 1 1945–1965, Hannover

– (1973) Anarchismus in Deutschland Bd. 2/3 1965–73, Hannover

– (1974) Schulen und Praxis des Anarchismus, Troisdorf

– (1983) Proudhon oder Marx? in: Die Freie Gesellschaft Nr. 8 (1983) S. 23–34

Bauer, I. (Hg.) (1977) Marx/Engels. Über Anarchismus, Berlin (DDR)

Bannour, W. (1974) Bakunin, in: Châtelet, F. (Hg.), Geschichte der Philosophie Bd. 5, S. 243–251, Frankfurt, Berlin, Wien

Bayer, O. (1978) Die argentinischen Anarchisten, in: Unter dem Pflaster liegt der Strand Bd. 5, S. 155–195

Beauvoir, S. de (1981) Das andere Geschlecht. Sitte und Sexus der Frau, Reinbek

Bernecker, W. L. (Hg.) (1980) Kollektivismus und Freiheit. Quellen zur Geschichte der Sozialen Revolution in Spanien (1936–1939) München

Bigler, R. R. (1963) Der libertäre Sozialismus in der Westschweiz, Köln

Birnbacher, D. (1980) Sind wir für die Natur verantwortlich? in: Ders. (Hg.), Ökologie und Ethik, S. 103–139, Stuttgart

Birnbacher, D. (Hg.) (1980a) Ökologie und Ethik, Stuttgart

Blankertz, S. (1980) Tolstois Beitrag zur Theorie und Praxis anarchistischer Pädagogik, in: Tolstoi. L. N., Die Schule von Jasnaja Poljana, Wetzlar, S. 5–18

– (1983) Kritischer Pragmatismus. Zur Soziologie Paul Goodmans, Wetzlar

Bloch, E. (1977) Das Prinzip Hoffnung Bd. I–III, Frankfurt

Böhme, G./Grebe, J. (1985) Soziale Naturwissenschaft – Über die wissenschaftliche Bearbeitung des Stoffwechsels Mensch-Natur, in: Böhme, G./Schramm, E., Soziale Naturwissenschaft. Wege zu einer Erweiterung der Ökologie, Frankfurt, S. 19–42

Böhme, G./Schramm, E. (1985) Vorwort zu: Soziale Naturwissenschaft. Wege zu einer Erweiterung der Ökologie, S. 5–15

Bookchin, M. (1974) Umwelt und Gesellschaft, Hamburg

– (1975) Für eine befreiende Ökologie, in: *Unter dem Pflaster liegt der Strand* Bd. 2, S. 59–115

– (1977) Die Formen der Freiheit. Aufsätze über Ökologie und Anarchismus, Asslar-Werdorf

– (1980) Hör zu, Marxist, in: *Unter dem Pflaster liegt der Strand* Bd. 1, S. 49–109

– (1981) Hierarchie und Herrschaft, Berlin

– (1982) Natur und Bewußtsein, Wilnsdorf-Anzhausen

– (1985) Die Ökologie der Freiheit. Wir brauchen keine Hierarchien, Weinheim und Basel

– (1985a) Was ist radikale soziale Ökologie? Vom Herrschaftsdenken zur Ethik der Freiheit – Notwendige Wandlungen unseres Naturbildes, in: *Kommune* 10/1985, S. 47–56

– (1985b) Thesen zum libertären Kommunalismus, in: *Schwarzer Faden* 3/85, S. 15–22

Borries, A. v./Brandies, I. (1970) Anarchismus. Theorie/Kritik/Utopie, Frankfurt

Botz, G. u. a. (1977) Im Schatten der Arbeiterbewegung. Zur Geschichte des Anarchismus in Österreich und Deutschland, Wien

Braunmühl, E. v. (1981) Zeit für Kinder. Theorie und Praxis von Kinderfeindlichkeit, Kinderfreundlichkeit und Kinderschutz, Frankfurt

– (1983) Antipädagogik. Studien zur Abschaffung der Erziehung, Weinheim und Basel

– (1984) Jede Erziehung ist Staatserhaltend! in: *Schwarzer Faden* 2/84

Brupbacher, F. (1976) Marx und Bakunin, Berlin

Buber, M. (1950) Pfade in Utopia, Heidelberg

– (1952) Zwischen Gesellschaft und Staat, Heidelberg


Camus, A. (1969) Der Mensch in der Revolte, Reinbek

Cantzen, R. (1983) Wiederaneignung verschütteter anarchistischer Theorieelemente – analysiert im Blick auf alternative Gesellschaftskonzepte der Gegenwart (unveröffentlichte Diplomarbeit am Fachbereich 15 der FU Berlin)

– (1984) Freiheit unter saurem Regen. Überlegungen zu einem libertär-ökologischen Gesellschaftskonzept, Berlin

– (1984a) Geschichtsdeterminismus oder Utopie – Zur Kritik des marxistischen Geschichtsdeterminismus, in: Scherer, K.-J./Vilmar, F. (Hg.) Projektgruppe Ein alternatives Sozialismuskonzept: Perspektiven des Ökosozialismus, Berlin, S. 374–391

– (1984b) Libertärer Sozialismus – das schwarze Schaf der sozialistischen Familie. Rekonstruktion des anarchistischen Gesellschaftsbegriffs im Blick auf den Demokratischen Sozialismus, in: *Perspektiven des Demokratischen Sozialismus* 3/84, S. 30–39

– (1984*c*) Libertäres zur Gründungserklärung der Ökolibertären, in: *Kommune* 7/1984, S. 29–34

Capra, F. (1983) Wendezeit. Bausteine für ein neues Weltbild, München, Basel, Wien

Carter, A. (1979) Die politische Theorie des Anarchismus, Berlin

Cattepoel, J. (1979) Der Anarchismus, München

Chardin, T. de (1963) Die Zukunft des Menschen, Olten

– (1966) Die menschliche Energie, Olten

Chesler, P. (1977) Frauen – das verrückte Geschlecht? Reinbek

Comte, A. (1974) Die Soziologie (Auszug) Blaschke, F. (Hg.), Stuttgart

Crombie, A. C. (1977) Von Augustinus bis Galilei. Die Emanzipation der Naturwissenschaft, München


Davis, E. G. (1977) Am Anfang war die Frau, München

Déjacque, J. (1980) Utopie der Barrikaden, Bruns, T. (Hg.), Berlin

Dericum, C. (1980) Absage an die Gewalt – Die Idee des Anarchismus, in: *Unter dem Pflaster liegt der Strand* Bd. 1, S. 36–48

Deuerlein, E. (1972) Föderalismus, München

Dressen, W. (1969) Gegen Narzismus und Volkstümelei, in: *Kursbuch* 19 (1969), S. 4–46

Duyn, R. v. (1971) Die Botschaft eines weisen Heinzelmännchens. Das politische Konzept der Kabouter, Wuppertal


Ehrlich, C. (1982) Sozialismus, Anarchismus und Feminismus, in: Anarcha-Feminismus, Berlin, S. 71–116

Engels, F. (1975) Dialektik der Natur, in: MEW Bd. 20, Berlin (DDR) S. 307–707

– (1975) Herrn Eugen Dührings Umwälzung der Wissenschaft, in: MEW, Bd. 20, Berlin (DDR), S. 5–304

– (1976) Ludwig Feuerbach und der Ausgang der klassischen deutschen Philosophie, Berlin (DDR)

– (1979) Die Entwicklung des Sozialismus von der Utopie zur Wissenschaft, Berlin (DDR)

Eltzbacher, P. (1900) Der Anarchismus, Berlin

Enzensberger, H. M. (1981) Der kurze Sommer der Anarchie. Buenaventura Durrutis Leben und Tod, Frankfurt

Eppler, E. (1979) Ende oder Wende, München

– (1981) Wege aus der Gefahr, Reinbek

– (Hg.) Grundwerte für ein neues Godesberger Programm. Texte der Grundwerte-Kommission der SPD, Reinbek


Fabbri, L. (1977) Malatesta – Leben und Werk, in: Wehr, E./Kramer, B., Errico Malatesta, Gesammelte Schriften Bd. 1, S. 7–101, Berlin

Faure, S. (1980) Erziehung – Freiheit oder Monopol, in: Ahrens, H. u. a., Tu was du willst. Anarchismus. Grundlagentexte zur Theorie und Praxis, Berlin, S. 119–121

Ferrer, F. (1982) Über Erziehung, in: Archer, W. u. a., Francisco Ferrer. Über den Begründer der Modernen Schule, Wilnsdorf-Anzahusen, S. 126–150

Feyerabend, P. (1977) Wider den Methodenzwang. Skizze einer anarchistischen Erkenntnistheorie, Frankfurt

– (1980) Thesen zum Anarchismus, in: *Unter dem Pflaster liegt der Strand* Bd. 1, S. 127–133

– (1981) Erkenntnis für freie Menschen, Frankfurt

– (1981 *a*) Über die Methode. Ein Dialog, in: *Unter dem Pflaster liegt der Strand* Bd. 3, S. 99–160

– (1981 *b*) Experten in einer freien Gesellschaft, in: *Unter dem Pflaster liegt der Strand* Bd. 3, S. 11–35

Firestone, S. (1975) Frauenbefreiung und sexuelle Revolution, Frankfurt

Flechtheim, O. K. (1980) Der Ökosozialismus und die Hoffnung auf den neuen Menschen, in: *Frankfurter Rundschau*, 20. 9. 1980

Fourier, C. (1966) Theorie der vier Bewegungen, Lenk, E. (Hg.), Frankfurt

– (1968) Über Liebe und Ehe, in: Der Frühsozialismus. Quellentexte, Ramm, T. (Hg.), Stuttgart, S. 159–198

– (1978) Aus der neuen Liebeswelt, Berlin

Frazer-Darling, F. (1980) Die Verantwortung des Menschen für seine Umwelt, in: Birnbacher, D. (Hg.), Ökologie und Ethik, Stuttgart, S. 9–19

Frei, B. (1971) Die anarchistische Utopie, Frankfurt

Freud, S. (1974) Das Unbehagen an der Kultur, in: Mitscherlich, A. u. a. (Hg.) Studienausgabe Bd. IX, Frankfurt, S. 191–270

Friedman, Y. (1978) Machbare Utopien. Absage an die gängigen Zukunftsmodelle, Frankfurt

Fromm, E. (1980) Haben oder Sein. Die seelischen Grundlagen einer neuen Gesellschaft, München

– (1981) Die Revolution der Hoffnung. Für eine Humanisierung der Technik, Frankfurt, Berlin, Wien


Garaudy, R. (1974) Die Alternative. Ein neues Modell der Gesellschaft jenseits von Kapitalismus und Kommunalismus, Reinbek

Gizycki, H. v. (1983) Arche Noah '84. Zur Sozialpsychologie gelebter Utopien, Frankfurt

Goergens, L. (1980) Beispiele zeitgenössischer Ansätze alternativer Ökonomie in der nordamerikanischen community-Bewegung, in: Peters, J. (Hg.), Die Geschichte der alternativen Projekte von 1800 bis 1975, S. 159–206

Godwin, W. (1978) Über die politische Gerechtigkeit (Textauswahl), Berlin

Goldman, E. (1972) Minderheiten weisen den Weg, in: Oberländer, E. (Hg.), Der Anarchismus, Olten, S. 180–210

– (1977) Frauen in der Revolution Bd. 2 Emma Goldman, Berlin

– (1978) Gelebtes Leben Bd. 1–3, Berlin

Goodman, P. (1978) Anarchistisches Manifest, Münster/Wetzlar

Gorz, A. (1980) Abschied vom Proletariat, Frankfurt

- (1980*a*) Ökologie und Freiheit, Reinbek
- (1983) Wege ins Paradies, Berlin

Gruhl, H. (1978) Ein Planet wird geplündert, Frankfurt

Guerin, D. (1975) Anarchismus und Marxismus, Frankfurt
- (1978) Anarchismus. Begriff und Praxis, Frankfurt


Habermas, J. (1977) Erkenntnis und Interesse, Frankfurt

Haeckel, E. (1984) Evolutionsbiologie und Ökologie, in: Schramm, E. (Hg.), Ausgewählte Texte zur Entwicklung ökologischen Denkens. Vom Beginn der Neuzeit bis zum »Club of Rome« (1971), Frankfurt

Harich, W. (1969) Zur Kritik der revolutionären Ungeduld, in: *Kursbuch* 19, S. 71–150

Harich, W. (1975) Kommunismus ohne Wachstum. Babeuf und der ›Club of Rome‹, Reinbek

Hegel, G. W. F. (1976) Philosophie der Geschichte, Frankfurt

Heisenberg, W. (1955) Das Naturbild der heutigen Physik, Hamburg

Heintz, P. (1951) Anarchismus und Gegenwart, Zürich

Heintz, P. (1956) Die Autoritätsproblematik bei Proudhon, Köln

Helms, H. G. (1966) Die Ideologie der anonymen Gesellschaft. Max Stirners »Einziger« und der Fortschritt des demokratischen Selbstbewußtseins von Vormärz bis zur Bundesrepublik, Köln

Huber, J. (1979) Anders arbeiten – anders wirtschaften. Die Zukunft zwischen Dienst- und Dualwirtschaft, in: Ders. (Hg.), Anders arbeiten – anders wirtschaften. Dualwirtschaft usw., Frankfurt 1979, S. 17–35
- (1980) Systembegrenzung und Lebensneugestaltung – Überwindung der Arbeitslosigkeit durch soziale und technische Innovation, in: Peters, J. (Hg.), Die Geschichte alternativer Projekte von 1800–1975, Berlin, S. 321–356
- (1981) Der Sozialstaat an den Grenzen des Wachstums, in: *Aus Politik und Zeitgeschichte* (3.1.1981), S. 3–15
- (1982) Die verlorene Unschuld der Ökologie, Frankfurt


Illich, I. (1978) Entschulung der Gesellschaft. Entwurf eines demokratischen Bildungssystems, Reinbek
- (1980) Selbstbegrenzung, Reinbek
- Fortschrittsmythen, Reinbek
- (1984) Schulen helfen nicht. Über das mythenbildende Ritual der Industriegesellschaft

Ingelhart, R. (1979) Lebensqualität: Eine Generationenfrage, in: *Psychologie heute*, 9, 1979, S. 24–29


Jakoby, H. (1985) Von den konservativen revolutionären Bewegungen. Neue Studien amerikanischer Historiker, in: *Kommune* 1/1985, S. 86–90

Joll, J. (1969) Die Anarchisten, Frankfurt

Jonas, H. (1984) Das Prinzip Verantwortung. Versuch einer Ethik für die technologische Zivilisation, Frankfurt

Jungk, R. (1973) Der Jahrtausendmensch. München, Gütersloh, Wien
- (1977) Der Atomstaat. Vom Fortschritt in die Unmenschlichkeit, Reinbek

Kalz, W. (1967) Gustav Landauer und die Revolutionszeit. Kultursozialist und Anarchist, Meisenheim am Glan

Kant, I. (1980) Anthropologie in pragmatischer Absicht, in: Weischedel, W. (Hg.), Schriften zur Anthropologie, Geschichtsphilosophie, Politik und Pädagogik 2, Werkausgabe Bd. XII, Frankfurt, S. 395–690

Klemm, U. (1984a) Anarchistische Pädagogik. Über den Zusammenhang von Lernen und Freiheit in der Bildungskonzeption Leo Tolstois, Siegen-Eiserfeld
– Die libertäre Reformpädagogik und ihre Rezeption in der deutschen Pädagogik, Reutlingen

Kornegger, P. (1982), Der Anarchismus und seine Verbindung zum Feminismus, in: Anarcha-Feminismus, Berlin, S. 21–70

Korczak, D. (1981) Rückkehr in die Gemeinschaft. Kleine Netze: Berichte über Wohnsiedlungen, Frankfurt

Krämer-Badoni, R. (1970) Anarchismus: Geschichte und Gegenwart einer Utopie, Wien, München, Zürich

Kropotkin, P. (1969) Anarchistische Moral, in: Rammstedt, O. (Hg.) Anarchismus, Köln und Opladen, S. 74–95
– (1973) Memoiren eines Revolutionärs (gekürzte Fassung), Frankfurt
– (1975) Gegenseitige Hilfe in der Tier- und Menschenwelt, Berlin
– (1976) Ethik. Ursprung und Entwicklung der Sitten, Berlin
– (1976a) Landwirtschaft, Industrie und Handwerk, Berlin
– (1977) Syndikalismus und Anarchismus, in: Röhrich, W., Syndikalismus und Anarchismus. Ein Beitrag zur Sozialgeschichte der Arbeiterbewegung, Darmstadt, S. 67–78
– (1978) Worte eines Rebellen. Aufsatzsammlung Bd. I, Frankfurt
– (1980) Unterredung mit Lenin sowie andere Schriften zur russischen Revolution, Hannover
– (1983) Der Anarchismus. Seine Philosophie/Sein Ideal, in: Ders., Der Anarchismus, Siegen-Eiserfeld, S. 57–101
– (1983a) Kommunismus und Anarchismus, in: Ders., Der Anarchismus, Siegen-Eiserfeld, S. 102–117
– (o.J.) Der Staat. Aufsatzsammlung Bd. II, Frankfurt
– (o.J.a) Die Eroberung des Brotes, o.O.

Künzli, A. (1976) Tradition und Revolution, Basel, Stuttgart

Kutzner, H./Vilmar, F. (1982) Sozialengagement. Eine Alternative zur Illusion des totalen Versorgungsstaates, in: *Frankfurter Hefte*, 37. Jg. Heft 1/1982, S. 29–36


Lafargue, P. (1978) Das Recht auf Faulheit, o.O.

Landauer, G. (1969) Sein Lebensgang in Briefen Bd. II, Buber, M. (Hg.) Frankfurt
– (1974) Revolution, Berlin
– (1977) Beginnen. Aufsätze über Sozialismus, Wetzlar
– (1978) Aufruf zum Sozialismus, Wetzlar
– (1978a) Skepsis und Mystik. Versuche im Anschluß an Mauthners Sprachkritik, Münster/Wetzlar

- (1978*b*) Zur Geschichte des Wortes ›Anarchie‹, in: Valeske, H.-J. (Hg.), Gustav Landauer, Entstaatlichung, Wetzlar, S. 5–18
- (1978*c*) Die Fortführung von Ferrers Werk, in: Valeske, H.-J. (Hg.), Gustav Landauer, Entstaatlichung, Wetzlar, S. 39–45
Lassalle, F. (1973) Arbeiterprogramm, Stuttgart
Lenin, W. I. (1970) Ausgewählte Werke Bd. I–III, Berlin (DDR)
- (1975) Materialismus und Empiriokritizismus (Lenin Werke Bd. 14) Berlin (DDR)
- Konspekt zu Hegels »Wissenschaft der Logik«, in: Lenin Werke Bd. 38, Berlin (DDR), S. 77–230
Leval, G. (1976) Das libertäre Spanien. Das konstruktive Werk der Spanischen Revolution (1936–1939), Hamburg
Linse, U. (1973) Die Kommune der deutschen Jugendbewegung. Ein Versuch zur Überwindung des Klassenkampfes aus dem Geiste der bürgerlichen Utopie, München
- (1974) Gustav Landauer: Der revolutionäre Geist, in: Ders. (Hg.), Gustav Landauer und die Revolutionszeit 1918–1919, Berlin, S. 5–37
- (Hg.), Zurück o Mensch zur Mutter Erde. Landkommunen in Deutschland 1890–1933
- (1983*a*) Barfüßige Propheten. Erlöser der zwanziger Jahre, Berlin
- (1986) Ökopax und Anarchie. Eine Geschichte der ökologischen Bewegung in Deutschland, München
Lösche, P. (1973) Probleme der Anarchismusforschung. Kritische Anmerkungen zu einigen Neuerscheinungen, in: *Internationale wissenschaftliche Korrespondenz* 19/20 (Dez. 1973), S. 125–144
- (1974) Anarchismus – Versuch einer Definition und historischen Typologie, in: *Politische Vierteljahresschrift*, 15. Jg. Heft 1, S. 53–73
- (1977) Anarchismus, Darmstadt
Löwith, K. (1953) Weltgeschichte und Heilsgeschehen, Stuttgart
Ludz, P. C. (1972) Anarchie, Anarchismus, Anarchist, in: Brunner, O. (Hg.), Historisches Lexikon zur politisch-sozialen Sprache in Deutschland Bd. 1, Stuttgart
Luxemburg, R. (1968) Politische Schriften I–III, Flechtheim, O. K. (Hg.), Frankfurt

Mackay, J. H. (1978) Abrechnung, Freiburg
- Der Freiheitssucher, Freiburg
Malatesta, E. (1975) Anarchie, Berlin
- (1977) Gesammelte Schriften Bd. 1, Wehr, E./Kramer B. (Hg.), Berlin
- (1980) Gesammelte Schriften Bd. 2, Wehr, E./Kramer, B. (Hg.), Berlin
Martin, J. J. (1980) Männer gegen den Staat. Die Vertreter des individualistischen Anarchismus in Amerika 1827–1908, Bd. 1 und 2, Freiburg
Marx, K. (1973) Das Elend der Philosophie, Berlin (DDR)
- (1977) Das Kapital MEW, Bd. 23, Berlin (DDR)
Marx, K./Engels, F. (1973) Resolutionen des allgemeinen Kongresses zu Haag vom 2. bis 7. September 1872, in: MEW, Bd. 18, S. 149–150, Berlin (DDR)

– (1976) Die Deutsche Ideologie, MEW, Bd. 3, Berlin (DDR)
– (1980) Manifest der Kommunistischen Partei, Berlin (DDR)
Meyer, P. (1981) Das Kind und die Staatsräson oder Die Verstaatlichung der Familie, Reinbek
Meyer, T. (Hg.) (1981) Grundwerte und Gesellschaftsreform, Frankfurt
Michel, L. (1976) Der doppelte Kampf der Frau, in: Dies., Feminismus. Anarcho-Feminismus und männliche Geschichtsschreibung, Frauen in der Revolution Bd. 1, S. 13–16, Berlin
Mill, J./Mill, H. T./Taylor, H. (1976) Die Hörigkeit der Frau. Texte zur Frauenemanzipation, Schröder, H. (Hg.), Frankfurt
Monatte, P./Malatesta, E. (1972) Syndikalismus – Weg oder Ziel?, in: Oberländer, E. (Hg.), Der Anarchismus, Olten, S. 325–346
Morris, D./Hess, K. (1980) Nachbarschaftshilfe, Frankfurt
Morris, W. (1981) Kunde von Nirgendwo, Reutlingen
Most, J. (1978) Memoiren. Erlebtes, Erforschtes und Erdachtes, Hannover
– (1978a) Kommunistischer Anarchismus, Berlin
– (1980) Die Gottespest, Nürnberg
– (1981) Die Eigentumsbestie, Nürnberg
– (o. J.) Revolutionäre Kriegswissenschaft, o. A.
Mühsam, E. (1977) Namen und Menschen. Unpolitische Erinnerungen. Berlin
– (1981) Die Befreiung der Gesellschaft vom Staat
– (o. J.) Sammlung 1898–1928
Mühlberger, A. (1979) P. J. Proudhon. Leben und Werke, Freiburg

Necaev, S. (1984) Worte an die Jugend, in: Necaev, S., Worte an die Jugend; Bakunin, M., Einige Worte an meine jungen Brüder in Rußland, Berlin, S. 15–28
Nettlau, M. (o. J.) Geschichte der Anarchie Bd. 1–3
– (1980) Gesammelte Aufsätze Bd. 1, Hannover

Oberländer, E. (Hg.) (1972) Der Anarchismus, Olten
Orwell, G. (1975) Mein Katalonien. Bericht über den Spanischen Bürgerkrieg, Zürich
Ostermeyer, H. (1977) Das Kind im Recht, in: Braunmühl, E. v. u. a., Die Gleichberechtigung des Kindes, Frankfurt, S. 57–110
Owen, R. (1968) Das allgemeine Gesetzbuch, in: Ramm, T. (Hg.), Der Frühsozialismus, Stuttgart, S. 382–389

Passmore, J. (1980) Den Unrat beseitigen. Überlegungen zur ökologischen Mode, in: Birnbacher, D. (Hg.), Ökologie und Ethik, Stuttgart 1980, S. 207–246
Plate, R. (1978) Studie zur antiautoritären Arbeiterbewegung. Geschichte und Theorie des antiautoritären Sozialismus (Diss.) Bonn
Plechanow, G. (1894), Anarchismus und Sozialismus, o. O.
Prigogine, I./Stengers, I. (1981) Dialog mit der Natur. Neue Wege naturwissenschaftlichen Denkens, München/Zürich

Prill, M. (1926) Die Theorie des kommunistischen Anarchismus nach Peter Kropotkin, (Diss.) Berlin

Proudhon, P. J. (1963) Ausgewählte Texte, Ramm, T. (Hg.), Stuttgart
– (1966) Philosophie der Staatsökonomie oder Notwendigkeit des Elends Bd. 1 und 2, Aalen
– (1968) System der ökonomischen Widersprüche usw., in: Diehl, K. (Hg.), P. J. Proudhon, Abteilung 2, Band 6, Heft 3, Aalen
– (1969) Bekenntnisse eines Revolutionärs, um zu einer Geschichtsschreibung der Februarrevolution beizutragen, Reinbek

Puder, M. (1981) Marx und Engels als konservative Denker, in: *Unter dem Pflaster liegt der Strand*, Bd. 3, S. 171–185

Rammstedt, O. (1969) Einleitung zu: Ders. (Hg.), Anarchismus. Grundtexte zur Theorie und Praxis der Gewalt, Köln und Opladen, S. 7–28

Ramus, P. (1923) Die Neuschöpfung der Gesellschaft durch den kommunistischen Anarchismus, Wien
– (1927) Die Irrlehre des Marxismus im Bereich des Sozialismus und des Proletariats, Wien und Leipzig

Read, H. (1982) Philosophie des Anarchismus, Berlin

Reclus, E. (1972) Anarchismus und Moral, in: Oberländer, E. (Hg.), Der Anarchismus, Olten, S. 246–262

Reiche, J. (1984) Ökologie und Zivilisation. Der Mythos von den ›natürlichen Kreisläufen‹, in: Baier, L. u. a., Die Linke neu denken, Berlin, S. 40–67

Robertson, J. (1979) Die lebenswerte Alternative. Wegweiser für eine andere Zukunft, Frankfurt

Rock, M. (1980) Theologie der Natur und ihre anthropologisch-ethischen Konsequenzen, in: Birnbacher, D. (Hg.), Ökologie und Ethik, Stuttgart, S. 72–102

Rocker, R. (1949) Die Entscheidung des Abendlandes Bd. 1 und 2, Hamburg
– (1973) Prinzipienerklärung des Syndikalismus, in: Barwich, F. u. a., Arbeiterselbstverwaltung. Räte. Syndikalismus, Berlin, S. 5–42
– (1974) Aus den Memoiren eines deutschen Anarchisten (erheblich gekürzte Fassung), Frankfurt
– (1980) Aufsatzsammlung Bd. 1 und 2, Frankfurt

Röhrich, W. (1977) Revolutionärer Syndikalismus. Ein Beitrag zur Sozialgeschichte der Arbeiterbewegung, Darmstadt

Roemheld, L. (1977/78) Integraler Föderalismus. Ein Weg zur personalen Gruppengesellschaft Bd. 1 und 2, Frankfurt/Bern

Roller, A. (o. J.) Die direkte Aktion, Bremen

Rosanvallon, P. (1979) Für eine Wirtschaft der Autonomie, in: Huber, J. (Hg.), Anders arbeiten – anders wirtschaften usw. Frankfurt, S. 213–229

Rossi, G. (1978) Utopie und Experiment, Berlin

Rothbard, M. N. (1985) Vom Recht gegen Erziehung, in: Baumann, u. a., Werkstattbericht Pädagogik. Geschichte und Perspektiven anarchistischer Pädagogik, Grafenau, S. 38–62

Rothe, V. (1978) Der russische Anarchismus und die Rätebewegung 1905, Frankfurt

Rousseau, J. J. (1978) Emile oder Über die Erziehung, Paderborn

Russell, B. (1977) Wege zur Freiheit. Sozialismus, Anarchismus, Syndikalismus, Frankfurt

Sachsse, H. (1984) Ökologische Philosophie. Natur-Technik-Gesellschaft, Darmstadt

Salomon, G. (1920) Einleitung zu: Ders. (Hg.), Proudhon und der Sozialismus, Berlin, S. 7–44

Saornil, L. S. (1979) Die Frauenfrage in unseren Reihen, in: Nash, M., mujeres libres. Die freien Frauen in Spanien 1936–1978 (Frauen in der Revolution Bd. 4) Berlin, S. 45–57

Savinkov, B. (1985) Erinnerungen eines Terroristen, Nördlingen

Scherer, K.-J./Vilmar, F. (Hg.), Projektgruppe: Ein alternatives Sozialismuskonzept: Perspektiven des Ökosozialismus, Berlin

Schibel, K.-L. (1985) Das alte Recht auf die neue Gesellschaft. Zur Sozialgeschichte der Kommune seit dem Mittelalter, Frankfurt

Schickel, J. (1969) ›Wu cheng-fu‹ oder Anarchismus in China, in: *Kursbuch* 19 (1969), S. 151–162

Schumacher, E. F. (1980) Die Rückkehr zum menschlichen Maß. Alternativen für Wirtschaft und Technik, Reinbek

Schuwal, M. (1927) Zur Theorie des Anarchismus (Diss.), Königsberg

Schwendter, R. (1979) Ja Schnecke, besteige nur den Futschi... Zur Zukunft der alternativen Ökonomie, in: Huber, J. (Hg.), Anders arbeiten – anders wirtschaften usw., Frankfurt, S. 122–130

Shell, K. L. (1973) Anarchismus, in: Görlitz, A. (Hg.), Handlexikon zur Politikwissenschaft Bd. 1, Reinbek, S. 15–18

Souchy, A. (1978) ›Vorsicht: Anarchist!‹ Ein Leben für die Freiheit. Politische Erinnerungen, Darmstadt und Neuwied

– (1979) Nacht über Spanien. Bürgerkrieg und Revolution in Spanien, Frankfurt

– (1980) Zur ›revolutionären Ungeduld‹ der Anarchisten, in: *Unter dem Pflaster liegt der Strand* Bd. 1, S. 110–112

– (o. J.) Schreckensherrschaft in Amerika, Bremen

Spaemann, R. (1980) Technische Eingriffe in die Natur als Problem der politischen Ethik, in: Birnbacher, D. (Hg.), Ökologie und Ethik, Stuttgart, S. 180–206

Stadler, K. P. (1977) Einleitung: Anarchismus und Arbeiterbewegung, in: Botz, G. u. a., Im Schatten der Arbeiterbewegung. Zur Geschichte der Arbeiterbewegung in Österreich und Deutschland, Wien, S. 11–28

Stalin, J. V. (1969) Anarchismus oder Sozialismus?, in: *Kursbuch* 19 (1969), S. 58–70

Stirner, M. (1914) Das unwahre Prinzip der Erziehung oder Der Humanismus und der Realismus, in: Mackay, J. H. (Hg.), Max Stirners Kleinere Schriften, Teptow bei Berlin, S. 237–257

– (1979) Der Einzige und sein Eigentum, Stuttgart

Stopczyk, A. (Hg.) (1980) Was Philosophen über Frauen denken, München

– (1982) Geschlecht und Gewalt, in: Maren-Griesebach, M./Menzer, M., Philosophinnen Jahrbuch 1, S. 102–109, Mainz
– (1983) Zum Begriff ›Autonomie‹ und seinem Gebrauch in den antipädagogischen Schriften (unveröffentlichte Magisterarbeit im Fach Philosophie an der FU Berlin)
Stowasser, H. (1982) Machnotschina, Wetzlar
Strasser, J. (1983) Grenzen des Sozialstaats. Soziale Sicherung in der Wachstumskrise, Köln
Strasser, J./Traube, K. (1981) Die Zukunft des Fortschritts. Der Sozialismus und die Krise des Industrialismus, Bonn

Thoreau, H. D. (1973) Über die Pflicht zum Ungehorsam gegen den Staat, Zürich
Timm, U. (1980) Ökologie und Freiheit. Umweltproblem und Anarchismus, Freiburg
Tönnies, F. (1926) Gemeinschaft und Gesellschaft. Grundbegriffe der Soziologie, Berlin
– (1959) Gemeinschaft und Gesellschaft, in: Vierkandt, A. (Hg.) Wörterbuch der Soziologie, S. 180–191
Tolstoi, L. (1920) Aufruf an die Menschheit, Berlin
– (1960) Erziehung und Bildung, in: Rutt, T. (Hg.), Leo N. Tolstoi, Ausgewählte pädagogische Schriften, Paderborn, S. 28–63
– (1980) Die Schule von Jasnaja Poljana, Wetzlar
– (o. J.) Die Sklaverei unserer Zeit, Berlin
Traube, K. (1978) Müssen wir umschalten? Von den politischen Grenzen der Technik, Reinbek
Tribe, L. H. (1980) Was spricht gegen Plastikbäume, in: Birnbacher, D. (Hg.), Ökologie und Ethik, Stuttgart, S. 20–71
Trotzkij, L. (1972) Literatur und Revolution, München

Vilmar, F. (1973) Strategien der Demokratisierung Bd. I, Theorie der Praxis, Bd. II, Modelle und Kämpfe der Praxis, Darmstadt und Neuwied
– (1986) Grüne Wirtschaftspolitik ohne Rot, in: *Kommune* 3/86, S. 63–64
Vilmar, F./Runge, B. (1986) Auf dem Weg zur Selbsthilfegesellschaft? Essen
Vilmar, F./Sattler, K. O. (1979) Wirtschaftsdemokratie und Humanisierung der Arbeit, Köln
Vogel, A. (1977) Der deutsche Anarcho-Syndikalismus. Genese und Theorie einer vergessenen Bewegung, Berlin
Volin (1975, 1976, 1977) Die unbekannte Revolution Bd. 1–3, Hamburg
Vonderach, G. (1979) Pierre Joseph Proudhon und die ›alternative‹ Denktradition, in: mehrwert 19 (1979), S. 91–114
Vollmar, K.-B. (1975) Landkommunen in Nordamerika, Berlin
Vosskuehler, F. (1986) Natur an sich und Natur für uns. Gedanken bei der Lektüre von Werner Butzingers Alpenbuch, in: *Kommune* 1/2 (1986), S. 57–64
Voyenne, B. (1982) Der Föderalismus Pierre-Josephs Proudhons, Frankfurt, Bern

257

Walter, N. (1978) Betrifft: Anarchismus, Berlin

Ward, C. (1981) Harmonie durch Vielfalt, in: *Unter dem Pflaster liegt der Strand* Bd. 3, Berlin, S. 83–98

– (o. J.) Anarchismus in Aktion, Bremen

Weber, M. (1921) Politik als Beruf, in: Gesammelte politische Schriften, München, S. 396–450

– (1972) Wirtschaft und Gesellschaft, Tübingen

– (1975) Die protestantische Ethik I, Eine Aufsatzsammlung, Hamburg

Weichold, J. (1980) Anarchismus heute. Sein Platz im Klassenkampf der Gegenwart, Berlin (DDR)

Weseloh, E. (1968) Anarchismus. Eine Bewußtseinshaltung (Diss.) Münster

Wicht, C. (1980) Der ökologische Anarchismus Murray Bookchins. Ein Einführungstext, Frankfurt

Wienand, P. (1981) Der ›geborene‹ Rebell. Rudolf Rocker. Leben und Werk, Berlin

Wittkop, J. F. (1973) Unter der schwarzen Fahne. Aktionen und Gestalten des Anarchismus, Frankfurt


Zellentin, G. (1979) Abschied vom Leviathan. Ökologische Aufklärung über politische Alternativen, Hamburg

Zenker, E. v. (1979) Der Anarchismus. Kritische Geschichte der anarchistischen Theorie, Berlin

Zoccoli, H. (1980) Die Anarchie und die Anarchisten. Über Bakunin, Kropotkin, Malatesta, Stirner, Proudhon, Tucker, Grave, Berlin

# Personenregister

# Sachregister

**Bitte umblättern:**

# fischer perspektiven – fischer alternativ

# fischer perspektiven – fischer alternativ

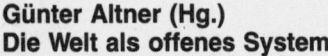

**Günter Altner (Hg.)**
**Die Welt als offenes System**
Eine Kontroverse um das Werk von Ilya Prigogine
Band 4168
Die bisherige wissenschaftliche Entwicklung kann für den weiteren zivilisatorischen Fortschritt nicht ohne Folgen bleiben. Die modernen Industriegesellschaften werden immer komplexer, welche Perspektiven positiver oder negativer Art zeigen sich dabei?

**Hans-Willy Hohn**
**Die Zerstörung der Zeit**
Wie aus einem göttlichen Gut eine Handelsware wurde. Band 4170
Vorindustrielle Gesellschaften kannten weder das Phänomen der »knappen Zeit«, noch hatten sie vielfach überhaupt einen Begriff von Zeit. Der Autor untersucht diesen Prozeß der »Entzauberung« durch den Siegeszug der Marktökonomie, der die Zeit zu einer knappen und hart umkämpften Ware macht.

**Alf Trojan (Hg.)**
**Wissen ist Macht**
Selbsthilfegruppen als Befreiung aus der Expertokratie. Band 4173
Dieses Buch richtet sich an Leidende, aber auch an professionelle Helfer. Die Grundlage bilden mehrjährige Erfahrungen mit 120 Selbsthilfegruppen. Die Selbsthilfe wird in der Diskussion über die »Dämpfung der Gesundheitskosten« eine immer wichtigere Rolle spielen.

**Fischer Taschenbuch Verlag**

# Arbeitslosigkeit oder Wachstum – die falsche Alternative

**Rudolf Brun (Hg.)**
**Erwerb und Eigenarbeit**
Dualwirtschaft in der Diskussion
Band 4092

**Joseph Huber**
**Anders arbeiten – anders wirtschaften**
Dualwirtschaft:
Nicht jede Arbeit muß ein Job sein
Band 4033

**Die verlorene Unschuld der Ökologie**
Neue Technologien und superindustrielle
Entwicklung
Aktualisierte Fassung. Band 4059

**Michael Opielka (Hg.)**
**Die öko-soziale Frage**
Alternativen zum Sozialstaat
Band 4090

**Michael Opielka/Georg Vobruba (Hg.)**
**Das garantierte Grundeinkommen**
Entwicklungen und Perspektiven einer Forderung
Band 4109

# Fischer Taschenbuch Verlag

# Gegen die Plünderung unseres Planeten

Arbeitsgruppe
für Angepaßte
Technologie (Hg.)
**Technik für Menschen**
Band 4079

Arbeitskreis Alternativ-
energie Tübingen (Hg.)
**Energiepolitik von unten**
Band 4068

Binswanger / Frisch /
Nutzinger u.a.
**Bio-Energie**
Band 4014

Hartmut Bossel /
Hans-Joachim Grommelt /
Kurt Oeser (Hg.)
**Wasser**
Wie ein Element verschmutzt
und verschwendet wird
Band 4056

Beate von Devivere
**Der letzte Garten Eden**
Die Zerstörung der tropischen
Regenwälder und die Vertrei-
bung ihrer Ureinwohner
Band 4094

Uwe Fritsche/Lilo Schebek/
Christian Schubert
**Rettung für den Wald**
Band 4078

Herbert Gruhl
**Ein Planet wird geplündert**
Band 4006

Hermann Hatzfeldt/
Josef Leinen/
H.G. Schumacher/
Dieter Teufel (Hg.)
**Kohle**
Band 4071

P.C. Mayer-Tasch (Hg.)
**Die Luft hat keine Grenzen**
Band 4104

Meyer-Abich/Meixner/
Luhmann/Lieb/Lersch
**Hampicke
Energie-Sparen:
Die neue Energiequelle**
Band 4081

## Fischer Taschenbuch Verlag

# Von welchem Brot leben?

**Gerd Billen/
Otmar Schmitz
Alternative Ernährung**
**Handbuch für eine
gesunde Kost und den
autonomen Verbraucher**
Band 4067

**Bund Naturschutz
in Bayern (Hg.)
Ökologischer Garten**
Ein Handbuch
Band 4047

**Joseph Collins
Frances Moore-Lappé
Vom Mythos des Hungers**
Band 4049

**Ellen Drake-Cussler/
H. Drake/W. Wrisch
Von der Sonne leben**
Band 4083

**Elma Haffner
Brot-Fibel**
Wie Brot dem Menschen
entfremdet wurde –
und wie man es neu
entdecken kann
Band 4077

**Gitta Lambinet
Kleinkindkost vom
eigenen Herd**
Ein Handbuch
Band 4105

**Frances Moore-Lappé
Die Öko-Diät**
Wie man mit wenig Fleisch
gut ißt und die Natur schont
Band 4013

**Rudolf Müller-Elze/
Wilfried Bach
Gesunder Landbau –
gesunde Ernährung**
Band 4099

**Engelbert Schramm (Hg.)
Pflanzenschutz
im Öko-Garten**
Band 4101

**Hans A. Staub
Alternative
Landwirtschaft**
Der ökologische Weg
aus der Sackgasse
Band 4035

## Fischer Taschenbuch Verlag

# Die tägliche Revolution

**Anders leben –**
**überleben**
H.-E. Bahr / R. Gronemeyer (Hg.)
Band 4002

**Michael Andritzky/**
**Lucius Burckhardt/**
**Ot Hoffmann (Hg.)**
**Für eine andere**
**Architektur**
**Band 1:** Bauen mit der
Natur und in der
Region
Band 4043
**Band 2:** Selbstbestimmt bauen
und wohnen
Band 4044

**Gerd Billen/**
**Otmar Schmitz**
**Der alternative**
**Verbraucher**
Rund ums Waschen –
Chemie im Haushalt
Band 4088

**Barbara Burger/Brigitte Burger**
**Bio-Tips**
**Band 1:** In der Küche arbeiten
ohne Gift
Band 4084
**Band 2:** Haushalten ohne Gift
Band 4085 (in Vorbereitung)

**Stephen Diamond**
**Was die Bäume sagen**
Leben in einer Landkommune
Band 4034

**Rudolf Doernach/**
**Gerhard Heid**
**Biohaus**
**für Dorf und Stadt**
Band 4055

**Gerd Haerkötter**
**Heilkräuter**
**gestern und heute**
Mit Illustrationen. Band 4062

**Ot Hoffmann**
**Kleidung statt Mode**
Mit 14 Thesen und
Anleitungen, Kleider
selber herzustellen
Band 4086

**Margit Kennedy (Hg.)**
**Öko-Stadt**
**Band 1:** Prinzipien
einer Stadtökologie
Band 4096
**Band 2:** Mit der Natur
die Stadt planen. Band 4097

**Dieter Korczak**
**Neue Formen des**
**Zusammenlebens**
Erfolge und Schwierigkeiten
des Experiments »Wohngemein-
schaft«. Band 4016

**Liselotte und Hans Petersohn**
**Für eine andere Medizin**
Gesund bleiben – gesund werden
Bewährte Naturheilverfahren
Band 4058

**Klaus Renken**
**Umweltfreundliche Produkte**
**Band 1:** Ein Handbuch für den
ökobewußten Verbraucher
Band 4054
**Band 2:** Vom Umweltbundesamt
empfohlene Produkte. Band 4095

**Matthias Schmid**
**Vorfahrt für**
**das Fahrrad**
Für eine menschengerechte
Mobilität. Band 4046

## Fischer Taschenbuch Verlag